Mein Wille geschehe

Patricia Staniek

Patricia Staniek

MEIN WILLE GESCHEHE

Macht und Manipulation entschlüsseln

Bildrechte Autorenfoto Umschlagrückseite und Fotos im Kern: Runway Studios
Gestaltung Umschlag: Claudia Christof
Bildrechte Coverfoto: Andreas Hochgerner

Alle Rechte, insbesondere das Recht der Vervielfältigung und Verbreitung sowie der Übersetzung, vorbehalten. Kein Teil des Werks darf in irgendeiner Form (durch Fotokopie, Mikrofilm oder ein anderes Verfahren) ohne schriftliche Genehmigung des Verlags reproduziert werden oder unter Verwendung elektronischer Systeme gespeichert, verarbeitet, vervielfältigt oder verbreitet werden.

Die Autorin und der Verlag haben dieses Werk mit höchster Sorgfalt erstellt. Dennoch ist eine Haftung des Verlags oder der Autorin ausgeschlossen. Die im Buch wiedergegebenen Aussagen spiegeln die Meinung der Autorin wider und müssen nicht zwingend mit den Ansichten des Verlags übereinstimmen.

Der Verlag und seine Autorin sind für Reaktionen, Hinweise oder Meinungen dankbar. Bitte wenden Sie sich diesbezüglich an verlag@goldegg-verlag.com.

Der Goldegg Verlag achtet bei seinen Büchern und Magazinen auf nachhaltiges Produzieren. Goldegg Bücher sind umweltfreundlich produziert und orientieren sich in Materialien, Herstellungsorten, Arbeitsbedingungen und Produktionsformen an den Bedürfnissen von Gesellschaft und Umwelt.

ISBN Print: 978-3-903090-83-5
ISBN E-Book: 978-3-903090-84-2

© 2017 Goldegg Verlag GmbH
Friedrichstraße 191 • D-10117 Berlin
Telefon: +49 800 505 43 76-0

Goldegg Verlag GmbH, Österreich
Mommsengasse 4/2 • A-1040 Wien
Telefon: +43 1 505 43 76-0

E-Mail: office@goldegg-verlag.com
www.goldegg-verlag.com

Layout, Satz und Herstellung: Goldegg Verlag GmbH, Wien
Druck und Bindung: EuroPB, CZ

Inhaltsverzeichnis

Vorwort – Macht und Manipulation auf der Spur 11

Willensfreiheit! Sind Sie sicher? 16

Manipulation, oder … ich durchschaue alles! 18

Manipulations- und Machttatorte und Tätermotive 22
Sogar die Zwerge tun es! Wie Kinder manipulieren! 23
Wie Kinder ihre Eltern gegeneinander ausspielen 24
Wie Eltern und andere Erwachsene Kinder manipulieren 25
Leben in der Zitronenpresse – emotionale Erpressung wirkt 28
Welch Typus »Mensch« ist der emotionale Erpresser? 31

Die vielfältige Schatz- und Trickkiste der Manipulation 38
Toolbox, öffne dich! 38
Profilerins Masterplan – ein Schutzschild gegen Manipulationen 39
Der Masterplan im Business 41
Vorbereitung auf wichtige Gespräche 43
Die Manipulations-Tools 49
Die Tricks der Politiker – Kampf- oder Kriegsrhetorik 85

Manipulation über Körpersprache 109
Die Mimik – Die 7 Grundemotionen der Menschen 112
Die 7 Grundemotionen 113

Körpersprache verstehen und nutzen! 122
Bodytalks – Was Ihr Körper noch zu sagen hat 122

Talk! – Die Macht der Sprache 144
Ein Koffer voller sprachlicher Möglichkeiten … 144
Zusammenfassung von möglichen Gegenmaßnahmen 174

Macht macht mächtig! Macht Macht mächtig? 175
Macht ist immer und überall 175

Die Macht des Glaubens 178
Der machtvolle Mensch 180
Der Code der Macht und mächtig fiese Tricks 183

Entwickle den Psycho-Instinkt! 190
Wer schlummert oder ist gar wach? Von Manipulationsopfern über Manipulationsterroristen zu Manipulationspsychos 190
Part 1: Die Psychopathen 193
Part 2: Der Soziopath 198
Part 3: Die Dramaqueen 204
Part 4: Die passiv-aggressive Persönlichkeit 210
Part 5: Die paranoide Persönlichkeit 214
Part 6: Schizoide Persönlichkeitsstörung 220
Part 7: Wie Sie sich vor gefährlichen Persönlichkeiten schützen – das Notfall-Carepaket 224

Mit dem Top-12-Navigationsbaukasten Macht- und Manipulationsstrategien entschlüsseln 232
Die Bausteine zum Topnavigator – für Ihren Erfolg! 233
Arbeiten mit den Navigationsbausteinen 234
Die einzelnen Navi-Bausteine nach der »PScn«-Analysemethode 235

Sie ist um uns – überall! Die Manipulation 257
Sklavengehirn – Die Manipulation der Massen 257
Die Massenmedien und die Gefahr von Schwarmintelligenzen 258
Die Macht der Medien 259
Musik als Manipulationsfaktor 263
Die Kauffallen im Supermarkt 267

Gastkommentare 271
»Macht und Manipulation – Sicht eines Expolizisten« 271
Manipulation in der Welt der Kriminalität 273
Macht und Manipulation 275

Anhang 278
Buchempfehlungen 278

Dieses Buch ist dem wertvollsten Geschenk meines Lebens gewidmet!

Meinem Sohn!

Ein Danke in Zuneigung und Freude an ...

... meine Models Romina Colerus, Leitung Ressort Society »Heute«, Martin Oberhauser, Schauspieler, und an Coachingpartnerin Michaela Dorfmeister, Doppelolympiasiegerin und Weltmeisterin. Ihr seid wunderbar!

... meine Kooperationspartner Runway Studios, Petrè Orjanowsky und Wolfgang Bauer für die Fotoshootings und die daraus entstandenen großartigen Bilddokumentationen in diesem Buch.

... Fotograf Andreas Hochgerner, für das Coverfoto meiner Augen.

... Regina Tichy, Styling by Tichy, für Styling und Make-up.

... Regina Foltynek von LuxusLashes für meinen sagenhaften Augenaufschlag!

... meine unzähligen Seminarteilnehmerinnen und Seminarteilnehmer sowie Facebook-Freunde, die mich stets aufs Neue inspirieren.

... meinen Verlag, der liebenswertesten Stressmacherin Verena Minoggio-Weixlbaumer und dem von mir so bezeichneten »Herrn Direktor« Elmar Weixlbaumer, die beide in der ersten Sekunde erkannt haben, dass ich vollkommen unkompliziert bin, wenn man mir freie Hand lässt, und mir, wie auch ich ihnen, blind vertraut haben.

... den großartigen Dr. Erhard Busek für sein Vorwort und an die Fachautoren der jeweiligen Kapitelvorwörter:

... Hofrat Dr. Ernst Geiger, Bundeskriminalamt Wien, Hofrat Mag. Maximilian Edelbacher, Verhörspezialist, und an meine sensationellen Freunde Hans Harrer, Vorstand vom Senat der Wirtschaft, und Jochen Ressel, Geschäftsführer Operations Senat der Wirtschaft.

Mein ganz besonderer Dank geht an Manfred »The Husband« Staniek, meinen Liebes- und Lebensmenschen, für alles, was du für unseren Sohn, für mich und unser Leben machst. Und für alles, was du für mich bist ... aber das flüstere ich dir, wenn wir allein sind, ins Ohr.

Geleitwort von Dr. Erhard Busek

Macht und Manipulation sind europäische Themen, denen wir viel verdanken, nicht nur im Bereich der Wissenschaft und Wirtschaft, sondern auch in der Medizin und Kunst. Das wird uns klar, wenn wir diese Themen im geschichtlichen Kontext einer Entwicklung sehen, ausgehend vom Zweiten Weltkrieg über den Kalten Krieg bis zum Zerfall der Sowjetunion und der dadurch beschleunigten europäischen Einigung. Die Möglichkeiten der Manipulation sind mit Sicherheit heute gestiegen, ja, wir sind eigentlich erst am Anfang der Analyse, wie die Dinge selber weitergehen, wobei die Welt der Elektronik uns hier noch einige Möglichkeiten bieten wird. Das allerdings stellt die Frage nach der Ethik, nach den Regeln unseres Zusammenlebens und der Bereitschaft, ihnen auch zu folgen, in den Mittelpunkt. Dazu kommt noch die Dynamik der Veränderung, der wir ein wenig fassungslos gegenüberstehen, sonst hätten wir schon bessere Lösungen getroffen.

Um unsere Werte zu bewahren, müssen wir von veralteten Denkmustern, politischen Klischees, müssen wir vor allem von bezirzenden Ideologien Abstand nehmen. Denn die Ideologie ist die Kollektivierung der Idee für die Masse. In ihr hat ein Individuum – oder sagen wir, in der Terminologie der katholischen Soziallehre, eine Person – keinen Platz, es wird nie zur Persönlichkeit finden.

Das mag auch damit zusammenhängen, dass Wort und Tat manchmal ein Eigenleben entwickeln, das mit der ursprünglichen Idee nur mehr wenig gemeinsam hat. Manès Sperber hat diesbezüglich gesagt: »Mit diesem Kernproblem verbindet sich tatsächlich das Schicksalhafte jeder Tragödie. Es gäbe nämlich das Tragische nicht, wenn es diese Zielentfremdung der in ihren Folgen verselbständigten Tat nicht gäbe.«

Ich zitiere weiter: »Öfter als in extremen Unternehmungen und Situationen versucht der Mensch, in der Liebe den Alltag zu besiegen. Und fast nur die Liebe drängt ihn zu Taten, in denen er sich nicht verlieren muss; erst in ihnen kann er sich entdecken.« – Auch die Liebe ist ein Sinnbild für jene Harmonie aus Idee, Wort und Tat, die ich zuvor erwähnt habe; gerade sie ist die fundamentale Grundlage eines ethischen Menschenbildes.

Was bedeutet Macht in Bezug auf Ethik? – Meiner Meinung nach hat jede und jeder, ob er will oder nicht, eine Beziehung zur Macht. Es fragt sich aber, wie er diese auslegt und wie er sie nutzt. Im Sinne eines ethischen Menschenbildes wäre es wichtig, Macht nicht als Willkür, sondern als Verantwortung zu verstehen: also Verantwortung nehmen und Verantwortung geben. Wir haben das Recht und die Pflicht, Macht zu ordnen: Ausdruck deren gerechter Verteilung ist Demokratie, das Mittel dazu heißt Moral.

Salvador de Madariaga, der spanische Schriftsteller, Philosoph und Diplomat, hat sich Europa wie folgt vorgestellt: »Lasst uns ein Europa schaffen, das sowohl sokratisch wie christlich ist, gleichzeitig voll Zweifel und Glauben, voll Freiheit und Ordnung, voll Vielfalt und Einheit – ein Europa, in dem der Staat vor allem unter der beständigen Wachsamkeit der öffentlichen Meinung gezwungen ist, das Individuum zu achten.« Mit diesen Gedanken hat Madariaga das Europa von morgen erkannt, lernend aus den Fehlern im Umgang mit Macht und Manipulation seines Gestern, seine Zukunft findend in einem konstruktiven Kontrast: in sokratischer Philosophie und christlicher Religion, in gläubigem Zweifel und bezweifeltem Glauben, in geordneter Freiheit und freiheitlicher Ordnung, in Vielfalt aus Einheit und Einheit aus Vielfalt.

Wie hängt dies alles mit der vorliegenden Publikation zusammen? Um durch die vielfältigen Versuche der Manipulation und Machtspiele navigieren zu können, braucht es entsprechend geeignete Instrumente. Dieses Buch erhebt den Anspruch, diese zugänglich zu machen, indem es unterschiedliche Aspekte unter die Lupe nimmt, mit denen wir täglich zu tun haben. In meiner Funktion als Präsident des SENAT DER WIRTSCHAFT, einer Wirtschaftsinstitution, die sich dem ökosozialen Gemeinwohl verpflichtet fühlt, danke ich der Autorin, unserer Senatorin *Patricia Staniek*, dafür, dass sie mit diesem Buch einen aktiven Beitrag leistet, Macht und Manipulation richtig zu bewerten.

Dr. Erhard Busek, Dezember 2016

Vorwort – Macht und Manipulation auf der Spur

Mich beschäftigte schon lange die Frage der Interpretation von Manipulation, Macht und unseres »freien« Willens. Ist unser freier Wille heute nicht mehr nur eine Illusion, geprägt von der Evolution unseres so filigranen Chemiebaukastens Gehirn? Glauben wir nicht nur, wir alle seien selbstständig Handelnde und treffen Entscheidungen bewusst und aus eigenem Antrieb? Aber inwieweit sind wir doch lediglich Marionetten unseres durch Erfahrungen geprägten Gehirns, beeinflusst von Informationsflut und Falschmeldungen, die wir heute nicht mehr ausreichend hinterfragen? Sie umzingeln uns, die Manipulationstäter, Manipulationspsychos und Machtstrategen. Sie kreisen uns ein, werfen ihren Schatten über uns, und wir können nur entkommen, wenn wir mit aller Härte, Klarheit und einer guten Strategie vorgehen. Das funktioniert nur, wenn wir die Stricke erkennen, die sich schon um unseren Hals gelegt haben, wenn das Netz der Macht und Manipulation Lücken aufweist, und wir sie über diese Lücken dingfest machen können. Wir müssen dazu bereit sein, hinzuschauen und auch bewusst zu sehen, was läuft, und uns eingestehen, dass wir nahe am Rande der Falle stehen, oder die Schlinge sich bereits zuzieht.

Auch soziale Netzwerke haben eine unberechenbare Macht auf unseren freien Willen! Warum liegen Meinungsforscher mit ihren hochwissenschaftlich ausgearbeiteten Prognosen immer öfter falsch? Welche Macht haben von Computern generierte Pots, also künstlich entstandene meinungssteuernde Postings, in sozialen Medien? Was ist dran, dass möglicherweise durch Cybercrime Präsidentenwahlen in Weltmächten beeinflusst werden können?

Wir dagegen müssen uns heute für fast alle Entscheidungen jemandem gegenüber verantworten, »es jemandem recht machen«! Tun wir das aus freiem Willen oder vielmehr so, wie wir, einer interpretierten Illusion unseres Gehirns folgend, das jeweilige Gegenüber im privaten oder geschäftlichen Umfeld zufriedenstellen wollen, um geduldet, anerkannt oder geliebt zu werden?

Manipulieren wir uns am Anfang nicht schon selbst, bevor es unser Gegenüber tut, oder ist das nur eine eigene Art von Tennis chemischer Prozesse in unseren Gehirnen? Und in diesem Zusammenhang berücksichtigen wir noch gar nicht so gefühlte unterschiedliche Wahrnehmungen von Mann und Frau!

Das Thema Manipulation trifft mich immer wieder wie ein Gewitter aus Blitzschlägen mit unbeantworteten Fragen! Ich saß auf meiner großen Treppe, die vom offenen Wohnbereich nach oben zu den anderen Räumen führt, und dachte darüber nach, welchem Thema ich mich im meinem zweiten Buch widmen werde. Durch die riesige Glaswand fiel mein Blick auf meinen Lieblingsbaum in der japanischen Ecke unseres Gartens. Es traf mich wie ein Blitz. Er war da! Der Buchtitel »Mein Wille geschehe«! Ich wusste nun, wo es hingehen soll mit meinem Wissen über Macht und Manipulation.

Diese Klarheit des Titels manipulierte meinen Gesichtsausdruck dermaßen in ein breites »Jawollllll«-Grinsen, dass dies meinem Mann auffiel und mit den Worten »Immer wenn du zufrieden mit einer Idee bist, dann grinst du so seltsam« kommentiert wurde.

Und er hatte recht, anscheinend ist mein seltsames »Ich habe es«-Grinsen sehr speziell. Es zeigt sich, wenn ich begeistert bin. So hatte ich also mein begeisterndes Thema und nun keine Ausrede und keinen Grund mehr, kein zweites Buch zu schreiben. Obwohl ich viel lieber in meinen Seminaren spreche oder Keynotes und Vorträge halte, als mein Know-how niederzuschreiben.

Ich freute mich riesig, mir mit meinem ersten Buch »Profiling – Ein Blick genügt und ich weiß, wer du bist«, für mich total überraschend, den österreichischen Buch-Award »Buchliebling 2014 für das beliebteste Sachbuch« erschrieben zu haben! Dieses Buch war für mich eine Möglichkeit, den Teilnehmerinnen und Teilnehmern meiner Seminare mein Wissen, auf leicht nachvollziehbare Art und Weise, abrufbar und nachlesbar zu machen und anderen Menschen einen kompakten und schlüssigen Zugang zu meiner Arbeit zu schaffen!

In diesem Buch finden Sie all meine jahrzehntelang gesammelten Erfahrungen, Erlebnisse, Gedanken und mein Wissen. Es soll nicht nur ein Teil von mir selbst sein, sondern mich in vielen meiner Facetten widerspiegeln!

Ich wünsche mir, dass dieses Buch Menschen dabei unterstützt, Manipulationen, Macht- und Statusspielchen zu spüren, zu fühlen, zu erkennen und zu entschlüsseln. Es soll ihnen dabei helfen, Manipulationen ins Leere laufen zu lassen oder sie abzuwenden. Es ist keine wissenschaftliche Abhandlung für die forschenden und nicht forschenden Experten der Welt. Es ist ein leicht verständliches und dennoch fachlich kompetentes Buch für jene Menschen, die in ihrem Berufsalltag und im Privatleben mit dieser Thematik konfrontiert sind. Für jene, die lernen wollen, sich erfolgreich durch den Dschungel von Macht und Manipulation zu navigieren. Es soll Betroffenen und Gefährdeten eine Hilfe sein, gleich einer scharf geschliffenen Wissensmachete, die sie umgebenden Lianen und Geflechte von Macht und Manipulation zu durchschlagen, um letztendlich befreit und gestärkt aus dem Dickicht der eigenen Manipulationssituation aufzutauchen und ein lautes befreiendes »Yes, ich bin frei!« zu rufen!

Es soll die Möglichkeit schaffen, ein besserer oder exzellenterer Kommunikator zu werden oder Menschen beeinflussen zu können, um Ziele zu erreichen – auch gezielt zu manipulieren und dabei im

Hinblick auf die eigenen Moral- und Ethikvorstellungen bewusst zu entscheiden!

Ich habe lange überlegt, *wie* ich dieses Buch schreiben soll. Sollte ich nur aufzeigen, wie Manipulation funktioniert? Ich hörte schon die Stimmen, die riefen: »Oh nein, sie schreibt jetzt ein Buch, in dem man lernt, zu manipulieren. Pfui! Wie böse!« Wollte ich das? Nach einigem Überlegen, *Ja*! Denn jede Medaille hat zwei Seiten, es gibt schwarz und weiß, Himmel und Hölle, Yin und Yang, gute Mädchen und böse. Und auch auf die Gefahr hin, dass man mich für ein böses Mädchen hält: Ja, es ist mir bewusst, dass ich Manipulationstechniken und -möglichkeiten nicht nur aufzeigen kann, ohne dass diese auch angewendet werden.

Weg mit der Scheinmoral der Schreier, der Pharisäer, der scheinheiligen Zeitgenossen, der »Love and Peace«-Sympathisanten, die rufen: »Manipulieren – das ist böse. So etwas mache *ich* nicht!« Bullshit! Sie können es drehen und wenden, wie Sie wollen. Wir – Sie und ich – wir alle manipulieren ohne dieses Buch und mit ihm. Lassen Sie Ihren Tag, Ihre letzte Woche, Ihren letzten Monat Revue passieren. Überlegen Sie, welche Gespräche Sie hatten, in welchen Situationen Sie waren. Wen haben Sie beeinflusst, wen haben Sie mit verbaler und nonverbaler Kommunikation sanft oder sogar unsanfter in Richtungen geschubst, die Ihnen Nutzen brachten und hilfreich waren?

Wann haben Sie Partner, Freunde, Mama, Papa, Oma, Opa, Tochter, Sohn, Kollegen, Mitarbeiter liebevoll beeinflusst, bewusst gesteuert, in eine Richtung gebracht, Ihr Ziel damit erreicht oder vielleicht auch nicht?

Haben Sie ein Szenario gefunden? Schuldig? Gratuliere und herzlich willkommen im Leben, dem Tatort der Manipulationstäter und -psychos!

Ich wünsche mir, dass Sie, liebe Leserinnen und Leser, so agieren, dass Sie sich jederzeit in den Spiegel schauen können! Ich vertraue darauf, dass sich jeder von Ihnen seiner Eigenverantwortung und seines Handels bewusst ist. Ich gehe auch davon aus, dass Sie sich immer überlegen, ob Ihre Vorgehensweise nun nötig ist, und Sie sich der möglichen Auswirkungen, aber auch Konsequenzen für sich, den anderen und die systemrelevanten Beziehungen bewusst sind. Getreu dem Motto: »Was du nicht willst, das man dir tut, das füg' auch keinem andern zu«, bitte ich Sie einfach, zu denken, bevor Sie handeln!

Ob einfach als Mensch, als Profilerin, Consulter, Coach oder Trainer, ich bin mit diesem Thema »Macht und Manipulation« Tag für Tag konfrontiert! Ich spüre es, ich sehe es und erlebe es! Es ist da, die Menschheit ist davon durchzogen wie ein Myzel. Wie immer im Leben: Es hat seine schlechten, aber auch seine guten Seiten.

Ich wünsche Ihnen ein spannendes Lesevergnügen und zahlreiche Erkenntnisse, die Ihren Alltag einfacher machen werden.

Patricia Staniek

Willensfreiheit! Sind Sie sicher?

Wahrscheinlich erwarten Sie sich jetzt eine Frage wie: Sind Sie sicher, dass es Ihr freier Wille war, dieses Buch zu kaufen?

Nein, ich würde Ihnen diese Frage niemals stellen! Wozu auch. Sie lesen es bereits und verfügen ja über freien Willen! Oder nicht?

Sie denken sicher, dass Sie Ihre Entscheidungen selbst treffen und stets bewusst und durchdacht getroffen haben. Sie haben sich mit dem »Thema« Ihrer Entscheidung auseinandergesetzt, haben abgewogen, diskutiert und argumentiert. Und erst dann Ihre Entscheidung getroffen. Oder Sie haben spontan entschieden, haben sich auf Ihr Bauchgefühl verlassen. Na gut, vielleicht haben Sie freien Willen bewiesen, vielleicht aber auch nicht! Wer weiß das schon mit Sicherheit?

Ist freier Wille nur »Fiktion«? Ist freier Wille nur Illusion?

Okay, wenn freier Wille illusorisch ist, bedeutet das, dass jeder Killer nicht anders konnte, als zu töten, denn sein Gehirn hat vorher entschieden? Da hinkt etwas, merken Sie es? Oder ist freier Wille selbstverständlich vorhanden? Grundsätzlich immer oder nur phasenweise, kontextbezogen?

Was ist freier Wille? Ist damit gemeint, dass unsere Handlungen eigenbestimmt sind? Absichten, Ideen und Wünsche, die wir haben, sind an einem bestimmten Platz in einem unglaublichen Wunderwerk versteckt, in unserem Gehirn. Entscheidungen, die wir treffen, kommen aus den Reizmustern im Gehirn. Das könnte ein Hinweis sein, dass wir in bestimmten Kontexten über ihn verfügen. Vor allen Dingen ist es für uns wichtig, zu glauben, dass wir ihn besitzen oder irgendwo besitzen. Erfahrungsgemäß verhalten sich Menschen aggressiver, wenn sie der Meinung sind, keinen eigenen Willen zu haben.

Sind Sie nun also »frei-willig« oder nicht?

Der Wille ist frei, las ich oft im Zuge meiner Recherchen. Wir sind die Hüter unseres Gedanken-Handlungs-Palastes. Doch ist der Idee vom »freien Willen« zu trauen? Für mich hinken schon die beiden Worte in Kombination! »Freier Wille« ... jetzt habe ich es, *das* ist es, was für mich nicht passt. Es ist das Wort »frei«, das Wort »Wille« steht für sich, als das, was es ist. Wir haben also einen Willen – ob wir den durchsetzen, ob wir erreichen, was wir wollen, das ist ein anderes Kapitel.

Wenn der Wille so frei ist, wie er ist, warum gelingt es dann immer wieder, ihn zu steuern, ihn zu irritieren, ihn zu brechen, und Dinge in andere Bahnen zu lenken und Resultate beeinflusst festgelegt zu haben? Sind es dahinterliegende höhere Mächte, die uns steuern, die die Fäden ziehen? Welche Möglichkeiten und Methoden sind es, die manipulieren, beeinflussen, die willensschwache, aber auch willensstarke Menschen von ihrem Weg abbringen und sie etwas tun lassen, fühlen lassen, denken lassen, was sie eigentlich nicht wollen?

Was ist der Wille nun wirklich? Für mich: »Die Fähigkeit, sich für etwas oder gegen etwas zu entscheiden.« Nicht mehr und nicht weniger. Es setzt für mich eine »scheinbar« bewusste Entscheidung aufgrund von Motiven für eine Handlung voraus.

Können wir den Willen beeinflussen, überzeugen, steuern oder manipulieren?

Einfach beantwortet: grundsätzlich *Ja*!

Manipulation, oder ...
ich durchschaue alles!

Es gibt unzählige Formen der Manipulation. Manipulation ist für mich nicht zwangsläufig negativ besetzt! Ich höre schon den nächsten Aufschrei: »Manipulation ist böse, das macht man nicht. Ich manipuliere nicht! Würde ich niemals tun. Mich kann man nicht manipulieren. Ich durchschaue alles.«

Unsinn! Wir tun es alle! Nur, wir wollen ja nicht böse sein, zumindest meistens nicht. Deshalb geben wir unseren Handlungen einen anderen Namen: Wir haben etwas »hingebogen«. Wir haben etwas »gesteuert«. Wir haben etwas »beeinflusst«. Wir haben nur etwas »nachgeholfen«. Verdammt, ja! Wir manipulieren, was das Zeug hält! Manchmal bewusst und manchmal auch – na ja, fast – unbewusst! Wir wollen nur dieses Wort Manipulation nicht. Denn es gilt als negativ, moralisch und ethisch verwerflich. Es ist ein »Pfui-Wort«. Aber auch gerade nur so viel »Pfui«, dass wir ständig selbst manipulieren!

Die »böse Seite« der Manipulation ist banal zu erklären: Es ist für mich die absolute Grenze erreicht, wenn eine Methode, Handlung oder Strategie angewendet wird, die dem anderen physischen, psychischen, finanziellen oder sonstigen Schaden zufügt. Und das mit bedenklichen Methoden!

Ich spreche von *Manipulation*, wenn z.B. ein Angebot, eine Idee, eine Dienstleistung nicht zum Vorteil, sondern zu einem Nachteil für den Menschen oder sein Umfeld führt.

Von *unmoralischer Manipulation* spreche ich, wenn die Art der Kommunikation, die Art, zu überzeugen, bei der manipulierten Zielperson nachweisbaren Schaden verursacht. Menschen, die eher ängstlich sind, die wenig Selbstwertgefühl und wenig Selbstbewusstsein haben, lassen sich leichter täuschen. Manipulation möchte etwas erreichen. Beeinflussung auch! Für mich als Expertin für das Verhalten des Menschen wäre Manipulation schon wirksam, wenn ich den anderen zum Zuhören bewege.

Und da könnte für mich ein Unterschied liegen. Die »*böse*« *Manipulation* von Menschen hat ein Ziel: Sie möchte das Verhalten von jemandem beeinflussen. Sie möchte, dass jemand etwas macht oder zu etwas zustimmt, was er aus »freiem Willen« nie gemacht hätte. Die Fremdbestimmung steht im Vordergrund. Der Manipulierte ist so gefangen in der Manipulation, dass er nicht mehr hinterfragen kann, nicht mehr infrage stellt, sondern einfach folgt. Er wird zur Handpuppe, zur Marionette, und wird trotz spürbar negativer Emotionen fremd- und ferngesteuert wie ein Spielzeugauto, das durch die Betätigung eines Joysticks in alle Richtungen fährt.

Wird die Zielperson durch Kommunikation dagegen hingeführt, eine Thematik zu überlegen, und kann eine eigenständige Entscheidung treffen, abwägen oder sich eine Meinung bilden, spreche ich von »*Persuasiver Rhetorik*«, der reinen Überzeugungskraft durch die hohe Kunst der verbalen und nonverbalen Gesprächskunst. Der Mensch lässt sich durch Argumentation und Nutzenbestimmung überzeugen und handelt selbstbestimmt!

Diese Erklärung soll helfen, moralisch und ethisch zu differenzieren, denn im Grunde genommen bleibt beides eine Form der Manipulation! Menschen, die mit Überzeugungskraft agieren, haben auf lange Sicht die bessere Kundenbindung, die motiviertesten Mitarbeiter und somit die besten Leistungsergebnisse, die Menschen bleiben freiwillig und agieren selbstbestimmt in ihrem Sinne aus sich heraus.

Überlegen Sie bitte:
- Wie oft haben Sie sich schon auf etwas eingelassen, was Sie nicht unbedingt wollten?
- Wie oft haben Sie eine Meinung oder Position akzeptiert und haben es wenig später bereut?

- Wie oft haben Sie Ihre Meinung oder Ihren Standpunkt aufgegeben und es später bereut?
- Wurden Sie in solchen Situationen überzeugt oder schlicht und ergreifend manipuliert?

Ein Kollege betritt Ihr Büro. Sie haben unglaublichen Stress, wissen nicht, wo Ihnen der Kopf steht! Sie arbeiten, arbeiten, arbeiten und arbeiten. Sie haben »eigentlich« keine Möglichkeit bzw. keine Ressourcen mehr, weitere Arbeitsaufgaben anzunehmen. Und zum wiederholten Mal haben Sie sich den Vorsatz, »Nein« zu sagen, scheinbar, aber nur scheinbar, fest ins Gehirn gemeißelt. Klar und sehr höflich wollten Sie das tun. Doch irgendwie ging es nicht. In Ihrer Erinnerung hören Sie sich »Aber gerne« sagen und sehen sich mit dem Kopf nicken! Und siehe da: Der Stapel auf Ihrem Schreibtisch ist wieder gewachsen. Sie realisieren es jetzt, im Nachhinein! Sie haben eine Arbeit übernommen, die eigentlich gar nicht Ihre ist. Der Kollege hat Sie ausgetrickst, hat Sie überrollt, überrumpelt oder im wahrsten Sinne des Wortes so über den Tisch gezogen, dass es nur so rattert. Jetzt haben Sie verstanden! Sie beginnen, sich zu ärgern! Wie hinterhältig und listig Sie der Kollege über den Tisch gezogen hat. Grün und blau ärgern Sie sich! Ihre Gedanken kreisen nur um ihn. Dem werden Sie aber ordentlich die Meinung geigen, der kann etwas erleben! Das ist der Vorsatz, den Sie zu 99,9 Prozent ohnehin wieder umwerfen, wenn er Ihnen gegenübersteht, Sie anlächelt und Ihnen sagt, wie großartig Sie das gemacht haben! Sie sind ja doch die oder der Beste! Und schon quittieren Sie diese Aussage mit: »Gerne geschehen!«
Ach ja, und verzeihen Sie mir meinen Sarkasmus! Der Kollege denkt bestimmt voll Wertschätzung an Sie, während er bereits vor dem Fernseher liegt und sein Bierchen genießt!

Sie fühlen sich durch dieses Beispiel angesprochen und wollen die Situation für sich verändern? Dann bleiben Sie dran! Später bekommen Sie von mir Möglichkeiten aufgezeigt, mit denen Sie Manipulationen erkennen, diesen gegensteuern oder sie auflösen, ihnen Grenzen setzen und Nein sagen können! Manipulieren und manipuliert werden gehört zu unserem Alltag. Manipulation findet Tag für Tag auf allen Ebenen in allen Varianten und Raffinessen statt. In dieser oder ähnlicher Form. Wir tun es alle! Es scheint ein Teil unserer Überlebensstrategie zu sein ...

Manipulations- und Machttatorte und Tätermotive

Wir sind umgeben von harmlosen Alltagsmanipulationen, deren Täterinnen und Täter versuchen, durch kleine rhetorische oder strategische Taschenspielertricks das eine oder andere Ziel zu erreichen. Menschen, die es gelernt haben, solchen Zeitgenossen entgegenzuwirken oder das kleine Gaunerhandwerk zu legen, haben diese Situationen schnell im Griff.

Aber da gibt es noch die anderen, die wirklich gefährlichen – die von mir »Manipulationspsychos« Bezeichneten.

Wo wir Manipulations- und Machttatorte haben, sollten wir uns auch über die Motive der Täter Gedanken machen. Die Motive erscheinen manchmal sehr klar und durchsichtig. Oft sind sie unter der Oberfläche des Menschen verborgen, unter die er keinen Einblick geben möchte. Andererseits liegen die Motive oft auch klar auf der Hand. Nicht nur ahnungslose, naive, wenig selbstbewusste und unachtsame Menschen fallen auf Manipulationstäter und Manipulationspsychos herein.

Niemand ist davor gefeit. Je cleverer jemand ist, je mehr Ressourcen und Potenzial jemand hat, desto mehr reizt es die Manipulationspsychos. Wo mehr ist, kann auch mehr herausgeholt werden. Sie sind Zocker, sie wollen spielen, sie spielen ihr Spiel, sie sprengen Grenzen, testen sie aus, fixieren sie an wie der Wolf die Beute, schauen durch ihr Fadenkreuz auf Sie und setzen sich wie eine Zecke auf Ihren Körper. Ein erbarmungsloses Spiel beginnt. Sie legen die Flügel der Manipulation und Macht zuerst liebevoll um Sie, um Sie letztendlich damit auszuquetschen und zu erdrücken. Sie saugen sich an wie Vampire und lassen erst wieder ab, wenn sie den letzten Tropfen Blut aus ihren Opfern gesaugt haben. Durchaus ist mancher Manipulationstäter und Manipulationspsycho umgeben von einer Wolke aus Charisma, Charme und Witzigkeit. Diese Wolke ist der Zugang zu Ihrer Persönlichkeit, der Schlüssel zu Ihrem Gehirn und zu Ihrer Seele, den sie langsam einstecken, umdrehen, um dann mit einem Ruck die Tür zu Ihnen zu öffnen, in Sie einzusteigen und Ihnen die Luft zum Atmen zu rauben.

Manipulationspsychos erkennen Sie oft nicht auf den ersten, auch nicht auf den zweiten Blick. Sie erkennen ihn meist erst dann, wenn Sie wie eine um ihr Leben oder ihre Freiheit strampelnde Fliege im Angesicht der Spinne im feinst gewobenen Netz hängen. Wir reden hier von Psychopathen, Soziopathen und sonstigen Zeitgenossen, auf die man eigentlich gerne verzichten würde. Nur: Das Leben ist kein Ponyhof! Und wir haben sie um uns! Die meist leicht erkennbaren Narzissten, die manchmal sehr anstrengend sind und noch in die Kategorie »Manipulationstäter« fallen können, oder die, welche schon in der Oberliga von Macht und Manipulation in der ersten Tatortreihe spielen, die Psychopathen und Soziopathen, und vielerlei andere Mischtypen und soziales Ungeziefer – die Manipulationspsychos.

Sogar die Zwerge tun es! Wie Kinder manipulieren!

»Wir wollen den Kindern ein gutes Leben auf der Erde ermöglichen! Deshalb müssen wir sie lieben, achten und beschützen. Wir müssen sie lehren, zu lieben, zu achten, zu beschützen und zu lehren!«, dies sagte Leopoldine Kickinger, meine liebe Oma (zum Zeitpunkt des Schreibens dieses Buches 102 Jahre alt).

Ist es wirklich moralisch verträglich, dass ich jetzt auch noch behaupte, dass diese kleinen, süßen, unschuldigen Wesen manipulieren? Dass sie ihre Kulleräugelchen, ihr Lächeln, ihre gesamte Mimik und

Gestik dafür einsetzen, um von Papa etwas zu kriegen, was Mama nicht erlaubt hat? Sie tun es! Ja, sie tun es, sie können es, denn wir machen es ihnen vor. Wir sind ihre Zaubermeisterinnen, ihre Lehrherren! Wie schon Goethe sagte: »Die ich rief, die Geister …!«

Überlegen Sie bitte: Was haben Sie als Kind bereits alles versucht, um länger am Spielplatz bleiben zu dürfen, das Fernsehverbot aufzuheben, ein Spielzeug zu bekommen, bei der Freundin schlafen zu dürfen? Wie oft haben Sie Mama und Papa, Oma und Opa, Kindergartenpädagogen, Schulkolleginnen so weit gebracht, dass diese taten, was Sie wollten? Sie haben sie beinhart manipuliert, gegeneinander ausgespielt, mit dem »Schmäh« genommen, eine Hinterlist angewendet und sind als strahlender Sieger aus der Situation hervorgegangen! Was davon haben Sie in das Erwachsenenleben mitgenommen; und wenden Sie heute noch immer an? An welchen Methoden oder Strategien haben Sie bewusst gefeilt, sie verbessert oder sie zur Perfektion geführt? Mit welcher Manipulationsmethode haben Sie Ihre persönliche Masterclass gewonnen?

Wie Kinder ihre Eltern gegeneinander ausspielen

Wenn Eltern sich über Vorgaben, Regeln und Ziele in der Kindererziehung nicht einig sind, merken das die kleinen Schlaumeier sehr schnell. Sie testen und loten aus, bei wem sie mehr erreichen können, bei wem sie was schneller durchsetzen. Dabei beobachten Kinder gespannt und genau, wie sich die Kommunikation zwischen den Eltern abspielt und was ihr Experiment mit dem Verhalten der Eltern macht.

Kinderaussagen wie »Aber Papa hat gesagt, Mama macht das auch so!« usw. sind Ihnen bestimmt schon zu Gehör gekommen. Das Resultat einer wissenschaftlichen Forschungsarbeit ergab, dass Babys bereits im Alter von sechs Monaten erkennen können, wie sich Eltern verhalten! Verhält sich Mama anders als Papa? Sie testen die Eltern auch aus. Allerdings spielen sie in diesem Alter die Erziehungspersonen noch nicht bewusst gegeneinander aus. Sie sehen und bemerken die unterschiedlichen Verhaltensweisen von Mama, Papa, Oma und Opa und überprüfen immer wieder, ob sie recht damit haben. Die Kinder setzen dieses Wissen ein, um ihre Bedürfnisse zu befriedigen.

Bei Scheidungskindern oder wenn der Trennungsfall gerade eingetreten ist, entsteht ein großes Experimentierfeld für Kinder. In solchen Situationen sollten Eltern sich ihrer Verantwortung besonders bewusst sein und im Sinne der Kinder gemeinsam agieren.

Ihrem Kind wird dies guttun, denn so eine Einheit führt dazu, dass ein Kind seine Regeln und Grenzen kennt und sich somit sicher durch den Lebensdschungel navigieren kann! Grenzen setzen, Regeln und Vereinbarungen geben Kindern so viel Sicherheit, dass sie mit gesundem Selbstwert und Selbstbewusstsein aufwachsen können!

Wie Eltern und andere Erwachsene Kinder manipulieren

Wie oft haben Ihre Eltern, Großeltern, Kindergartenpädagogen, Lehrerinnen unter dem geheimen Codenamen: »Mission: pädagogisch austricksen« das bekommen, was sie von Ihnen erwartet haben? Hören Sie noch die Sätze »Wenn du das oder das machst, darfst du das oder das tun!«, »Wenn du schlimm bist, kommst du ins Kinderheim!«, »Böse Kinder werden vom schwarzen Mann geholt!«? Diese Sätze könnte ich endlos fortführen! Oder die hinterlistigen und steuernden Fragen, die ich meinem Sohn in der Pubertät stellte, wenn er ausgehen wollte, und die ich verzweifelt benutzte, wenn ich mit meinem erzieherischen Latein am Ende war: »Was denkst du, muss passieren, damit du heute ins Konzert gehen darfst?« »Mein Zimmer aufräumen«, bekam ich mit dem trotzigsten, widerständlerischsten, revoluzzerhaftesten und pampigrotzigsten Gesichtsausdruck eines Pubertierenden retour. Sogar verdienterweise – denn ich verwendete diese Frage dann, wenn mir mein Pubertierender wieder mal bewiesen hatte, dass er den längeren Atem hatte, und ich beinahe mit Hilflosigkeit in Erziehungsfragen konfrontiert war.

Wenn wir hilflos sind, dann, wenn wir mit unseren erzieherischen Kenntnissen anstehen oder es einfach nicht besser wissen, wenden wir diese erpresserischen hilflosen Manipulationen an. Dann, wenn sie uns zur Weißglut oder in die Verzweiflung treiben, wo uns anscheinend nur dieser einzige Ausweg bleibt. Ach, hätten wir doch einen für alle klaren und sinnvollen Erziehungsstil.

Ist Ihnen bewusst, dass wir diese Art der Manipulation von unseren Vorbildern, Erziehungspersonen, Beziehungspersonen schon im Kleinkindalter lernen? Wir bekamen es gelehrt, weil sie uns vorgezeigt haben, wie es geht. Wir lernen durch Sehen, wir lernen durch Erleben und Fühlen! Wir lernen und geben das Erlernte unseren Nachfahren weiter! Also, doch eine Überlebensstrategie.

Ganz typisches Manipulationsfeld für Eltern-Kind-Manipulationen sind Scheidungsdesaster. Scheidungen oder Trennungen, bei denen Kinder beeinflusst werden, um sie so einem Elternteil zu entfremden. Bei Anwendung eines Eltern-Kind-Entfremdungsprozesses spüren und leben die Kinder Ablehnung gegen einen Elternteil. Die Kinder hatten meist kein Problem mit dem anderen Elternteil, werden aber dahingehend beeinflusst. Das kann verbal oder nonverbal passieren.

Nonverbal durch einen negativen Gesichtsausdruck der Mutter, wenn sie vom Kindesvater spricht, oder verbal, wenn der Vater über die Kindesmutter sagt: »Wegen deiner Mama kann ich dir nichts mehr kaufen. Sie hat meine Existenz ruiniert!«, und Ähnliches. Was könnte das wohl für Folgen für ein Kind haben?

Ein Kind, das gerade mit einer Trennung konfrontiert ist. Ein Kind, das sich sicher in der elterlichen Beziehung wähnte? Ich rede hier nicht von PAS (Parental Alienation Syndrome – Eltern-Kind-Entfremdung, nach dem US-Kinderpsychiater R. A. Gardner), über dessen tatsächliche Existenz viel diskutiert wird. Gardner wurde diesbezüglich für den Begriff »Syndrome« angegriffen, weil dieser einen pathologischen Zustand beschreibt. Ich spreche hier von einer rein psychologischen Manipulation und keinesfalls von PAS!

Für Kinder gerät bei konfliktbehafteten Trennungen das Weltbild aus den Fugen – ihre Welt bricht zusammen! Die Eltern leben nicht mehr unter einem Dach, streiten ständig, die Situation ist von Unruhe getrieben! Alles ist anders, als es war, alles verändert sich, und zwar nicht langsam und schleichend, sondern radikal!

Kinder laufen die Emotionsskala hinauf und hinunter und sind hoch belastet. Diese Belastungen lösen sich nicht immer in der Kindheit, sondern werden ins Erwachsenenleben mitgenommen. Mama und Papa nicht mehr als Paar zu sehen, vielleicht auch noch mit anderen Partnern, stellt für Kinder eine Angstsituation dar. Die Angst, einen Elternteil zu verlieren, ist dominant in Kinderseelen!

Kinder werden durch das Verhalten eines oder beider Elternteile in heftige Loyalitätskonflikte gebracht, fühlen sich schuldig und werden schon mal in Rollen gedrängt, die sie nicht haben sollten und die sie oft später als Erwachsene noch nicht abgelegt haben. Die Falle schnappt schon in der Kindheit zu! Ich habe Elternteile erlebt, die ihren Kindern »einfach nur die Wahrheit« sagen wollten. Wobei die Wahrheit von einem in Trennung oder Konflikt lebenden Paar als wenig objektiv einzustufen ist. Was hört das Kind in dieser Situation? Eine »subjektive Aussage« eines verletzten, gekränkten, wütenden, also definitiv hoch emotionalen Elternteils. Kinder sind nicht in der Lage, mit diesen Dingen sinnvoll umzugehen, geschweige denn, diese zu verarbeiten. Eltern tragen hier große Verantwortung. Eltern versuchen ihre Kinder ständig zu beschützen: vor anderen Kindern, vor dem bösen Kindesentführer, vor dem Straßenverkehr oder einfach nur vor dem Nachbarshund. Sowohl Eltern als auch Großeltern sind in diesen Situationen oft überfordert. Wie wunderbar wäre es, wenn Eltern sich in dieser schwierigen Zeit von Experten beraten ließen, um so ihre Kinder vor sich als den Eltern, Großeltern und anderen Beteiligten zu schützen! Kinder brauchen in dieser Zeit viel Sicherheit, und zwar von beiden Elternteilen sowie dem Rest aller beteiligten Personen!

Allerdings sind Kinderseelen vor missbräuchlichen Manipulationen grundsätzlich, und nicht nur in Trennungssituationen, zu schützen! Sie sind unsere »Next Generation« – das Wertvollste, was wir hier auf diesem Planeten hinterlassen.

Leben in der Zitronenpresse – emotionale Erpressung wirkt

Emotionale Erpressung ist eine Form der Manipulation. Ich bin mir sicher, dass auch Sie diese schon erlebt haben. Ob Sie sie auch selbst angewandt haben? Diese Frage können nur Sie selbst beantworten. Emotionale Erpressung wird oft bereits bei Kleinkindern angewendet: »Wenn du das oder das nicht tust, dann ist Mama sehr traurig und weint!« Manche Eltern, aber auch Großeltern, sind dermaßen professionell und exzellent in dieser Methode, dass Kinder sehr lange brauchen, um zu begreifen, was hier passiert. Versuche der Rebellion können durchaus erst in der Pubertät, aber auch im fortgeschrittenen Alter gestartet werden. Ich habe viele Eltern erlebt, die in der Kategorie »Emotionale Erpressung« eine Weltmeisterschaft gewinnen hätten können!

Und auch wenn ich jetzt Mütter verärgere: Frauen haben das noch besser drauf als Männer. Oft steht ein Eigentumsanspruch der Mutter, die das Kind neun Monate lang unter Mühen im Bauch herumgetragen und unter Schmerzen geboren hat, dahinter. Tradierte Familienerpressungsmuster werden häufig über mehrere Generationen hinweg weitervererbt. Und das nicht nur in deren zarten Alter, sondern auch dann noch, wenn die Kinder bereits selbst erwachsen sind und eigene Kinder haben. Erwachsene wecken gezielt und gekonnt Schuldgefühle und machen das manchmal sehr subtil. So subtil, dass es von den manipulierten Sprösslingen lange nicht bewusst wahrgenommen wird. Kleine wie auch erwachsene Kinder sollen damit in Richtungen und Wege gelenkt werden, die sie sich selbst nicht ausgesucht haben.

Manipulation, oder in diesem Fall emotionale Erpressung, wirkt, wenn man herausgefunden hat, wie sie funktioniert, und hat großen Nutzen für den emotionalen Erpresser. Warum über andere Wege nachdenken, wenn dieser schon erprobt ist und sich einfach umsetzen lässt? Das bisschen Schuldgefühl wird das Kind schon aushalten! Hat ja noch niemandem geschadet. Dass Elternteile ihrem Kind aber damit ein »Hindernis im Leben«-Paket mitgeben, ist vielen Eltern nicht bewusst oder sie wollen es nicht sehen, sie schieben es einfach weg – in den tiefen See des beruhigend dahinplätschernden Unterbewusstseins!

Schuldgefühle sind natürlich ein effektives und wirksames Mittel, um Menschen emotional zu erpressen, aber auch in weiteren unterschiedlichen Formen zu manipulieren. Schuldgefühle in Form von Manipulation einzusetzen, ist für mich persönlich ein vollkommen unzulässiges Mittel. Es entbehrt jeglicher Art von Respekt. Wahrscheinlich ist das aber eine sehr persönliche Sache, was als noch oder nicht zulässig gilt! Ich habe viele junge und ältere Menschen kennengelernt, die unter massiven Schuldgefühlen gelitten haben. Nicht, weil sie etwas Böses gemacht hätten, sondern weil sie über Schuldgefühle manipuliert wurden. Schuldgefühle machen uns nicht zu besseren oder hilfreicheren Menschen. Schuldgefühle machen die Seele kaputt!

Andererseits, wenn wir einen Fehler begehen, ist es wichtig, dass sich unser natürliches Schuldgefühl einschaltet! Es hilft uns, damit wir uns über unsere Fehler klar werden und diese korrigieren können. Wenn die Fehler oder das Verhalten korrigiert wurden, darf man sich von den Schuldgefühlen wieder verabschieden und diese loslassen. Schuldgefühle zu erzeugen, ist ein sehr wirkungsvolles Instrument in der riesigen Palette der Manipulationsmöglichkeiten.

Die Wirkung von Schuldgefühlen und Vorwürfen:

- Wie konntest du das nur mit mir tun?
- Das hat mich so verletzt, du machst mich kaputt!
- Das hätte ich mir nie im Leben vor dir erwartet, ich bin so enttäuscht!

- Wenn man jemanden liebt, tut man so etwas nicht!
- Du bringst mich noch ins Grab, wenn du so weitermachst!

Die benutzten Formulierungen klingen allgemeingültig. So, als gäbe es dafür eine schriftliche Vereinbarung oder diese Aussagen wären irgendwo in der Pampa in einen Felsen gemeißelt. Sie werden dafür eingesetzt, damit man uns zu einem bestimmten Verhalten bewegt. Emotionale Erpressung mit all ihren Facetten wird von Personen eingesetzt, um uns aufzuzeigen, wie sie sich für uns aufgeopfert haben! Was sie nicht alles für uns getan haben, und wir danken es ihnen nicht. Sie hauen uns um die Ohren, dass sie öfter den Mist runterbringen, als wir es getan haben, und somit mehr fürs Allgemeinwohl in der Beziehung beitragen.

Sie stellen unsere Liebe, unsere Gefühle, unsere Beziehung infrage, erinnern uns nach vielen Jahren immer noch sehr beeindruckend daran, wie wir uns damals verhalten haben, was wir uns zuschulden kommen ließen, vergleichen uns mit anderen Kindern anderer Eltern, vergleichen uns mit Exfreunden, Exehepartnern, Exsexpartnern, leben ihre Märtyrerrolle gigantisch aufgebauscht, bis ins kleinste Detail durchinszeniert aus und, last but not least, erklären sie uns auch noch, was andere von uns denken oder denken könnten! Uff ... jawohl ... uff ... das Ganze funktioniert aber nur, solange Sie es zulassen, solange Sie keine Grenzen setzen, solange Sie nicht infrage stellen oder hinterfragen, letztendlich, solange Sie diesen Teufelskreis nicht unterbrechen!

Welch Typus »Mensch« ist der emotionale Erpresser?

Ein emotionaler Erpresser ist ein Typus Mensch, der sich für ein Opfer hält, ein Opfer von anderen, ein Opfer von Umständen, ein Opfer von Chefs, Politikern, Eltern und oftmals von überhaupt allem.

Diese Menschen scheinen ein Defizit an Anerkennung zu haben. Sie wollen die Anerkennung von anderen mit aller Kraft erwirken. Sie kämpfen und manipulieren, um Zuwendung zu bekommen, um einvernehmen zu können.

Stets erwarten sie sich etwas und wollen ihre Erwartungen erfüllt sehen. Sie präsentieren uns ihre Schmerzen, ihre seelischen Verletzungen, reden nicht über ihre Wünsche, wollen aber, dass wir sie erraten und erfüllen. Und wenn wir das nicht tun, dann werden sie oft zu Tätern! Manch Rachefeldzug eines Ex oder einer Ex hat es schon bis in die Daily News im Fernsehen geschafft.

Die Erkennungsmarker für emotionale Erpressung:

- Sie selbst merken, dass Sie Handlungen durchführen, die Sie nicht durchführen wollen. Alles in Ihnen schreit »Nein«, aber Sie führen diese Handlungen gegen Ihre eigenen Bedürfnisse trotzdem durch.
- Sie fühlen sich schuldig für den emotionalen Zustand des anderen.
- Sie versuchen, die Bedürfnisse des anderen zu bedienen, damit es ihm gut geht.
- Sie halten sich für egoistisch und verurteilen sich, weil Sie so böse und gemein sind.
- Sie werden hin und her geschüttelt in Ihren Emotionen.
- Sie lassen sich für das Unglück von anderen verantwortlich machen.

Raus aus der Opferfalle:

- Machen Sie nichts, nur um anderen zu gefallen!
- Lassen Sie sich keine Schuldgefühle einreden!
- Grenzen Sie sich ab!
- Reden Sie Klartext mit der anderen Person!
- Erklären Sie der Erpresserperson, dass sie sich eher von Ihnen entfernt, als dass sie die gewünschte Zuwendung bekommt!
- Setzen Sie sich bitte für sich selbst und für Ihre Bedürfnisse ein, ohne dabei die Bedürfnisse der anderen zu ignorieren!
- Lassen Sie sich nirgendwo hineindrängen, geben Sie nicht nach und fügen Sie sich nicht. Lassen Sie sich keinesfalls gefügig machen!
- Erkennen Sie: Jeder ist für seine Gefühle und somit für seinen emotionalen Haushalt selbst verantwortlich!
- Lernen Sie, damit umzugehen, dass sich der andere schlecht fühlt!
- Und bedenken Sie: Mit Ihrem Verhalten entscheiden Sie mit, ob ein »Opfer« sich entwickeln kann! Viele meiner Klienten waren überrascht, dass Opfer sich weiterentwickelt haben und ihr Verhalten verändern! Manche verändern ihr Verhalten grundsätzlich ins wirkungsvoll Positive, andere wieder verändern es nur Ihnen gegenüber und suchen sich neue Mitmenschen, deren Leben sie in Unruhe versetzen können!
- Überprüfen Sie, ob Sie tatsächlich an etwas schuld sind! Wenn ja, dann korrigieren Sie oder entschuldigen Sie sich. Wenn nein, dann lernen Sie, sich von solchen Situationen zu distanzieren und abzugrenzen. Springen Sie bitte nicht auf jeden Zug auf, der irgendwann vorbeifährt.
- Sagen Sie dem emotionalen Erpresser, wie Sie sich die Kommunikation zwischen Ihnen beiden vorstellen. Formulieren Sie Gesprächsregeln und holen Sie sich vom emotionalen Erpresser diesbezüglich ein Commitment ab. Wenn er einsteigt und versucht, sein Verhalten zu verändern, heißt das nicht, dass dies dauerhaft ist. Wenn es Rückfälle gibt, bleiben Sie hart und bringen den emotionalen Erpresser wieder auf Schiene!

Die Welt aus der Sicht von Opfern ...

Nehmen wir zum Beispiel die Berufswahl. Meine Eltern und Großeltern sind im Ersten und Zweiten Weltkrieg aufgewachsen, sie hatten nichts. Sie haben es in dieser Zeit gelernt, jede Geldmünze siebenmal umzudrehen, bevor sie sie ausgaben.

Aus ihrer Erfahrung, aus ihrem Erleben heraus, versuchen sie, die nächste Generation eben auf ihre Art und Weise zu beschützen und machen Berufsvorschläge bzw. steuern die Kinder in Richtung bestimmter Berufe, die halbwegs bis ziemlich sicher sind. Heute noch höre ich die Stimme meiner Urgroßmutter, als sie mir als kleines Mädchen erklärte: »Kind, du musst zum Magistrat oder auf die Gemeinde gehen, so dumm kannst du dich gar nicht anstellen, dass du dort je rausfliegst!« »Da musst du dich bewerben, dann kann die Uroma in Ruhe die Augen zumachen und in den Himmel gehen!« Wahrscheinlich hatte sie recht, so leicht fliegt man dort nicht raus. Ich hatte aber auch nie vor, irgendwo rauszufliegen, und flog nirgendwo raus. Danke, Uroma, dein Rat war wohlgemeint und für dich wichtig aus deiner Angst und Sorge um meine Zukunft oder aus eurer Familientradition heraus. Doch ich habe meinen eigenen Weg gewählt und die Tradition gebrochen! Lassen Sie es bitte nicht zu, dass man Sie mit Krankheiten, Schmerzen, Angst, Tod, Liebesentzug oder Sonstigem erpresst oder bedroht! Weisen Sie solche Erpressungen rückstandslos zurück.

Wer könnte ein Fußballspiel spielen, wenn er keine Spieler hätte, die mitspielen? Es braucht also immer mindestens zwei: ein Opfer und einen Täter. Wobei das vermeintliche Opfer in solchen Situationen der eigentliche Täter ist. Viele »Sklaven« von emotionalen Erpressern werden nie aufhören, sich in Schuldgefühle drängen zu lassen. Und viele wählen frei, einen anderen, einen eigenen Weg zu gehen!

Wie Sie mit Opfersprache langfristig betrachtet Ihre Liebsten, Familie und Freunde in die Flucht schlagen werden:

- Ich bin euch sowieso egal.
- Niemand liebt mich!
- Wenn du jetzt gehst, brauchst du nicht mehr wiederkommen!
- Wenn du das nicht tust, verlasse ich dich!
- Nur wenn du heute nicht mit deinen Freunden einen trinken gehst, gibt es Sex.
- Wenn du nicht zu Besuch kommst, weine ich wieder.
- Du hast der Oma kein Bussi gegeben, jetzt kränkt sich die Oma wieder.
- Nur wegen dir haben Papa und Mama gestritten! Sei brav, dann streiten wir nicht!

Ich hatte einen Coaching-Klienten, der erst im Alter von 54 Jahren realisierte, dass er von seiner alten Mutter ständig emotional erpresst wurde. Wenn er nicht mindestens ein Mal pro Woche zu ihr zu Besuch kam, »drohte« sie mit Sterben. Sie verfiel in die Opferschiene, obwohl sie die eigentliche Täterin war, klagte dann über Herzschmerzen, bekam sofort alle Zustände und brachte meinen Klienten immer wieder dazu, ein schlechtes Gewissen zu haben und zu funktionieren, wie sie es wollte! Erst als mein Klient ihr im April des Jahres nach einem Coaching bei mir mitteilte: »Okay, Mutter, wenn du sterben willst, mach das bitte im November, denn bis dahin habe ich geschäftlich Hochsaison und keine Zeit, mir einen schwarzen Anzug zu kaufen oder auf dein Begräbnis zu gehen«, irritierte er sie maßlos. Er ließ ihre Versuche immer in anderer Form und sehr konsequent ins Leere laufen. So lange, bis sie verstanden hatte und ihr Verhalten ihm gegenüber korrigierte. Er war frei! Und sie fand eine Nachbarin, die sie mit ihrer »Ich bin das ärmst Schwein auf der ganzen Welt«-Strategie einfing und zu ihrer neuen Sklavin machte.

Wenn Opfer begreifen, was sie tun, wenn ihnen klar wird, welche Strategien sie verwenden, wenn sie beginnen, ihre Handlungen und Wirkung auf andere zu hinterfragen, ist der Weg zur Veränderung noch nicht gegangen, er ist aber schon geebnet! Wenn wir etwas Unschönes oder Unerfreuliches erleben, entscheidet die Wahl unserer inneren Einstellung, unserer inneren und auch äußeren Haltung, ob und wie wir zu Lösungen kommen.

Menschen mit Opferhaltungen haben nicht gelernt, wie sie sich auf dem Weg der konstruktiven Kommunikation und kooperativen Beziehungsarbeit verständigen und so ihre Bedürfnisse erfüllt bekommen. Sie finden schwer allein den Weg aus dieser Misere und fügen sich durch ihre eigene Denkhaltung unendliches Leid zu. Sie fühlen sich machtlos, klein und ungeliebt. Einerseits sind sie Opfer ihrer selbst und werden durch ihre Handlungen bzw. durch ihr Verhalten zu Tätern. Mein Großvater sagte: »Schmerz ist nicht zu vermeiden, Leiden ist Freiwilligkeit!«

Je mehr man auf die Opferstrategien von anderen eingeht, umso mehr unterstützt man das Opfer dabei, in dieser leidenden und hilflosen Haltung zu bleiben! Wenn Opfern klar wird, dass es ihre Entscheidung ist, ob sie in ihrem »Leiden« verbleiben oder ein Leben mit angemessenem Verhalten in Bezug auf den Umgang mit eigenen Problemstellungen und unschönen Ereignissen führen können, dann ist auf dem geebneten Weg der erste Schritt gegangen!

Wir müssen unsere alten Verhaltensmuster nicht behalten! Wir haben unsere Veränderung selbst in der Hand. Wir können, was unser Verhalten betrifft, selbst entscheiden. Auf die Rahmenbedingungen haben wir oft keinen Einfluss. Wir können aber entscheiden, wie wir durch unser Leben gehen und wie wir kommunizieren, wie wir Beziehungen gestalten. Zufriedener und glücklicher leben die Menschen, die trotz schwieriger Umstände oder unschöner Ereignisse das Steuerrad ihres Lebensdampfers selbst in der Hand halten! Diejenigen, die sich als ihres Glückes Schmied sehen. Aktivieren wir die Kraft der Eigenständigkeit, lassen wir Abhängigkeiten los und übernehmen wir Eigenverantwortung!

Wenn man in unschönen Situationen ist, ist es sinnvoll, den Schmerz und die Emotionen zuzulassen und sich damit zu konfrontieren. Aus einer beobachtenden und reflektierenden Haltung heraus. Mein Motto: »Jeder darf mal Opfer sein, aber nicht bleiben!« Ohne dass Sie es zulassen, kann Ihnen niemand das Gefühl geben, dass Sie nichts wert sind!

Auch wenn es Situationen gibt, die Sie traurig machen – Gefühle zulassen, darüber nachdenken, tun, was notwendig ist, lernen, was aus dieser Situation zu lernen war, und weitergehen, all das hilft dabei, Ihre schlechten Gefühle in Handlungs- oder Lösungsenergie umzuwandeln.

Wenn Sie sich in eine Opferrolle begeben oder es zulassen, dass andere Sie in diese Rolle bringen, stempeln Sie sich selbst zum Schwachmatiker und erlauben es den anderen, nach Lust und Laune auf Ihnen herumzutrampeln. Wenn Sie sich wie eine Mimose verhalten, wundern Sie sich bitte nicht, wenn andere Sie dementsprechend behandeln. Wenn Sie sich selbst nicht mögen oder leiden können, werden Sie sich stets ungeliebt fühlen. Und genau dann ist es höchste Zeit, Sie sollten endlich etwas tun! Denn mit dieser Haltung tun Sie sich selbst nicht Gutes und belasten immer öfter Ihr Umfeld.

Sollten Sie feststellen, dass Sie eine Opferhaltung an den Tag legen, dann hören Sie auf, sich von anderen abhängig zu machen! Hören Sie auf, anderen die Schuld an Ihrem Leben zu geben. Bringen Sie Ihren Hintern in Bewegung und gestalten Sie Ihr Leben in Selbstverantwortung. Nehmen Sie die Herausforderungen an. Fragen Sie nicht nach dem »Warum«.

Vermutlich ist es vielen Opfern nicht bewusst, dass sie die Vorteile des Opferseins gerne in Anspruch nehmen. Denn jede Medaille hat zwei Seiten.

Als Opfer können Sie …

- abwarten und Tee trinken! Denn irgendjemanden werden Sie schon finden, dem Sie die Schuld geben können, und somit Ihre Eigenverantwortung nicht selbst übernehmen müssen.
- Ihrem menschlichen Umfeld die Energie rauben.
- manipulativ sein und professionell leiden.
- bemitleidet werden.
- hilflos sein und somit viele Supporter um sich sammeln.
- recht haben mit allem Negativen, das Sie so vorhersagen.
- die Verantwortung abgeben.
- still leiden und ohnmächtig sein.
- von anderen nicht ernst genommen werden.
- als anstrengend empfunden werden.
- kein gern gesehener Partygast sein.
- Hängeschultern zur Schau stellen.
- Ihre Gesichtsmimik in der Dauersenke haben.
- jammern, raunzen, sudern, leiden.

Die vielfältige Schatz- und Trickkiste der Manipulation

Toolbox, öffne dich!

Arbeiten Sie stets an der Verbesserung Ihrer Kommunikation. Allerdings erreicht nicht einmal jeder gute Kommunikator immer alle seine Ziele. Wenn Sie sicher sind, dass Sie ein guter oder exzellenter Kommunikator sind, Sie aber trotzdem im einen oder anderen Fall nicht weiterkommen, stellen Sie bitte sicher, dass Sie alle Möglichkeiten zielorientierter Kommunikation ausgeschöpft haben. Erst wenn das nicht hilft, steuern und manipulieren Sie, bitte. Und wenn Sie manipulieren, dann aber richtig. Stehen Sie auch dazu! Machen Sie es so, dass niemand physisch, psychisch, finanziell oder anders zu Schaden kommt! Und seien Sie sich bitte bewusst, dass nicht jede Methode in jedem Fall funktioniert.

Der erste wichtige Schritt – Vorbereitung und Strategieplan

Ich gehe im Folgenden von einigen unterschiedlichen Situationen für Überzeugungsarbeit aus. Zum Beispiel von der Situation, in der ich mich auf ein Gespräch vorbereiten kann. Egal, in welche wichtige geplante und terminisierte Gesprächssituation ich mich begebe, ich bereite mich grundsätzlich auf meine Gespräche vor. Ich bin ein sehr analytisch denkender Mensch – »time is cash, time is money«. Ein bisschen Zeit im Vorfeld in die Vorbereitung investiert, hat einen unmittelbaren »Return of time«-Investment-Effekt für mich! Die Vorbereitung hat den Vorteil, dass ich weiß, was ich will, und dass ich weiß, was ich nicht will. Sie ermöglicht mir, meine Geschäftstermine effizient und effektiv zu gestalten und meine Ziele leichter zu erreichen.

Profilerins Masterplan – ein Schutzschild gegen Manipulationen

Ein Schutzschild gegen Manipulationen ist mein Masterplan. Ich habe für bestimmte Situationen meinen Schutzschild vorpräpariert. So ein Masterplan hilft, sich vor Manipulationen jeglicher Art zu schützen. Denn wenn ich mich an meinen Masterplan halte, kann mir kaum etwas passieren.

Da ist es wieder, mein Lieblingsgeschäft in der Innenstadt. Dieses Geschäft, das es in den Innenstädten aller großen Metropolen gibt. Ich liebe es, obwohl es teuer ist. Dennoch kaufe ich mir lieber eine teure Tasche, einen Klassiker, der hält, der überall passt, als ein Billigprodukt. So muss ich mir nicht stets neue Taschen kaufen, weil dieses Produkt aus meiner Erfahrung höchste Qualität hat, alle meine Reisen überlebt, und der Service bei Reparaturen top ist. Dennoch, ich bin anfällig für dieses Geschäft, obwohl ich sonst Shopping nervig finde und nur shoppen gehe, wenn ich aus irgendeinem Anlass muss. Doch es zieht mich an wie ein Magnet, wenn ich vorbeigehe. Ja, aber dort zu kaufen, ist keine Kleinigkeit, denn dann gönne ich mir schon etwas nicht Alltägliches. Wenn ich nicht auf mich aufpasse, habe ich Sachen aus diesem Store, die ich wirklich nicht brauche. Ich verweile kurz, bevor ich hineingehe, und erinnere

mich nochmals an meinen Masterplan. Denn er ist der Einzige, der mich vor einem drohenden Kaufrausch beschützen kann, er ist mein Bodyguard, der Meister meiner Kaufrauschsinne.

Die Berater dieses Unternehmens sind wirklich gut. Sie checken sofort, worauf ich stehe. Und dann stehen sie da, mit den perfekt zu meiner gewünschten Tasche passenden, aber ungewünschten Schuhen, Schals, Handschuhen und dieser verdammt gut aussehenden, mit unendlich praktischen Funktionen ausgestatteten, topaktuellen neuen Brieftasche. Und wirklich, alle tragen dasselbe Monogramm in exakt derselben Farbe. Das sind die wirklich harten Momente, die mir mein erfolgreiches Leben zur Prüfung auferlegt, denn ich würde ohne meinen »charakterstarken« Masterplan sofort zuschlagen und mich selbst verteufeln. Denn eigentlich sagt mir mein – in diesen Momenten eher befremdendes, weil temporär unsympathisches – Gewissen, ich hätte genug schöne Schuhe für alle Anlässe. Aber, was solls, um den Kauf von Dingen, die ich nicht wirklich brauche, zu verhindern, gibt es schließlich meinen Masterplan.

Wenn jetzt vereinzelt Männer, möglicherweise aus Erfahrungssituationen resultierend, die Nase rümpfen: Es gibt auch Beispiele eines Masterplans, die während eines »Zu viel Benzin im Blut«-Zustands exzessives Ankreuzen von leeren Kästchen in der Liste für unnötige Sonderausstattung des nächsten fahrbaren Untersatzes verhindern!

Zurück zu meinem Masterplan, dazu erstelle ich zuerst mein Budget. Ich spreche mir laut vor, was ich kaufen werde. »Eine Businesstasche und die Timereinlagen. Nein, kein Tuch – ich habe bereits eines. Nein, definitiv nicht. Ich kaufe mir die Businesstasche, die ich schon lange möchte, und die Timereinlagen. Das hast du dir verdient und mehr brauchst du auch nicht.« So, jetzt steht es fest, und ich schließe mit mir einen Vertrag ab. Und dieser Vertrag hält, da bin ich äußerst diszipliniert. Genauso, als würde ich mit meinen Kunden Verträge abschließen, schließe ich sie auch mit mir seriös und diszipliniert ab. Denn aus Erfahrung weiß ich, dass nur Verträge halten, hinter denen ich zu hundert Prozent stehe.

Der Masterplan im Business

Genauso, wie ich bei dieser leidigen privaten Angelegenheit, ja, diese Wortwahl ist bewusst gewählt, meinen Masterplan habe, erstelle ich mir den auch für bestimmte Situationen im Business.

Dazu ein Beispiel einer aktuellen Situation bei einem meiner Konzernkunden. Es ging darum, dass der Konzern meine Beratung für weitere drei Jahre einkaufen wollte. Ich hatte bereits ein Jahr erfolgreich für den Konzern gearbeitet, und nun stand die Vertragsverlängerung zur Diskussion. Seit diesem vergangenen ersten Jahr ärgerte ich mich darüber, dass ich mich zu einem bestimmten Vertragspassus hinreißen ließ. Dieser lag mir seither schwer im Magen. Mein Honorar entsprach meinen Wünschen, aber das ist für die entsprechende Dienstleistung sowieso für alle meiner Klienten gleich. Ich hatte aufgrund der zu erwartenden und in Aussicht gestellten Größe dieses Vertrages aber zugestimmt, ein zu geringes Assistentenhonorar zu verrechnen. Da aber bei mir alle sehr gut ausgebildeten Assistenten ein sehr gutes Honorar bekommen, hatte ich in diesem vergangenen Jahr den betreffenden Assistenten immer eine anteilige Summe von meinem eigenen Honorar draufgelegt. Das war für mich persönlich mental gefühlte »Deppensteuer«. Ich hatte damals nicht aufgepasst und war nicht gut vorbereitet gewesen. Aktuell, nach dem Motto »Neues Spiel, neue Karten«, erarbeitete ich mir meinen neuen Masterplan.

Alle seitens des Konzerns überprüften Seminar- und daraus resultierenden Nachhaltigkeits-Feedbacks waren top. Auch die Feedbacks für meine teilweise selbst bezahlten Assistenten waren überzeugend. Somit war die Möglichkeit gegeben, die Karten nochmals neu zu mischen.
Ich machte mir nun meinen Masterplan:

Das möchte ich

Eine 10%ige Honorarerhöhung für mich aufgrund der Ergebnisse der Nachhaltigkeits-Feedbacks.
Eine Anhebung aller Assistentenhonorare um 15%! Denn die fehlenden 10% des letzten Jahres hatte ich ja aus meiner eigenen Tasche gezahlt, und 5% Erhöhung/Anpassung kommen jetzt dazu.
Als Zusatz werde ich meinem Kunden Webinare anbieten, um die Teilnehmer im Lernfluss zu halten.
Ich überlegte mir zu diesen Punkten meines Masterplans eine sinnvolle Argumentation, einen Plan B und durchdachte vorab ein Worst-Case-Szenario, damit ich wissen würde, was im Worst-Case-Fall zu tun wäre. Dafür hatte ich nun auch meine Strategie.
Das Gespräch kam. Zwei Vorstände, der über alle Grenzen des Landes für seine harten Verhandlungen bekannte Einkaufsleiter und der Personalist, waren bei diesem Gespräch dabei. Ich orientierte mich an den Punkten meines Masterplanes, diese waren mein Schutzschild.
Die Versuche des Einkaufsleiters, mir einen ordentlichen Rabatt herauszureißen, ließ ich nicht zu. Denn ich hatte mein Nachhaltigkeits-Feedback als Argument und blieb bei meinen Vereinbarungen, die ich vorab mit mir getroffen hatte. Trotz aller Manipulationsversuche des tatsächlich sehr raffinierten Einkaufsleiters blieb ich souverän und gelassen. Denn ich wusste genau, was ich wollte. Und ich wollte nichts, was nicht gerechtfertigt war.

So stand es nach eineinhalb Stunden fest: Ich hatte meine Honorarerhöhung ebenso wie die Honorarerhöhung für meine Assistenten durchgeboxt. Ich hatte zusätzlich dreißig Webinare verkauft.

Ich habe eines sehr rasch in diesem Business gelernt: Verkaufe dich nie unter deinem Wert und dem Wert dessen, was du dem Unternehmen als Nutzen bieten kannst. Denn verkaufst du dich billig, nimmt dich der Markt billig wahr. Und außerdem muss ich, wie jedes andere Unternehmen auch, wirtschaftlich und gewinnorientierend agieren.

Dabei bin ich aber kein gieriges Monster. Der Kunde hat einen Dreijahresvertrag abgeschlossen, die Honorare erhöht und zusätzlich dreißig Webinare gekauft. Nun gut, er bekommt bei uns immer höchsten Qualitätsstandard. Als Wertschätzung unseres gegenseitig entgegenkommend geschlossenen Vertrags ließ ich zwei Wochen nach Abschluss des Vertrags für die Führungskräfte fünfzig Stück handsignierter »Rock your Emotions«-Learningboards zum Kunden liefern! Der Kunde bedankte sich daraufhin mit einer unglaublich schön formulierten Danksagung bei mir!

Sie sehen also, wie wertvoll es ist, sich für Ihre wichtigen Situationen einen hieb-, stich- und gaunerfesten Masterplan zurechtzulegen und daran festzuhalten.

Vorbereitung auf wichtige Gespräche

Der Termin und seine Rahmenbedingungen

Bereits beim Termintelefonat erkundige ich mich vorab über die Begebenheiten, sprich Rahmenbedingungen. Und damit meine ich nicht nur schlicht und einfach den Ort des Gespräches. Der Ort allein reicht mir nicht. Ich frage geschickt und elegant nach, wo der Termin stattfinden wird. Im Büro des Vorstandes oder in einem Meetingraum. Dann weiß ich zumindest, ob ich mich direkt in der Höhle des Löwen befinde oder in einer etwas neutraleren Umgebung.

Ein Meetingraum ist zumeist unpersönlicher und frei von machtspiegelnden Einrichtungsgegenständen oder Accessoires. Deshalb verliert dort der »Heimvorteil« des Löwen etwas an Wirkung!

Im Ersttelefonat habe ich in groben Zügen Informationen bekommen, worum es geht, und lege ein Ziel für dieses Gespräch fest.

Ich stelle mir folgende Fragen:
- Was will ich in dem Gespräch erreichen?
- Was ist der konkrete Anlass oder vermutete Anlass, aus dem man ausgerechnet mich geholt hat?
- Welchen Nutzen kann ich dem Klienten aus diesem Anlass heraus bieten?
- Was ist der Mehrwert, den ich ihm bieten kann?
- Was könnten die Ziele sein, die der Klient verfolgt?
- Sind es die genannten Ziele oder könnte etwas ganz anderes dahinter sein?
- Welche Argumente könnte der Klient einbringen?
- Was könnte für den Gesprächspartner eventuell wichtig sein?
- Welche Wünsche, Bedürfnisse, Abneigungen, Befürchtungen, Vorurteile, Ansichten usw. könnten vorhanden sein?
- Wie könnte ich seinerseits kommende Argumente zu seinem Nutzen auflösen?
- Welche Einwände oder Vorwände könnte der Gesprächspartner haben?

Aber auch: Was ist für mich ein sehr gutes, ein gutes oder noch zufriedenstellendes Ergebnis, und wo beginnt für mich der »Worst Case«? Was wird mein Plan B oder, im schlimmsten Fall, meine Worst-Case-Strategie sein?

Diese Fragen haben keinen Anspruch auf Vollständigkeit. Sie gehören aber zu meinen wichtigsten und am häufigsten verwendeten!

Dass ich nicht bei jedem kleinen Gespräch so einen großen Aufwand betreibe, liegt wohl auf der Hand. Aber es gibt Gespräche, da geht es um etwas oder sogar um sehr viel! Wenn ein Gespräch für Sie wichtig ist, bereiten Sie sich gewissenhaft, sauber und, wenn nötig, akribisch vor!

Als Profilerin ist es ein Teil meiner Aufgabe – z.B. bei einer Beauftragung zu »betrieblicher Kriminalität« mit nicht mehr zu lösenden, weil bereits so verstrickten Mobbingfällen – mich in den Mobber, der so agiert, dass keine Rückschlüsse auf seine Person gezogen werden können, hineinzuversetzen. Meist eröffnet es neue Sichtweisen auf vorher Unbekanntes, indem ich die Welt durch seine Augen und seine Brille zu sehen beginne. Auch wenn ich nicht weiß, woher die Angriffe kommen, schlüpfe ich in seine Haut und versuche, die Welt so wie er zu erleben und seine nächsten Handlungen vorherzusagen, Hintergründe aufzudecken und Zusammenhänge zu erkennen.

Manchmal mache ich das auch bei sehr wichtigen Gesprächen. Nicht zum Zwecke des Lösens eines »verdeckten Mobbingfalles«, sondern um die Gegenstrategie, die meist mit Geld, Rabatten usw. zu tun hat, zu erahnen. Oder ich schlüpfe in die Perspektive des Unternehmens oder der Organisation, um in Hinsicht auf meine Nutzenargumentation neue Impulse zu gewinnen.

Denn bei einem Argument muss es sein wie bei einem Anzug oder einem Kostüm – maßgeschneidert passt es immer noch am besten.

Der Fall »Stanieks wollen vorsorglich einen Alterssitz«

Mein Mann und ich hatten öfter, meist wenn am Jahresende die heimatlichen Temperaturen tief einstellig wurden, über unsere Fantasien, ein Häuschen in der Toskana zu kaufen, philosophiert, weil wir uns für unsere restliche Lebenszeit nach der vollbrachten offiziellen Lebensarbeit, sprich in der Rente, einen »Jetzt tun wir, was wir wollen«-Alterssitz schaffen wollten! Ich träumte davon, inmitten von Weinbergen bei einem Chianti zu sitzen und vielleicht meiner dann schon zur Lieblingsbeschäftigung gewordenen Tätigkeit, Bücher zu schreiben, nachzukommen und all die anderen Dinge zu tun, für die ich mir nie Zeit genommen hatte.

Als wir während eines unserer Toskana-Urlaube in einem uns zufällig in die Hände geratenen italienischen Immobilienheft einige nette, übersichtliche – und auch den Rahmen unserer zu erwartenden Kriegskasse nicht sprengen werdenden – Angebote entdeckten, war es wieder Zeit für einen groben Vorab-Masterplan! Wir einigten uns mehr oder weniger, ich bin tendenziell puristisch, mit Hang zu geschmackvoller Moderne. Außen zwar aus Stein – typisch für die Toskana –, aber innen musste es unbedingt meinen Purismus zulassen.

Voll Freude fuhren wir zu den Besichtigungsterminen, die wir mit einem dementsprechend instruierten Immobilienmakler vereinbart hatten. Die Häuschen sahen außen alle nett aus. Zwei davon wären sofort für uns allein von außen schon verliebenswert gewesen. Aber keines dieser Häuser ließ den besprochenen und gewünschten Stil zu, ohne dass wir die ganze Hütte entkernen oder völlig hätten abtragen müssen. Und die sicher gut gemeinten Argumente des motivierten Immobilienmaklers: »Hier würden typische Bauernmöbel den Charme der Räume vollends zur Geltung bringen, dort eine alte massive Truhe, hier vielleicht ein Spinnrad.« Hallooo – gehts noch? Zum Teufel, guter Mann! Nicht hingehört? Nicht aufgepasst? Ignoriert oder nicht kapiert? Puristisch! Seine Argumente waren eine einzige Ansammlung von guten Wünschen für einen anderen Klienten – aber sicher nicht für mich!

Argumente müssen, um zu wirken, und damit Ihr Gegenüber Ihr Angebot überzeugt akzeptiert, eben maßgeschneidert sein. Ihre Gründe, Motive und Argumente müssen in die Welt des anderen passen. Diese Welt muss nicht wie Ihre Welt sein – diese Welt muss nur Ihr Argument für sinnvoll halten und es bestenfalls akzeptieren.

Wir sind übrigens noch immer auf der Suche, überlegen aber, ob wir nicht von einem Kreuzfahrtschiff zum anderen hoppen sollen. Denn dort können wir anstellen, was wir wollen, und die Bordcrew macht es wieder gut!

Die Bausteine eines guten Arguments

Ein überzeugendes Argument verfügt über drei Bestandteile:

These: Nichteingreifen bei Mobbing kann langfristige Folgen für Ihr Unternehmen haben.

Beispiel: Die Leistungsfähigkeit der gemobbten Mitarbeiter rutscht drastisch ab. Das führt zu Umsatzeinbußen.

Conclusio: Meine Arbeit trägt dazu bei, dem Mobber auf die Schliche zu kommen und für die Gemobbten wieder eine positive Arbeitsatmosphäre zu schaffen, die dazu beiträgt, dass die Leistungsfähigkeit wieder steigt, und die Mitarbeiter mit Freude ihren Aufgaben nachkommen können.

Ihr Bürostuhl ist schon ziemlich desolat, und Sie haben Rückenschmerzen von diesem Teufelsding! Ihre Kollegin weigert sich, den alten Bürostuhl herzugeben, weil sie aus romantischen Gründen an ihm hängt.
Sie waren beim Chef, er hat Ihnen mitgeteilt, dass Sie zwei Bürostühle bestellen sollen, einen für sich und einen für die Kollegin. Der Chef möchte im Empfangsbereich ein optisch einheitliches Bild.

> **Übung:** Bauen Sie Ihre Argumentation nach dem Modell »These – Beispiel – Conclusio« zusammen, um Ihre Kollegin zu überzeugen.
>
> **THESE**
>
> ....
>
> ....
>
> **BEISPIEL**
>
> ....
>
> ....
>
> **CONCLUSIO**
>
> ....
>
> ....

Eine gute Argumentation bringt Sie auf jeden Fall weiter. Bevor Sie also zu manipulieren beginnen, versuchen Sie, vorerst mal zu überzeugen. Verbessern Sie Ihre Kommunikation. Werden Sie ein exzellenter Kommunikator!

Grundsätzlich nenne ich Menschen, mit denen ich Termine habe, »Gesprächs-Partner«, denn Partner sind für mich Personen, mit denen eine Auf-Augenhöhe-Kommunikation besteht, gleichbedeutend mit Fairplay – im Endeffekt einfach eine gute lösungsorientierte Kommunikation und Kooperation.

Im Kontext der folgenden Aufzählungen von Manipulationstechniken nenne ich sie »Zielpersonen«.

Auf alles vorbereitet – denn hier geht es ja wirklich um etwas –, beobachte ich das Gespräch. Oft habe ich es nicht nur mit einer, sondern mit mehreren Personen zu tun. Ich bleibe immer offen im Gespräch – *aber:* Wenn ich merke, dass ich irgendwo mit meiner Verhandlung nicht weiterkomme, weil vielleicht ein Einkaufsleiter schon linkisch auf seine Chancen wartet, der Finanzchef mit dem Einkaufsleiter bereits den »Die drücken wir mit dem Preis runter«-Blick austauscht, oder einfach jemand hochgradig skeptisch ist – dann wird diese Person für mich zur »Zielperson« oder zum »Adressaten« meiner möglicherweise notwendigen Überzeugungsstrategie.

Selbstverständlich habe ich im Vorfeld nachgefragt, wer bei dem Gespräch anwesend sein wird. Ich habe bereits auf Google, Facebook, Xing, Twitter & Co nach Informationen über diese Personen gesucht, mir ihre Bilder angesehen, mir einen Eindruck verschafft. Alle Informationen trage ich in eine vorbereitete Matrix ein und erstelle mir somit ein Profil aus den öffentlich zugänglichen Informationen. Mit deren Hilfe kann ich mir eine gute Strategie zurechtlegen.

Die Manipulations-Tools

Tool Nr. 1: Der Magnet – Wie Sie sich für jemanden anziehend machen

Die Magnetmethode verwenden Sie, wenn Sie jemanden über »Anziehungskraft« binden wollen. Sie wollen diese Person an sich binden, um sie letztendlich zu beeinflussen oder zu hintergehen. Sie verhalten sich so, dass Sie bei der Zielperson Sympathiepunkte bekommen. Für Menschen, die einem sympathisch sind, springt man schneller in die Bresche oder macht schneller etwas für sie. Über Sympathie versuchen Sie den Aufbau eines stabilen Bindungssystems, verhalten sich so, dass Sie die Glaubwürdigkeit und das Vertrauen der Person sukzessive und Stück für Stück erhöhen. Meistens schaffen Sie das durch gekonnte verbale und nonverbale Kommunikation. Die Körperhaltung ist der Zielperson zugewendet, Sie lächeln oft, geben sich interessiert und offen. Die Sprache strotzt vor positiven Zauberwörtern oder Power Words.

Die Stimme ist angenehm. Es ist einfach eine Freude, mit dem Manipulator oder der Manipulatorin zu kommunizieren. Der Manipulator wirkt anziehend wie ein »Magnet«, weil er charmant, angenehm, fröhlich, offen und konstruktiv ist. Dennoch achtet der Manipulator sehr genau auf die Art der Kommunikation der Zielperson. Viele Menschen lieben und genießen es, wenn sie sich endlich mit jemandem unterhalten können, der im Grunde genommen so ist wie sie selbst, oder bei dem sie sich zumindest ein Stückchen selbst wiederfinden.

Der Manipulator sucht sich die geeigneten Punkte aus Argumentationen, Glaubenssätzen, Einstellungen, Werten und Meinungen heraus, stimmt Ihnen zu, ist derselben Meinung und passt sich unheimlich sympathisch an. Ihr Gehirn jubiliert – da ist etwas mit Erkennungswert, jemand, der mir ähnlich ist, der so denkt wie ich. Juhu! Wenn jemand denkt wie ich, fühlt sich das angenehm an, vor allem strengt es nicht an. Mit Menschen, die einen Sympathiebonus aufgebaut haben, ist man lieber zusammen als mit den »Unsympathlern« wie mürrischen Menschen, Dauerdiskutanten, Kritikern oder Klugschwätzern. Die gleiche Wellenlänge vermittelt ein gutes Gefühl und schafft Bindung.

Und langsam baut sich ein Naheverhältnis auf. Der mögliche Distanzraum zwischen Manipulator und Zielperson reduziert sich. Nähe wird möglich. Nähe empfinden wir als sehr angenehm, insbesondere, wenn wir ein sympathisches konfliktfreies Gespräch haben. Und ich lege sogar noch eines drauf: »Der Manipulator filtert durch Beobachtung und Wahrnehmung Ihre Bedürfnisse heraus und ist stets bemüht, diese zu bedienen. Der Wunsch nach Zuwendung, Respekt, Achtung und Wertschätzung ist bei Menschen sehr hoch. Wenn also der Manipulator genau das nutzt, dann »Hurra« – es wirkt! Wieder ein Punkt mehr auf Ihrer Sympathiebonuskarte. Menschen, die sich so verhalten, wie wir es gerne haben, sind willkommene Gesprächspartner. Unangepasstes Verhalten hingegen lässt uns auf der Sympathieskala schnell hinunterrasseln.

Menschen mit einem hohen Selbstwertgefühl und einem guten Selbstbewusstsein wirken auf uns wesentlich attraktiver als die Jammerer, Miesmacher, Griesgrame und Konfliktbeilschwinger!

Sympathie wirkt nicht nur über Verbales und Nonverbales. Ähnlichkeiten im Lebensstil, im Kleidungsstil oder das Bevorzugen der gleichen Speisen, ein ähnlicher Musikgeschmack, Vorlieben für dasselbe Filmgenre tragen zur Erhöhung Ihres Sympathiebonusses bei. Das Gefühl, »wird ja immer netter mit dieser Person«, steigt. So eine schöne Unterhaltung – das erfreut das Herz und die Seele. Es ist nichts Schlimmes, wenn man zu anderen Menschen nett ist. Im Gegenteil, die Menschheit verträgt schon einiges an Nettigkeit. Das, was wirkt, ist die Absicht, der Grund, das Motiv hinter der Nettigkeit. Der Manipulator schleicht sich damit Stück für Stück in Sie hinein.

Ähnlichkeiten und Identifikationsmöglichkeiten in der Denke, der Haltung, in Einstellungen oder Werten bedeuten nicht, dass Sie der Zielperson nur wohlwollend entgegenkommen oder alles nachplaudern und vielleicht noch heftig zustimmend nicken. Es ist damit auch nicht gemeint, eine Schleimspur zu ziehen oder seinen Kopf in andere Kehrseiten zu stecken. Das wird langweilig für die Zielperson und sie könnte skeptisch werden. Skeptisch, ob Sie es wohl und ehrlich meinen, oder ob vielleicht doch nur ein Schwachmatiker hinter Ihrem starken Auftritt steckt. Damit wären Sie schnell in der Welt der Unangenehmen, Langweiler, Unsympathler oder Nerver angekommen. Der Schuss würde nach hinten losgehen, wenn Sie nicht von vornherein das Glück haben, ein Sympathieträger oder ein exzellenter Kommunikator zu sein.

Sie wollen ein Ziel erreichen? Dann gehen Sie wie folgt vor.

Die Magnettechnik in Schritten:
1. Beobachten Sie, nehmen Sie wahr – analysieren Sie und gewinnen Sie relevante Informationen:
   Wie reagiert die Zielperson grundsätzlich auf mich?

Welche Meinungen, Haltungen, Werte, Normen, Argumentationen hat sie?

Wovon ist die Person begeistert, überzeugt, angetan und erfreut?

Was lehnt die Person ab, was mag sie nicht, was hasst sie?

Welchen Bildungsgrad hat die Zielperson?

Aus welcher sozialen Schicht stammt die Zielperson?

Wofür steht die Zielperson und wofür setzt sie sich ein?

2. Machen Sie sich nun mit Maß und Ziel, Tröpfchen für Tröpfchen, beliebt und bauen Sie so eine Beziehung auf. Wer Sie sympathisch findet und mag, tut eher etwas für Sie! Wenn Sie kein wirkliches Interesse an der Person haben, müssen Sie es nun vortäuschen. Sie wollen ihr durch die höheren Sympathiewerte, die Sie erreichen wollen, nicht schaden. Suchen Sie nach Gemeinsamkeiten oder schaffen Sie welche.

Wählen Sie Gemeinsamkeiten aus, die Ihnen leichtfallen oder die ohnehin nahe an Ihrer Gedankenwelt liegen. Sprechen Sie damit die Gedanken des anderen an. Machen Sie sich beliebt, stellen Sie Nähe her und bauen Sie eine tragbare Beziehung auf.

Sie möchten, dass sich der neue Abteilungsleiter für Sie bei seinem Vorgesetzten einsetzt. Sie kennen ihn noch nicht gut. Er ist noch nicht lange im Unternehmen. Ihr Anliegen an den obersten Chef eilt, und Sie wissen, dass Sie es allein schwer oder gar nicht erreichen können. Sie brauchen also die Unterstützung vom Abteilungsleiter.

Bereiten Sie Ihre Beeinflussung vor. Hören Sie hin, worüber er mit anderen spricht, filtern Sie die für Sie relevanten Informationen aus diesen Gesprächen heraus. Erstellen Sie sich Ihr Profil und sammeln Sie Informationen über diese Person. Dann suchen Sie die passende Gelegenheit, um sich sympathisch zu machen. Aber nicht vergessen, Tröpfchen für Tröpfchen!

Holen Sie sich z.B. ein Thema hervor, von dem Sie eine Meinung oder eine Wertehaltung der Zielperson aufgeschnappt haben.

Und nun sagen Sie z.B.: »Es scheint gerade nur ein Thema zu geben, die Wahlen in Amerika. Mir geht dieses Medienspektakel ziemlich auf die Nerven, anscheinend haben alle nur mehr dieses Thema.«

Oder: »Ich finde das neue Kundenerfassungssystem hervorragend! Allerdings habe ich da noch ein paar Schwierigkeiten mit der Anwendung. Eine diesbezügliche Zusatzschulung wäre großartig.«

Das sagen Sie, weil Sie eine darauf zutreffende Aussage der Zielperson aufgeschnappt haben. Wenn Sie nun eine Zustimmung, eine Sympathiebekundung oder einfach nur einen positiven Impuls bekommen, sind Sie schon gut unterwegs.

Machen Sie das, wie zuvor beschrieben, nur in kleinen Dosen und fallen Sie nicht gleich mit der Tür ins Haus. Wenn Sie denken oder spüren, dass der Zeitpunkt für Ihr Anliegen gekommen ist, dann auf in den Nike-Modus »Just do it« – und immer schön sympathisch wirken und niemals langweilig oder gar schleimig sein. Wenn Sie bei einer Zielperson einmal einen Sympathiestatus erlangt haben, haben Sie Ihren Grundstein für wirksame Beeinflussungen und Manipulation gelegt.

Und bei nächster Gelegenheit wieder. Beobachten Sie genau, wie die Zielperson auf Sie reagiert, und auf welchem Stand Ihre Beziehung ist.

Wenn Sie glauben, genügend Bonuspunkte auf Ihrer Sympathiebonuscard gesammelt zu haben, um von einer guten Basis aus für ein Anliegen zu sprechen, vollenden Sie Ihren Plan und lassen Sie sich einen Termin geben.

Übung: Zustimmung finden – sich sympathisch machen
Trainieren Sie sich selbst, Menschen schnell zu analysieren! Machen Sie sich zum beliebten Gesprächspartner.
Ich verbringe viel Zeit am Flughafen. Ich entscheide mich, ob

> ich in meinen Laptop hineinarbeite oder ob ich die Gelegenheit nutze, Menschen kennenzulernen! Meistens entscheide ich mich für Zweiteres. Nutzen Sie doch ebenfalls Situationen wie beim Warten am Flughafen, beim Arzt im Wartezimmer, im Supermarkt in der Schlange.

Probieren Sie es aus:

1. Wählen Sie ein Thema, das zurzeit präsent bzw. tagesaktuell ist.
2. Suchen Sie sich zu Beginn Ihrer Übungen eine Zielperson aus, die eher gesprächsbereit auf Sie wirkt. Später, wenn Sie den Fortgeschrittenenstatus erreicht haben, probieren Sie es bei Menschen aus, die deutlich erkennbar zeigen, dass sie in Ruhe gelassen werden wollen.
3. Machen Sie eine kleine Randbemerkung, z.B. mit dem Hinweis auf eine Schlagzeile der Zeitung, die Sie in der Hand halten: »Jetzt hat der tatsächlich die Wahlen gewonnen! Was denken Sie darüber?« Warten Sie die Antwort ab.
4. Analysieren Sie die Antworten:
   Mit wem haben Sie es zu tun?
   Springt die Zielperson sofort auf Ihren Zug auf, starten Sie die nächste Bemerkung, um herauszufinden, ob sie dabeibleibt.
   Verwenden Sie Aussagen, in die offensichtliche Vorurteile hineingepackt sind. Damit können Sie herausfinden, »ob die Person alles von Ihnen kauft« oder ob sie nachdenkt, differenziert, überprüft, sich eine eigene Meinung bildet oder widerspricht.
   Widerspricht die Zielperson nicht, gehen Sie weiter und werfen immer wieder eine »Zustimmungs-Headline« ein, wie z.B.:
   »Das ist eh typisch für die, sind ja wohl nicht die Intelligentesten«, »Solchen Menschen müsste man das Wahlrecht entziehen«, »Unfassbar! Was Ungebildete anrichten können!«.

Haben Sie Zustimmung erreicht? Großartig, dann haben Sie wahrscheinlich einen Fan gefunden! Überlegen Sie nun, ob Sie den Kontakt weiter pflegen wollen oder sich, ohne eine Visitenkarte herzugeben, noch schnell vom Acker machen wollen!

Mit dieser Methode legen Sie bei Ihrer Zielperson eine gute Basis. Sie erwirken sich damit Schritt für Schritt den »Magnetfaktor«. Sie sind sympathisch, angenehm, weil genauso denkend! Ein weiteres gutes Fundament, um noch mehr Möglichkeiten der Beeinflussung oder Manipulation auszuprobieren.

Aber bitte überprüfen Sie immer wieder, was Ihr Ethik- und Moralprogramm dazu sagt, wir manipulieren ja umweltbewusst!

Tool Nr. 2: Wirkungsfaktor Autorität

Diese Methode ist eine sehr wirkungsvolle. Sie basiert auf dem Dominanz-/Submissiv-Prinzip. Sie nutzt die Unterwerfung. Das bedeutet, dass Ihre Zielperson tendenziell submissiv sein sollte. Denn mit dieser Methode bringen Sie die Zielperson so weit unter Ihre Kontrolle, dass sie für Sie Dinge macht, die eigentlich gegen ihre eigenen Interessen und Vorstellungen sind. Die Methode ermöglicht es Ihnen, Einfluss auf die Person zu nehmen und diesen Einfluss für Ihre Zwecke und Vorteile zu nutzen.

Im Prinzip zielt diese Methode auf ein Verhalten ab, das wir bereits von Kind an lernen: Wenn ein Erwachsener etwas sagt, dann gilt das! Wenn Kindergartenpädagoginnen, Lehrer, Eltern oder die Chefin etwas sagen, muss ich das tun. Diesen Anweisungen muss ich Folge leisten. Erlernter Gehorsam und Autorität kommen Ihren Zielen zugute. Autorität steht für Einfluss, Geltung und Ansehen. Autorität muss nicht, kann aber mit Macht und Dominanz Hand in Hand gehen. Autorität flirtet gerne mit Macht. Dennoch reicht es bei dieser Methode, mit Autorität, anstatt mit Macht auszukommen. Denn mit Autorität erzwingen Sie nichts. Mit Macht hingegen schon. Der Einfluss, den Sie ausüben, lebt von der Anerkennung, der Wertschätzung und dem Respekt der Zielperson Ihnen gegenüber. Sie brechen Ihre Zielperson nicht, Sie zwingen Ihre Zielperson zu nichts, sondern Sie nutzen das Dominanz-/Submissiv-Prinzip, damit die Zielperson freiwillig, ohne Machtausübung Ihrerseits, und nur aufgrund Ihrer Autorität genau das macht, was sie eigentlich nicht machen will. Dennoch tut sie es immer noch »irgendwie freiwillig«!

Vor Kurzem habe ich mich wieder mit dem Milgram-Experiment beschäftigt. Ich habe mir dazu Dokumentationen aus den Sechzigerjahren angesehen, aber auch Dokumentationen, die in den letzten Jahren gemacht wurden, darunter eine sehr spannende Version einer deutschen Forschungsgruppe. Das Experiment funktioniert heute noch genauso wie damals. Man könnte sagen, die Menschen sind anders geworden, sie kaufen nicht mehr alles, sind eigenständiger in der Denke als früher, viele haben Kriege überlebt und Autorität und Macht kennengelernt. Mit unseren Bildungssystemen sollte uns das eigentlich nicht mehr passieren. Doch es kann, immer und immer wieder. Propagandaformen aller Art strömen auf uns ein. Ich denke, die Welt ist noch gefährlicher geworden, allein schon, weil die Massenmedien und insbesondere unser weltweites ständiges mediales Onlinesein diesen Zustand unterstützen und beschleunigen!

Das Milgram-Experiment:

Stanley Milgram, ein amerikanischer Psychologe, war der Entwickler des nach seinem Namen benannten, berühmten, aber auch umstrittenen Milgram-Experimentes. Es wurde so inszeniert, dass ein vermeintlicher Versuchsleiter – in weißem Arbeitsmantel, welcher seine wissenschaftliche Autorität noch untermauerte – die für das Experiment ausgewählten Probanden dazu aufforderte, einem Studenten – der angeblich seine Aufgaben nicht erledigte – als Bestrafung Stromstöße zu verpassen.

Im Experiment war vorgesehen, dass die von den Probanden an den ungehorsamen Studenten verabreichten Stromstöße von Mal zu Mal höher dosiert wurden. Was allerdings keiner der Probanden wusste, war, dass der Student ein eingebundener Schauspieler war, und sowohl die Stromstöße als auch die Schmerzensschreie von ihm nur höchst professionell simuliert wurden. Die Probanden gingen von echten Stromstößen und daraus resultierenden Schmerzen aus. Das Ergebnis schockiert – 65 Prozent der Probanden gehorchten, gehorchten und gehorchten. Sie drückten den Knopf, der vermeintlich sogar tödliche Elektroschocks auslösen hätte können! Dieses Experiment ist eine höchst krasse und erschütternde Form dessen, was möglich ist. Das Böse ist schlicht und ergreifend banal auszulösen! Das Milgram-Experiment wurde in den vergangenen Jahrzehnten immer und immer wieder wiederholt. Die Ergebnisse in verschiedensten Varianten blieben entgegen der zu vermuteten Weiterentwicklung der Menschheit aber in schockierender Weise stets ähnlich.

In vielen meiner Ausbildungen, die ich leite, erkläre ich das Milgram-Experiment, um schlicht und einfach aufzuzeigen, wie leicht man der Autoritätsmethode ausgesetzt ist und in Gefahr gerät, in die damit verbundenen Mechanismen zu verfallen.

In diesem Kontext weise ich auf die fehlende und anscheinend mehr und mehr schrumpfende Zivilcourage der Menschheit hin!

Zur Autoritätsmethode, und wie sie funktioniert:

1. Finden Sie heraus, ob sich Ihre Zielperson für diese Methode eignet.
   Beobachten Sie, wie die Person auf Anweisungen von Autoritäten reagiert. Buckelt sie und rennt gleich los, um sich ins Zeug zu werfen, um alles perfekt und auf das Sorgfältigste zu erledigen? Himmelt die Zielperson Autoritätspersonen an und freut sich wie ein Schneekönig oder eine Schneekönigin über Lob und Anerkennung?
   Beobachten Sie genau das Gruppenverhalten der Person. Wer ist ein klassischer Mitläufer, der alles macht, was die anderen

vorgeben? Der nie etwas persönlich anspricht und wenn, nur ungern und in der Haltung eines geprügelten Hundes. Wenn die Zielperson diesen Kriterien entspricht, haben Sie Ihr »Opfer« gefunden. Legen Sie los! Denn bei Revoluzzern, Widerständlern, eigenständig Denkenden und Handelnden können Sie mit dieser Methode einpacken.

2. Entwickeln Sie sich zur Autorität oder schlüpfen Sie in diese Rolle. Es gibt unterschiedliche Formen von Autorität. Eine offizielle und amtliche Autorität zum Beispiel, Polizei, Mediziner oder Richter. Auch die Rolle der Führungskraft kann Sie zumindest beruflich als Autorität kennzeichnen. Dennoch müssen Sie diese Autorität auch unter Beweis stellen können. Führungskraft auf seiner Visitenkarte stehen zu haben, bedeutet lediglich, dass man Ihnen diese Position öffentlich zugesprochen hat, das heißt noch lange nicht, dass Sie diese erfüllen können. Die Realität zeigt uns oft, dass Position mit Wirkung nichts gemeinsam haben muss. Wenn Sie keine Führungsposition oder sonst kein Amt haben, dann arbeiten Sie daran, sich »Autorität« zu kreieren, z.B. als Fachexperte. Lösen Sie Probleme, die andere nicht lösen können! Zeigen Sie Probleme auf und präsentieren Sie Lösungen.

Dazu passend fällt mir ein Satz aus einem Gespräch mit dem deutschen Trainer und Zeitmanagementprofi Lothar Seiwert ein, der mir lange nicht aus dem Kopf ging. Er ist so simpel wie wirksam: »Autorität kommt von Autor!« Aus heutiger Sicht kann ich dem, nach meinem ersten Buch samt Publikumspreis, beipflichten, wenn es auch richtig Arbeit und Zeit erfordert.

Nun, Sie sehen: Gut Ding braucht Weile. Wenn Sie noch nicht als Autoritätsperson wahrgenommen werden, müssen Sie rasch Autorität aufbauen. Autoritäres Wirken können Sie durch die passende Kleidung und den entsprechenden Auftritt unterstützen. Sprache, Körpersprache und Gesamtverhalten sind auf Autorität ausgerichtet.

Gehen Sie einmal, bitte nur, wenn Sie eine Frau sind, mit einem rosa Blümchenkleidchen ein Mittelklasseauto kaufen, danach mit einem dunkelblauen Kostüm, weißer Bluse und aussagekräftigen Accessoires! Als Mann entscheiden Sie sich vielleicht für ein auf der Brust hochphilosophisch beschriftetes T-Shirt, wie etwa »Als Gott mich schuf, hat er sein Meisterwerk vollbracht«, dazu passend alte Jeans und Espadrilles, und danach für ein machtvolles Businessoutfit. Sie werden in Bezug auf Ihr autoritäres Erscheinungsbild ein extrem unterschiedliches Einkaufserlebnis haben!

Wenn Sie keine Autorität sind, aber eine werden wollen, starten Sie einen langsamen Wandlungsprozess. Wenn Sie von heute auf morgen plötzlich mit anhaltender Autorität auftreten, wird man denken, dass Sie komplett durchgeknallt sind oder zumindest ein Brainwash oder schlimmstenfalls eine ernste Geisteskrankheit aufgetreten ist.

Sollten Sie allerdings in Alltagssituationen kommen, in denen Sie angestänkert werden, oder wenn sich jemand in der Schlange beim Supermarkt vordrängt, wenn Sie jemand belästigt, verhalten Sie sich autoritär, und zwar mit allem, was dazugehört. Schlüpfen Sie in diese Rolle hinein, ziehen Sie sich die Autorität über wie eine zweite Haut!

Haben Sie die Autorität an sich gerissen, tragen Sie diese sichtbar und selbstbewusst vor sich her, dann können Sie endlich loslegen. Aber, Achtung! Es funktioniert nur so lange, wie Sie Ihre Autorität behalten und wahren können.

Das Feindbild »Opposition«:

Sie brauchen Anhänger Ihrer Autorität, Sie brauchen die Gefolgschaft. Wenn Sie schwächeln, verlieren Sie Gefolgschaft. Sie müssen Ihre Autorität und Ihre Position wie eine Burg durch eine Festung schützen. Lassen Sie Oppositionsführer ins Leere laufen oder machen Sie sie mundtot.

Die Manipulations-Tools

Sie haben etwas Neues entwickelt, das Ihrem Unternehmen dienen soll. Bei der ersten Vorbesprechung haben Sie bereits einen Feind. Ein Kollege aus der Innovationsabteilung geht in Opposition. »Das kann nicht funktionieren«, wirft er ein.

Sie dürfen jetzt nicht schwächeln. Bleiben Sie in der starken Position und sagen Sie: »So, Sie meinen also, das funktioniert nicht. Ich würde an Ihrer Stelle abwarten und keine Schnellschüsse platzieren. Denn möglicherweise eliminieren Sie mit dieser unbedachten Aussage eine drastische Umsatzerhöhung!« Touché! Er winkt ab, wird kleiner! Vielleicht stammelt er noch etwas, und dann ist es vorbei – mundtot quasi!

Würgen Sie Angriffe sofort klar, aber möglichst konstruktiv und einleuchtend ab!

Ihr Verhalten:

- Verhalten Sie sich in der Autoritätsrolle oder Autoritätsposition immer sehr höflich und den Regeln des Businessknigge folgend. Schleimen Sie nicht und seien Sie nicht zu freundlich. Höflichkeit reicht vollkommen aus und hilft Ihnen, Distanz zu wahren. Geben Sie stets nur Details preis, schenken Sie den Menschen nie das große Ganze, damit halten Sie sie klein. Ein Prinzip, das in manchen großen Konzernen wie eine Eins funktioniert!
- Setzen Sie Grenzen und geben Sie den Zielpersonen einen, sagen wir mal, engen Rahmen, in dem sich diese bewegen können. Sie brauchen definitiv Befehlsempfänger, um Ihr Ziel zu erreichen. Mehrere Zähnchen in unterschiedlichen Zahnrädern, die, wenn es für Sie darauf ankommt, wie ein frisch geschmiertes Uhrwerk Zahn für Zahn ineinandergreifen.
- Begründen Sie Ihre Aufträge und Anweisungen nicht. Sie haben ja Ihre Heerschaft von Befehlsempfängern für diese Mission um sich versammelt. Begründungen lassen Sie schwach erscheinen, denn sie geben den Anschein, als würden Sie gruppenorientiert

vorgehen. Das wollen Sie aber in diesem Fall nicht, Sie wollen die pure Autorität! Sie wollen, dass Befehlsempfänger wie Armeen von Pinguinen hinter Ihnen hertrappeln und Ihre Aufträge auf das Sorgfältigste und in Ihrem Sinne erfüllen!

Ich erinnere mich an eine Situation, in der ich kurzfristig als Consulter die Geschäftsführung eines Unternehmens in einer Firmenkrise übergenommen habe, um das Unternehmen eben aus dieser herauszuführen. Es war enorm wichtig, straight und klar Anweisungen zu geben. In solchen Situationen führt Autorität dazu, dass sich Mitarbeiter sicherer fühlen! Sie sehen also, Autorität ist nicht nur hilfreich bei Manipulationen, sondern auch in unsicheren Situationen!

Normalerweise bin ich ein sehr freundlicher Mensch. In einer Situation wie dieser, wo die Autorität im Vordergrund steht, weise ich wie in folgendem Beispiel höflich, aber unmissverständlich klar an.

»Ich möchte, dass Sie wieder alle an Ihre Arbeit zurückgehen. Ich werde alle notwendigen Schritte einleiten, damit die Zukunft des Unternehmens gesichert ist. Herr Mag. Huber, Sie übernehmen die Erstellung des Strategieplanes für die Einkaufsabteilung, Frau Dr. Gruber, Sie kümmern sich um eine positiv formulierte PR-Aussendung! Und alle anderen liefern mir laut den von mir ausgehändigten Milestones bis übermorgen zwölf Uhr ihre Berichte ab! Vielen Dank! So, wir sind fertig für heute. Auf Wiedersehen!«
Sie nicken und verlassen den Raum.

Tool Nr. 3: Impfung oder »Du bist bei mir sicher«-Technik

Wenn diese Methode bei Ihnen schon einmal angewendet wurde, haben Sie sicher bemerkt, wie stark Ihnen Sicherheit vermittelt wurde, um Sie zu beeinflussen, zu kontrollieren und Macht anzuwenden. Mit dieser vorwiegend rhetorischen Technik wird erreicht, dass jemand fest bei seiner Argumentation, Einstellung und Haltung bleibt. Das Ziel ist es, dass jemand seine Meinung keinesfalls ändert und standhaft bleibt. Wie bei einer Schutzimpfung wird die Zielperson immunisiert. Injektion um Injektion, so lange, bis die Zielperson stabil ist und keinesfalls von ihrer Meinung – die ja für den Manipulierer entscheidend ist – abweicht. Diese Technik lässt sich schwer bei jemandem einsetzen, den man nicht kennt. Denn für die Impfungsmethode ist es relevant, dass Sie schon Vertrauen aufgebaut haben, dass Sie ein Sympathieträger sind und dass Sie sich zur Seele der Zielperson bereits Zutritt verschafft haben.

Beispiel: Der Manipulierer hat einen Freund überredet, dass er mit ihm allein in Urlaub fährt – ohne seine Frau. Ein Urlaub unter Männern. So richtig – mit allem Drum und Dran. Der Manipulierer weiß, dass die Ehefrau das nicht so einfach hinnehmen wird und er seinen Freund bestens auf das, was ihm an Sturm entgegenwehen wird, vorbereiten muss. Seine Frau wird argumentieren, sie wird vielleicht toben und weinen. Und außerdem, seine Frau kann ihn nicht leiden. Und das ist sein größtes Problem.

Er muss vorsichtig in der Art der Impfung sein. Sie darf nur subtilen, aber nicht zu direkten Impfstoff beinhalten. Die Argumente sollen verdeckt, auf sich selbst bezogen erfolgen.

Statt »Du musst deiner Frau sagen, dass du eh brav sein wirst, dass du sie nicht betrügen wirst« verwendet der Freund am besten Formulierungen wie in Injektion Nr. 1.

- Injektion Nr. 1: »Selbstverständlich machen sich Frauen wegen Alkohol und Partymachen Sorgen. Aber darum geht es ja gar nicht, wir wollen doch nur entspannt Fußball schauen, Basket-

ball spielen und bei Männergesprächen das eine ohne andere Bierchen trinken!«
- Injektion Nr. 2: »Das war am Anfang bei meiner Frau auch so, aber mittlerweile hat sie volles Verständnis, dass Männer auch mal ein bisschen Freiraum brauchen.«
- Und dann Injektion Nr. 3, 4 und 5 …

Der Freund muss so viele Injektionen verabreichen, wie er glaubt, zu benötigen, um seinen Freund standfest zu machen.

Natürlich lässt sich diese Methode auch bei Businessthematiken anwenden. Überlegen Sie sich die jeweiligen Argumente und injizieren Sie diese langsam und nicht auf einmal. Denn wenn Ihre Zielperson argwöhnisch wird und herausfindet, dass alles nur zu Ihrem Nutzen passieren soll, wird Ihr Vorhaben vermutlich scheitern.

Sie haben einen einflussreichen Kollegen davon überzeugt, dass Sie der richtige Kandidat für die Position des Verkaufsleiters sind. Er meint, er wird sich für Sie einsetzen. Sie haben den Ruf des »Komplizierten und Streitsüchtigen«. Sie machen sich deshalb Sorgen, dass er aufgrund dieser Gegenargumentation der Geschäftsleitung umfallen wird. So müssen Sie kleine Injektionsstiche verpassen.
- *Injektion Nr. 1: »Die Geschäftsleitung ist wohl nicht begeistert, dass ich manchmal etwas lautstark werde, dennoch habe ich wieder den doppelten Umsatz, verglichen mit allen anderen, produziert.«*
- *Injektion Nr. 2: »Selbstverständlich gibt es immer jemanden, der etwas gegen einen vorbringen kann. Dennoch, meine großen Erfolge in der ganzen Abteilung geben mir recht!«*
- *Sie injizieren so vorsichtig und so lange, bis Sie sich der Stabilität sicher sind. Dann überprüfen Sie, wo Ihre Zielperson steht, indem Sie z.B. sagen: »Irgendwie werde ich*

das komische Gefühl nicht los, dass mir nicht jeder einen Aufstieg gönnt.« Verteidigt Sie Ihre Zielperson sofort, sind Sie auf der Siegerstraße! Und wenn nicht, bringen Sie einfach die nächste Injektion dezent dosiert an.

Tool Nr. 4: Die Lüge im Dienste der Manipulation

Spannenderweise fällt vielen Menschen die Lüge als Manipulationsmittel sehr leicht. Es scheint, als würden sie dafür keine Einschulung brauchen. Für mich ist es eine Methode, die ich für verwerflich halte. Dennoch möchte ich sie erklären, weil sie eine der sehr häufig angewendeten ist. Das Gute daran ist, dass die Zielpersonen meist mit den gleichen, nicht ganz sauberen Wassern gewaschen sind.

Doch bevor wir uns der Manipulationslüge als Technik zuwenden, setzen wir uns mit der Lüge im Allgemeinen auseinander. Denn wer richtig lügen möchte, sollte wissen, wie die Mechanismen der Lüge funktionieren.

Die Lüge und ihre Mechanismen

Immer wieder höre ich Ähnliches wie: »Ich habe das in einem Zeitungsartikel gelesen: Wenn man sich an die Nase fasst, dann lügt man.« Wenn es nur so einfach wäre! Es gibt kein sicheres Anzeichen für eine Lüge. Es ist nichts am Körper, das als der absolut sichere Lügenhinweis gewertet werden kann.

Es gibt lediglich eine enorme Anzahl an Hinweisen und Möglichkeiten – keinen fixen mimischen Ausdruck, keine fixe verräterische Augenbewegung, welche die Lüge bestätigt, keine Gestik, keine Beinstellung … einfach nichts. Dennoch – vieles ist möglich, nix ist fix.

Das, was es gibt, ist eine Vielzahl von mehr oder weniger subtilen Hinweisen, die als Veränderung und Abweichung von den »Bodybasics« auffällig wird. Um einer Lüge oder Täuschung auf die Schliche zu kommen, ist es hilfreich, die Bodybasics einer Person zu kennen! Das bedeutet, dass man das entspannte normale Verhalten einer Person, wenn es keine Veranlassung gibt, eine Lüge oder Täuschung zu platzieren, beobachtet und für sich geistig scannt. Dann fällt es Ihnen leichter, Lügenhinweise wahrzunehmen, weil eine Veränderung, eine Abweichung der Bodybasics die Folge sein kann.

Treten diese Lügenhinweise allerdings im Rudel auf, fachlich als »Hotspots« bezeichnet, ist im Sinne der Wahrheitsfindung Vorsicht geboten. Denn die Verhaltensphänomene, die ein Mensch beim Lügen präsentieren kann, zeigen uns lediglich einen möglichen Stresspegel, eine spontane oder sich langsam aufbauende Verhaltensveränderung an.

Wenn Sie sich tiefer gehend damit beschäftigen wollen, wie Sie Lügnern auf die Schliche kommen können, müssen Sie lernen, wie sich Emotionen in Mimik, Gestik, Körpersprache, Stimme, Sprache und Proxemik (Distanzverhalten) niederschlagen oder ausdrücken.

Wenn Sie einen Menschen beobachten, und sich der Verdacht bei Ihnen rührt, dass die Person lügt, berücksichtigen Sie bitte, dass Sie mit einem Heer an unterschiedlichen Informationen konfrontiert sind – und das in einer einzigen Sequenz. Viele Anzeichen erscheinen oft gleichzeitig oder überlagern sich! Der Klang der Stimme, deren Vibrieren, Kippen oder Brechen. Wörter und Sprachmuster, Pausensetzungen, Atmung, Schweißausbrüche, Geruchsbildungen, Blässe, Röte, Haltung, Beinstellung, Gestik und vieles mehr.

Und bedenken Sie: Nicht jede Information, die Sie bekommen, nicht jeder Hinweis ist eine Quelle, auf die Sie bauen können.

Dennoch, mit der Mimik und der Sprache kann man sein Gegenüber am leichtesten austricksen. Und genau der Mimik und der Sprache schenken wir die meiste Aufmerksamkeit! Lügner beobachten sich selbst, kontrollieren sich – doch nicht alles am Körper ist kontrollierbar. Es gibt stets Hinweise und Anzeichen. Die Kunst liegt darin, diese Hinweise sorgfältig zu deuten, um dann, je nach Kontext, eine hilfreiche Kommunikationsstrategie einzusetzen. Um es dem anderen leicht zu machen, gerade noch die Kurve zu kriegen oder eine beinharte Aufdeckungsstrategie einzusetzen!

Eine Lüge definiere ich als die Abweichung vom Wissen um die Wahrheit, oder mit einem Augenzwinkern gesagt: »Die kreative Auslegung und Interpretation der Wahrheit.« Je mehr in einer Gruppe, in einem Haufen, in einem Team, in einer Ansammlung von Menschen auf die Wichtigkeit von Wahrheit gepocht wird, umso erfolgreicher wird sich die Lüge platzieren lassen. Dafür müssen Sie aber gekonnt lügen und dürfen sich nicht erwischen lassen. Ihre Zielpersonen sollten deklarierte Wahrheitsapostel sein, schlecht lügen können oder naiv sein. Wenn Sie einen geübten Lügner als Zielperson deklarieren, wird es problematisch, weil der Sie möglicherweise entlarven wird.

Lügen ist geistige Spitzenleistung. Unser Gehirn läuft beim Lügen auf Hochtouren! Der Lügner muss ganze Szenen, durchgängige Geschichten konstruieren. Er muss sich die Storys mit all ihren Details merken. Er muss sich überlegen, was er wie sagt. Er muss es auch schaffen, konsequent bei seiner Geschichte zu bleiben. Viele »professionelle« Lügner haben meist einen hohen Intelligenzquotienten. Wie sonst könnten sie erfundene Geschichten aus jeder ausgewählten Stelle fehlerfrei vorwärts oder rückwärts erzählen? Wie oft haben es geübte Heiratsschwindler schon geschafft, Frauen um ihr Vermögen und ihre Ehre zu erleichtern?

Ich bin fest überzeugt, dass alle Menschen irgendwann lügen. Dazu muss man definieren, was Lüge ist. Ist es bereits eine Lüge, wenn ich zu Herrn Meier aus der EDV-Abteilung sage: »Schön, dass Sie wieder vom Urlaub zurück sind!« Obwohl ich Herrn Meier nicht leiden kann und mir wünschte, er hätte noch ein paar Wochen dort verbracht, wo der Pfeffer wächst? Oder ist diese Form der Lüge sozial verträglich?

Stellen Sie sich vor, Sie würden permanent die brutale Wahrheit sagen, dass Sie das, was Sie denken, 1:1 von sich geben. Das würde dann ungefähr so enden: »Mein Gott, wie sehen Sie denn aus?«, »In dieser Hose wirkt Ihr Hintern noch fetter!«, »Sie finde ich nett, Ihre Frau ist eine dumme Kuh!«, »Mein Gott, Sie sehen todkrank aus, ich glaube, Sie sterben demnächst!«. Sie werden mir zustimmen, dass solche Aussagen meist nicht sozial verträglich sind. Deshalb behalten wir vieles für uns, verschönern, verändern und verbiegen unsere momentane Wahrheit. Wir reden dann von sozial verträglicher und kreativer Auslegung der Wahrheit, vom sozial verträglichen Tilgen von Informationen oder vom sozial verträglichen Ausweichen. Scheinbar ist dies aber ziemlich oft nötig bzw., anders gesagt, ist es oft nicht nötig, brutal die Wahrheit zu sagen. Akzeptieren wir sie also, diese sozial verträglichen Lügen, denn damit geben wir den Menschen die Möglichkeit, konfliktfreier miteinander umzugehen.

Es gibt jedoch auch Menschen, die nicht nur sozial verträglich agieren, sondern zudem kontinuierlich lügen. Männer lügen zum Beispiel häufiger, um ihren Status und ihre Macht zu heben, Frauen lügen häufiger über Personen und Beziehungen. Allerdings muss zwischen gelegentlichen Lügnern und den Kontinuitätslügnern ein Unterschied gemacht werden. Beim Kontinuitätslügner ist das Lügen ein Programm. Es gehört dazu, es ist normal geworden. Es fühlt sich gut an, und es scheint niemand zu merken. Mein Haus, mein Boot, mein Sportauto, könnte es klingen. Statt: mein Gartenhaus, mein Ruderboot, mein Mini!

Und bei Frauen, wenn sie es kontinuierlich tun: »Das muss ich dir erzählen, ich bin gestern mit der Dorit aus der Verkaufsabteilung heimgefahren, das ist die richtige Abteilung für sie, denn die hat sich so unheimlich billig gegeben.« In Wirklichkeit war gar nichts! Neid und Eifersucht sind starke Motive, wenn Frauen zur Lüge greifen. Kontinuitätslügner lügen einfach kontinuierlich darauf los und sehen das als normal an.

Abgesehen von der sozial verträglichen Lüge bin ich ebenso davon überzeugt, dass jeder Mensch gelegentlich zur Lüge greift. Manche lügen häufiger, manche wirklich nur in Ausnahmefällen. Manche lügen, um sich aus einer unangenehmen Situation herauszuziehen, wie keine Strafe zu bekommen oder zahlen zu müssen, keinen Streit mit dem Partner zu bekommen, der die Wahrheit übel nehmen würde.

Um auch jener Gruppe die Ehre zu erweisen, die einzig aus ihrer Berufswahl heraus auf dem schmalen Grat zwischen reiner und kreativer Wahrheit dahinwandert und daher stets Gefahr läuft, links oder rechts zu den beruflich legitimierten Berufslügnern hinabzustolpern: Liebe Anwälte, liebe Verkaufsberater, liebe Politiker, einige liebe Chefs und all Ihr Lieben, denen man es noch unterstellt, dass Ihr es manchmal mit der Wahrheit nicht so ernst nehmen würdet, Euch sei zugutegehalten, dass jede Medaille eine zweite Seite hat!

Manchmal müssen Unternehmer oder Politiker zur Lüge greifen, um die Mitarbeiter oder das Volk nicht zu verunsichern. Ist auch irgendwo verständlich. Doch, bei allem Verständnis dafür, ist zwischen *müssen* und *können* eine Differenzierung zu treffen. Denn manchmal wird der Beruf dazu verwendet, durch mehr als kreative Auslegung der Fakten ein Produkt an die Menschheit zu bringen oder jemanden von etwas zu überzeugen, was im Endeffekt vollkommen anders oder gar unnötig ist. Warum mir jetzt das Wort Kaffeefahrt einfällt? Egal, ich möchte hier ja nicht interpretieren!

Wir sind beim »manipulativen Lügner« angelangt. Die Art von Lügner, der für die Manipulationslüge gefragt ist, ist der, der sich nicht scheut, ohne Gnade und Rücksicht durch gezieltes Einsetzen von Lügen zu seinem Vorteil zu gelangen. Er will etwas Bestimmtes damit erreichen. Er wird versuchen, Sie mit seinen Lügen zu manipulieren, zu kontrollieren und letztendlich in seinem Sinn zu steuern.

So entsteht ein stabiles Lügenkonstrukt:

Wenn Sie aus verschiedenen Gründen, die Ihrem Ethikempfinden überlassen sind, eine Lüge einsetzen möchten, rate ich Ihnen: Üben Sie Ihre Lüge immer und immer wieder. Bauen Sie in Ihre Lüge eine Emotion auslösende Gefühlsformulierung ein. Schlechte Lügner erzählen Lügen ohne Emotionsdetails. Erzählen Sie sich selbst die Geschichte laut vom Anfang bis zum Ende und anschließend vom Ende wieder zum Anfang zurück. Damit Sie sicher sein können, nicht über

Details zu stolpern. Üben Sie so lange, bis Sie authentisch klingen und Sie Ihre Geschichte von jedem Punkt weg identisch genau wiedergeben können.

Intuition, Beobachtungsgabe und eine gute Kommunikationsstrategie sind hilfreiche Werkzeuge bei der Aufdeckung von Wahrheit und Lüge! Eine Lüge ist für mich dann eine bewiesene, wenn ich etwas überprüfen und somit nachweisen kann, oder wenn mein Gesprächspartner es zugibt.

Trainieren Sie sich so gut, dass man Ihre Lüge als Wahrheit anerkennt. Personen, die grundsätzlich glaubwürdig sind, haben es leichter. Verhalten Sie sich also stets glaubwürdig.

Vermeiden Sie Übertreibungen und gestalten Sie die Lüge so normal wie möglich. Planen Sie Details ein, aber nicht übermäßig viele. Alles, was zu viel ist, wirkt aufgesetzt und unecht! Wenn es bei Ihrer Lüge um ein bestimmtes Ereignis aus der Vergangenheit geht, überlegen Sie, wie das denn war. An welche Details erinnern Sie sich noch? Bauen Sie wiedererkennbare, subjektive Aussagen oder Merkmale ein. Falls jemand versucht, Sie aufzudecken, wird er das mit Aussagen oder gezielten Fragen machen. Deshalb müssen Sie vorweg alle Möglichkeiten durchdenken.

Bauen Sie ein Gefühl oder einen Geruch ein, der ist oder war. Bleiben Sie beiläufig, vermeiden Sie Unstimmigkeiten und halten Sie sich zurück. Keine Selbstdarstellungen! Achten Sie darauf, dass Sie den Part durchgängig im selben Sprachmuster, im Dialekt oder durchgängig Hochdeutsch sprechen, je nachdem, wo Sie sprachlich beheimatet sind. Mir fiel immer wieder auf, dass der erlogene Part oft abweichend, entweder in Hochdeutsch oder im Dialekt, in den konträren Dialog eingeworfen wurde. Und das fällt auf! Achten Sie darauf, dass Sie keine Widersprüche im Text haben, und lassen Sie sich natürlich auch beim Nachfragen nicht in Widersprüche verwickeln, sondern bleiben Sie bei subjektiven Aussagen. Bereiten Sie sich auf Gegner vor und spielen Sie die Situationen durch.

Welche Fragen würden Ihnen die Gegner stellen – oder könnten Sie stellen?

Gegner würden ganz nebenbei nach Dingen fragen, die leicht zu überprüfen sind:
- nach dem Wetter,
- nach dem Lokal, in dem Sie waren,
- was Sie dort zu essen bekamen,
- wer aus dem Unternehmen noch dabei war,
- nach einer bestimmten Situation.

Gegner würden Sie mit »Warum«-Fragen in die Ecke drängen:
- Warum haben Sie dort gebucht und nicht gleich bei Fly High?
- Warum haben Sie vorher etwas anderes gesagt?
- Warum reagieren Sie jetzt so seltsam?
- Warum haben Sie Herrn Huber dieses Detail gegeben, wenn es nicht stimmt?

Gegner würden Ihnen Aussagen vor die Füße werfen, damit Sie stolpern:
- Sie lügen uns hier beinhart an!
- Ich glaube Ihnen kein Wort!
- Hören Sie auf, Theater zu spielen!
- Das können Sie Ihrer Großmutter erzählen, aber nicht mir!

Gegner würden Fragen wiederholen: Wenn der/die Gegner Fragen wiederholen oder anders aufgebaut bringen, dann reagieren Sie mit:
- Diese Frage habe ich Ihnen vorher schon beantwortet.
- Was ist der Anlass, dass Sie mir dieselbe Frage noch einmal stellen?

Was tun:
- Ruhig bleiben.
- Keinerlei Rechtfertigungen oder Beschuldigungen loslassen.

- Entrüsten Sie sich wie folgt: »Ich bin total entsetzt, dass Sie so etwas von mir denken!« (Aber bitte nicht übertreiben.)
- Weisen Sie Unterstellungen sofort zurück.
- Zeigen Sie sich betroffen und traurig!
- Bleiben Sie stets auf der Metaebene und beobachten Sie, was passiert.

Tool Nr. 5: Das Spitzenverkäufer-Syndrom

Einschleimen – Vertrauen aufbauen – abzocken
Da war vor einiger Zeit dieser Besuch einer von mir ohnedies ungern besuchten Haus- und Hausfrauenparty. Leider hatte ich meiner langjährigen Freundin bereits lange zuvor in einem Anfall von Leichtsinnigkeit versprochen, hinzugehen.

Vielleicht ahnen Sie es schon? Es ging um das Konzept, bei dem private Partys organisiert werden, und dann so einzigartige neu erfundene und topaktuelle Dinge vertrieben werden, die ihrer Exklusivität wegen in keinem Shop dieser Welt zu kaufen wären. Also Schmuck, Gesundheitsprodukte, Kochgeschirr, Kunststoffgeschirr, Gurkenhobel, Kerzen, dickere Plastik- oder Metallstifte, die nicht schreiben, aber, von deren Batterieladestand abhängig, eher wild oder nur mehr bedauernswert leicht vibrieren können, »For-non-smoker-only«-Dessous, weil äußerst leicht entflammbar und so weiter. Überhaupt – Allerleizeugs!

Bereits in den Unterhaltungen vor der Präsentation bekam ich mit, wie sich Frau Barbara, so hieß dieses Vertriebswunderwerk, immer wieder wie nebenbei und nebensächlich mit den Frauen unterhielt und für sie relevante Informationen sammelte. Sie fragte nach Beruf, Beziehungsstatus, Kindern. Testete mit Aussagen aus, was den Frauen in Bezug auf Familie, Beziehungen, also in ihren Wertesystemen, wichtig ist. Doch was ich dabei sah, waren mehrere kleine Muskelbewegungen in ihrem Gesicht – »Microexpressions«. Und zwar tauchte immer wieder »Verachtung« oder, anders formuliert, Geringschätzung auf, wenn Barbara sich etwas über Kinder anhören musste.

Als die sechs Hausfrauen von zehn Frauen über Kochen, Putzen, Waschen sprachen, erschien jeweils ein kleiner Anflug von Ablehnung in Frau Barbaras aufgesetzt lächelndem Gesicht. Sie war sehr charmant, ihre Kleidung casual, und sie passte somit gut zur Zielgruppe.

Sie sprühte nur so vor Begeisterung und erklärte, warum gerade diese Produkte das Nonplusultra seien. Sie zeigte sich psychologisch bestens geschult. Immer wieder baute sie die Informationen, welche sie vorher von den Frauen in Erfahrung gebracht hatte, in die Präsentation ein. Auch wie wichtig Kinder sind, erwähnte sie und rümpfte dabei, ohne es zu wissen, die Nase – ganz kurz und in geringer Intensität –, und da war er schon: Ekel. Damit offenbarte sich ihre Abneigung. Wogegen? Raten Sie mal! Ich kläre es später auf.

Trotzdem war sie sehr liebenswürdig, engagiert und überzeugt von den Produkten. Wiederholt betonte sie, wie viel Arbeit und Mühe sich die heutige Gastgeberin gemacht hatte. Die Gastgeberin war den ganzen Tag damit beschäftigt gewesen, zu putzen, zu kochen, zu backen, nur damit es heute Abend alle schön haben. Richtig abgemüht und abgehetzt hätte sich die Gastgeberin für uns. Dafür soll sie ja auch belohnt werden. Je mehr gekauft wird oder je mehr weitere Partybuchungen heute entstehen, umso wertvoller das Geschenk, das sie bekommen würde. Das habe sich die Gastgeberin doch definitiv verdient!

Sie band die Werte, die sie von den Frauen erkundet hatte, in ihre Präsentation ein und punktete mit Aussagen wie: »Die Familie ist das Wichtigste! Kinder müssen ordentlich aufwachsen können! Wenn die Männer nur schätzen würden, was Hausfrauen den ganzen Tag so leisten!« Sie lobte die Kinder der Gastgeberin, die so schöne Tischkärtchen aus Blättern aus dem Garten gebastelt hatten, sie erwähnte die christlichen Werte, weil sie mitbekommen hatte, dass vier Frauen aus einer katholischen Müttergruppe stammten. Sie machte einen Schritt nach dem anderen in das große Einkaufsherz der Gäste. Sie erwähnte wiederholt, dass zwei Prozent des Umsatzes für einen karitativen Zweck gespendet werden. The End of the Story? Sie machte fantastischen Umsatz, hatte Weiterbuchungen und strahlte nun erstmals ehrlich und authentisch.

Geschickt gemacht, Lady Barbara, wenn da nicht deine für mich so verräterische Mimik und Gestik gewesen wären. Du hast mich ein lange anhaltendes Grinsen gekostet. »Good Job«, Königin der geschulten Manipulation. Du hast aufgepasst in deinen Seminaren. Aber meine Augen und Ohren täuschst du nicht. Denn, Frau Barbara, du spielst zwar gut, aber für mich nicht gut genug. Du warst richtig gut. Ähnlich, wie es für »Fisherman's Friend« gilt: »Bist du stark, sind sie zu schwach!«

Frau Barbara war begeistert von mir – sagte sie zumindest. »Frau Senator«, sie erwähnte immer wieder »Senator«, »Sie haben so eine tolle Ausstrahlung. Ich habe alle Ihre Bücher verschlungen.« Ups! Bisher hatte ich nur eins geschrieben. Kein Problem, sie hatte mich wahrscheinlich mit Joanne K. Rowling verwechselt, obwohl ich sicherlich keine 300 Euro pro geschriebenem Wort verdiente! Wir sehen einander ja verdammt ähnlich, Frau Rowling und ich (grins). Ja, Sie haben recht, ich bin gerade zynisch! Das bin ich gerne, wenn man glaubt, mich austricksen zu können. Sie versuchte, mich nach allen Regeln ihrer erlernten Seminarkunst einzuwickeln. Aber wenn ich nicht will – dann geht gar nichts. Ich habe nämlich von all dem Unwiderstehlichen nichts gekauft! Und jetzt bitte keine unverschämten Gedanken, welcher Art von unwiderstehlichem zuvor Erwähnten ich widerstand! Dafür gab ich den zwei kleinen Kinder-Helferlein der Gastgeberin je 25 Euro in deren Porzellansparschweinchen. Immer wieder verfolgte mich Frau Barbaras Blick. Ich schien eine Herausforderung darzustellen.

Mit ihrem folgenden: »Ich könnte ja mal in Ihrem tollen Büro eine Präsentation für Ihre gehobene Klientel machen!«, versuchte sie, mir nochmals eine Injektion zu verpassen. Doch bei nicht authentischen Menschen, miesen Trickspielern und »Leuten Zeugs andrehen, welches sie zu neunzig Prozent nicht brauchen« habe ich so etwas wie eine kontinuierliche, weil natürliche Resistenz.

Der Zufall wollte, dass wir beide uns gleichzeitig verabschiedeten und in die Parkgarage gingen. Sie versuchte, ihren Lobsingsang noch mal zu platzieren. Ich verabschiedete mich mit meinen Worten: »Ich bin froh, dass es aus ist und ich nun endlich nach Hause kann, ich ertrage diese ganzen unerzogenen Kinder nicht.«

Auf diese Vorlage sprang Frau Barbara an wie ein Feuerwerkskörper der Klasse III. Endlich hatte sie etwas, wovon sie dachte, wir seien uns einig! Sie antwortete: »Ich verstehe Sie voll, Frau Senator, auch ich hasse diese ungezogenen und lärmenden Fratzen!« Touché! Frau Barbara, Ihre Maske ist gefallen!

Ein durchdachter und beeinflussender Auftritt

Vom Kleinkindesalter an lernen wir, dass es wichtig ist, sich an jenen Menschen zu orientieren, die Autorität haben. Denn Autorität impliziert Macht und Status. Wenn wir etwas Vernünftiges lernen wollen, wenn wir erfolgreich sein wollen, wenn wir vernünftige Entscheidungen treffen wollen, dann sollten wir uns an diesen Personen orientieren. Auch unsere Eltern gelten als unsere Autoritätspersonen, genauso wie Oma und Opa, Lehrerinnen, Kindergartenpädagogen und, rural bedingt, vielleicht sogar der Dorfpfarrer. Was die gesagt haben, hat in meiner Kindheit gegolten. Mit Brief und Siegel. Ich höre noch meine verstorbene Mutter sagen: »Erwachsene sind Autoritätspersonen, rede nicht dazwischen, rede, wenn du gefragt wirst.«

Und *Ja*, mit vielem hatten meine Autoritätspersonen augenscheinlich recht. Aber ich habe deren Aussagen trotzdem in vielen Fällen überprüft und dann sehr schnell erkannt, dass sie oft richtiglagen, bei vielem aber auch nicht. Passte ihr Ansatz, Impuls oder Glaubenssatz für mich, war er bestimmt ein hilfreicher Lebenshelfer für mich. Wenn nicht, habe ich ihn abgeschüttelt wie ein nasser Hund das Wasser nach dem Baden und mir meine eigenen Glaubenssätze zurechtgelegt. Natürlich hören wir als Kinder auf unsere Autoritätspersonen, manches Leben ist sogar von ihnen geprägt. Es lohnt sich dennoch, sich eine eigene Meinung zu bilden, und nicht alles, was Autoritätspersonen vermitteln, ungefiltert zu kaufen. Denn in Wirklichkeit muss sich jeder auch vor Manipulationen durch Autoritätspersonen in Acht nehmen.

Da wir von Kindesbeinen an ein bestimmtes Bild von Autoritätspersonen vermittelt bekommen, haben wir natürlich einen bewussten oder unterbewussten Blick für Autoritätsmerkmale. Da wären die wohlklingende sonore Stimme, Bildung als Abdruck in der Sprache, eine machtvolle Körpersprache, Blickkontakt und selbstbewusstes Agieren, die der Situation angepasste wirkungsvolle Kleidung, ein Büro mit Status- und Machtsymbolen, und manch einer verfällt sofort in Hochachtung! Ein Doktortitel ist sowieso das Ultimo, denn er zeichnet den Experten aus. Jeder, der den Doktortitel hat, muss ein Experte sein. Oder?

Wie Sie autoritär wirken:

1. **Ihre Wirkung hat Auswirkung: Der optische Auftritt sollte sich an der Zielgruppe orientieren.**
   Wollen Sie die absolute Autorität darstellen oder mit Bekleidungsteilen auf Autorität hinweisen – Ihre Erscheinung sollte kompetent wirken!
   Das kann, wie im Beispiel einer privaten Produktparty mit Frau Barbara, deren dunkelblauer Blazer mit roter Bluse, dunkelblauen Jeans und Pumps sein. Die Gürtelschnalle war etwas massiver und aus auf Hochglanz poliertem Silber. Der Blazer war geschmückt mit zwei Ansteckern. Eine Ansteckbrosche stellte den Schriftzug der Firma dar und die andere den Hierarchiegrad in der Verkaufsliga von Frau Barbara. Und Frau Barbara hatte natürlich die höchste Stufe schon erreicht.
   Sollten Sie im Vertrieb Autos, Versicherungen, Dienstleistungen, Immobilien oder was auch immer verkaufen, Ihr Dresscode sollte das Image des Unternehmens unterstreichen, Ihnen Kom-

petenz verleihen und einen Vertrauensvorschuss sichern. Mit Ihrem Styling beeinflussen Sie, bereits bevor Sie ein Wort gesagt haben, Ihre Verkaufserfolge. Und dabei sollten Sie Ihr Styling unbedingt an die Zielgruppe anpassen. Autoritätsausdrückende Bekleidungsteile können sich mit Casual-Anteilen mischen!

Wenn Sie als Versicherungsberater bei einem Bauarbeiter zu Hause sitzen, werden Sie ihn wahrscheinlich mit einem dreiteiligen Markenanzug in Dunkelbau, weißem Hemd und roter Krawatte ziemlich verschrecken. Dazu noch der edle vergoldete Markenkuli, Ihr in der Einfahrt geparkter Porsche, der teure Laptop mit eingeprägten Initialen ...

Dieses Outfit sollten Sie nur verwenden, wenn Sie jemanden in Grund und Boden stampfen wollen, und keinesfalls, wenn Sie jemandem, der nicht auf Ihrem Lebensstillevel unterwegs ist, etwas verkaufen wollen!

2. Informationen sind wertvoll.

Informieren Sie sich über Menschen, von denen Sie etwas wollen oder denen Sie etwas verkaufen wollen! Fragen Sie im Small Talk nach Facts, die mit Werten verbunden sind. Damit ist gemeint, dass Sie sich, wenn es der Rahmen ermöglicht, nach den Lebensumständen wie Beziehungsstatus, Familie, Hobbys, Haltungen und Einstellungen, aber auch direkt nach Wertevorstellungen »erkundigen«. Über elegantes Fragen ist es leicht möglich, solche Informationen zu bekommen.

Filtern Sie die brauchbaren Informationen heraus, die Sie dann gezielt in Ihren Vortrag, Ihre Präsentation, Ihr Verkaufs- oder Verhandlungsgespräch oder in ein »Ich will was von dir«-Gespräch einträpfeln! Sie wissen ja bereits, Tropfen für Tropfen, und beobachten Sie dabei die Wirkung, die es hat!

Tool Nr. 6: Manipulation über Reaktanz

Das Reaktanz-Gesetz – kann Verhalten vorhergesagt werden?

Der Zauberer zeigt einen Kartentrick. »Wählen Sie eine Karte aus!«, sagt er zu Martin. »Martin, ich weiß genau, welche Sie nehmen werden. Sie sind leicht zu durchschauen. Ich schreibe die Karte, die Sie nehmen werden, sogar auf.« In Martin regt sich Widerstand. So geht das nicht! Das kann der Zauberer mit ihm nicht machen. »Nicht mit mir!«, denkt er. Der Zauberer: »Vielleicht habe ich ja das Karo-Ass in die Mitte gelegt, damit Sie es wählen, und Pik-7 daneben. Aber egal, es ist Ihre freie Entscheidung, welche Sie nehmen. Schauen Sie sich jetzt die Karten an und entscheiden Sie sich!« Martin entscheidet sich für eine Karte und ist total überrascht, als der Zauberer errät, welche. Er hat doch absichtlich diese wenig verdächtige Karte genommen! Warum hat der Zauberer es trotzdem erraten?

Unter Reaktanz versteht man eine Abwehrreaktion, einen Widerstand. Widerstand gegen Einschränkungen. Wie zum Beispiel durch Verbote, Gebote, Provokationen, emotionale Gesprächsführung, Nötigungen, Zensierungen oder Drohungen.

Alles, was verboten ist, ist interessant, scheint uns die Reaktanz-Theorie mitteilen zu wollen und sie hat ein bisschen etwas mit einer trotzigen Reaktion zu tun. Eine Freiheit, eine Entscheidung, die uns genommen werden soll, erleben wir in so einem Moment als wichtig. Reaktantes Verhalten könnte man auch mit dem Satz »Jetzt erst recht!« ausdrücken.

Was ist also passiert? Der Zauberer hat sich leicht arrogant und provokant verhalten und hat behauptet, Martin sei berechenbar. Das wollte Martin nicht hören. Er und berechenbar? Niemals! Diese Reaktanz zeigen wir oft gegenüber Menschen, die wir arrogant finden oder aus einem anderen Grund nicht mögen. Da regt sich Widerstand in uns, da unsere Freiheit eingeschränkt werden soll. Aber eben genau in diesem Moment, in dem das passiert, wird man als Mensch berechenbarer.

Mit dieser Methode vermittelt man einer Person, dass sie durchsichtig und berechenbar ist. Niemand will durchschaubar sein. Jack Brehm war einer der wesentlichen Forscher der Reaktanz in den Sechzigerjahren. Nehmen wir als Beispiel die eigene Entscheidungsfreiheit einer Person, die man dieser durch eine Aussage zu nehmen versucht, so ist das der Auslöser für den Widerstand. Reaktanz bedeutet, dass nun genau das Untersagte oder Verbotene ausgeführt wird. Somit ist die Reaktanz eine hervorragende Manipulationsmethode. Denn die Zielperson will sich die Freiheit der Entscheidung bewahren und reagiert mit einem »Jetzt erst recht«!

Beispiel aus dem Leben

Sie steigen in Ihr Auto und wollen ausparken. Als Sie einsteigen, sehen Sie, dass ein Autofahrer auf Ihre Parklücke lauert. Sie schnallen sich an, koppeln Ihr Handy mit der Freisprechanlage, geben Ihr nächstes Ziel in Ihr GPS-Gerät ein und bemerken, dass der wartende Autofahrer mit seinem Auto Stück für Stück heranfährt, um Ihnen seine Ungeduld elegant mitzuteilen. Und, wie reagieren Sie? Beeilen Sie sich und verlassen schnell die Parklücke, um Herrn oder Frau Ungeduld hereinzulassen? Oder reagieren Sie mit Reaktanz, indem Sie Ihre Abfahrtzeit hinauszögern? Oder Sie winken ihm ab und teilen so mit, dass Sie gar nicht wegfahren? Sie lassen ihn abziehen und parken dann mit einem wohligen Gewinnergefühl und einem breiten Grinsen aus!

Wie die Reaktanz-Methode funktioniert:
- Relativ simpel und einfach!
- Verhalten Sie sich dezent geringschätzig oder arrogant.
- Unterstellen Sie der Person, dass sie etwas tun oder eben nicht tun wird.
- Beobachten Sie die Reaktion: Können Sie Widerstand an der Mimik, Gestik, Körpersprache, Sprache oder Stimme wahrnehmen? Wenn ja, sind Sie am besten Weg, Ihr Ziel zu erreichen!

Tool Nr. 7: Manipulation durch Priming und Placeboeffekt

Aufwärmen oder Vorglühen des Gehirns

Der US-Psychologe John A. Bargh prägte den Begriff »priming«. Unter der Methode des Primings versteht man eine Beeinflussung des Denkens. Es ist das Beeinflussen des Verarbeitungsprozesses eines Reizes dadurch, dass ein vorangegangener Reiz schon große Vorarbeit geleistet hat. Klingt kompliziert, funktioniert aber wie Grillkohle mit Anheizwürfeln anzünden und dann mit Benzin den Grillturbo zu zünden. Symbolisch – bitte nicht nachmachen!

Priming kann auf unterschiedliche Arten und Weisen passieren. Es kann sich um ein Wort, ein Thema, einen Geruch, einen Klang, eine Musik oder ein Bild handeln. Was passiert beim Priming im Gehirn? Beim Priming wird eine Vorbereitung getroffen, werden Anker gesetzt und Spuren gelegt, die auf ein kommendes Ereignis vorbereiten. Durch einen bestimmten Reiz werden in Ihrem Gehirn Inhalte aktiviert und diese lösen Assoziationen aus. Der Prozess läuft zwar unterbewusst, dennoch werden Ihre Gefühle und Ihr Verhalten beeinflusst. Priming kann grundsätzlich negativ wie auch positiv genutzt werden.

Semantikpriming: Karin sagt zu Günter

Karin: Was pumpt dein Herz?
Günter: Blut.
Karin: Was schlürft ein Vampir?
Günter: Blut.
Karin: Was kommt aus der Wunde, wenn du dich geschnitten hast?
Günter: Blut.
Karin: Bei welcher Farbe gehst du über die Ampel?
Günter: Rot!

Es ist leicht möglich, uns in die Irre zu führen. Diesem einfachen und in vielfältiger Weise beliebten Wortspiel liegt ein psychologischer Aktivierungsprozess, das Priming, zugrunde. Bestimmte Strukturen im Gehirn werden aktiviert. Information wird gezielt penetriert. Die Folge des Primings – sprich Vorbereitung auf das, was eigentlich sein soll – ist, dass durch bestimmte Vorinformationen Assoziationen passieren.

Ad van Knippenberg und Ap Dijksterhuis von der Universität in Amsterdam führten dazu eine Versuchsreihe mit zwei Studentengruppen durch. Beide Studentengruppen hatten den gleichen Intelligenzlevel. Jede Gruppe beantwortete Fragen aus dem Spiel »Trivial Pursuit«. Gruppe 1 schnitt dabei mit 55,6 Prozent besser ab als Gruppe 2 mit 42,6 Prozent. Das ist kein großer Unterschied, meinen Sie? Da haben Sie wohl recht, allerdings könnte Sie dieser Unterschied durch eine Prüfung sausen oder diese bestehen lassen.
Aber warum war Gruppe 1 besser? Weil Gruppe 2 fünf Minuten vor Experimentstart die Aufgabe gestellt wurde, gedanklich in die Rolle von Fußballrowdys zu schlüpfen, und niederschreiben sollte, wie es wäre, Fußballrowdy zu sein, wogegen Gruppe 1 dies in der Rolle eines Professors tun sollte.

Basierend auf dem »Florida-Effekt« des Sozialpsychologen John Bargh machten mein Mann und ich mit einer Gruppe von Fünfzehn- bis Siebzehnjährigen in einem Teamentwicklungs-Workshop folgendes Experiment:

Wir teilten die Jugendlichen in drei Gruppen in drei Räume auf und stellten folgende Aufgaben.

- Gruppe 1 erhielt einige neutrale Wörter, aus denen sie Sätze bilden und diese niederschreiben sollte. Danach sollten die Mitglieder dieser Gruppe diese Sätze wie Schauspieler sprechen.
- Gruppe 2 bekam für dieselbe Aufgabe einige Powerwörter, wie z.B. Energie, Dynamik, Kraft, Durchschlagskraft, Siegerstraße.
- Gruppe 3 bekam dafür Wörter wie: schleppend, alt, Glatzkopf, müde, fahl, gebrechlich.

Danach schickten wir jede Gruppe den langen Gang entlang zum anderen Seminarraum. Natürlich wusste keine Gruppe, worum es ging und welche Wörter die anderen Gruppen hatten. Mein Mann filmte die gehenden Jugendlichen am Weg zum anderen Seminarraum. Danach analysierten wir die für den Weg benötigte Zeit, Mimik, Gestik und Körpersprache.

Das spannende Ergebnis: Am schnellsten war Gruppe 2, die Dynamik ihrer Körpersprache, die Freude in den Gesichtern war nicht zu überbieten. Auf Platz 2 war Gruppe 1. Deren Mitglieder gingen nicht zu schnell und nicht zu langsam. Nicht zu überschwänglich. Alles verlief normal.

Und nun wieder einmal ein Beweis, wie stark Worte wirken können, in positive wie in negative Richtungen: Gruppe 3 war die langsamste. Ihre Körpersprache war reduziert und einige Mitglieder dieser Gruppe gingen schleppend!

Der Priming-Effekt ist also sehr einfach nutzbar. Mithilfe von Priming-Effekten kann ich mich und andere steuern. Wenn Menschen sich schlecht fühlen sollen, dann prime man in negative Richtungen. Wer möchte, dass Menschen sich gut fühlen und bessere Leistungen bringen, dann prime man in die positive Richtung!

Tool Nr. 8: »Fuß in der Tür«-Technik

Die »Fuß in der Tür«-Technik gehört zur persuasiven Kommunikation. Einfach gesagt, geht es um die Überredungskunst. Sie ist wohl eine der bekanntesten und am meisten durchgeführten Techniken im »Tür zu Tür«-Vertrieb. Sie wird in karitativen Organisationen eingesetzt, beschränkt sich aber nicht auf diesen Bereich. Das Grundprinzip ist Beeinflussung und Konsistenz. Konsistenz bedeutet, an einer einmal getroffenen Entscheidung festzuhalten bzw. mit einem übereinstimmenden Verhalten aus der unmittelbaren Vergangenheit zu reagieren.

Man überzeugt jemanden zum Beispiel, etwas zu spenden, und hat damit bereits eine Zustimmung erlangt. Damit hat man den Fuß in der Tür. Diese Zustimmung erzeugt eine Verbindung. Durch diese Zusage erstellt der Zusagende so etwas wie ein »Bild von sich für sich« und versucht, diesem Bild treu zu bleiben. Gesellschaftlich wird eine konsistente Person geschätzt, diese Eigenschaft wird also als positiv bewertet.

Martin sitzt zu Hause, es klopft und eine Dame von einer karitativen Organisation steht vor der Tür. Bereits nach einigen Fragen, auf die Martin mit »Ja« antwortet, hat sie ihn für eine einmalige Spende gewonnen. Als er die Zusage unterschrieben und gezahlt hat, geht sie noch weiter. Sie erinnert ihn immer wieder daran, wie wichtig seine Einzelspende gewesen ist und wie wichtig es ist, kranken Menschen zu helfen. Es könne einen ja mal selbst treffen.
Eine einmalig gegebene Zustimmung oder Verpflichtung aktiviert ein positives Bild der eigenen »hilfreichen« Person, die man »konsistent« aufrechterhalten will. Entsprechend seinem inneren Bild über sich – er sei ja anständig und wolle helfen – unterschreibt Martin einen Vertrag über eine monatliche Spende.

Wie funktioniert die Technik?
1. Sie überzeugen die Person, etwas zu tun, holen sich über Fragen, die diese mit »Ja« beantwortet, die Zustimmung und verkaufen das, was Sie verkaufen wollen.
2. Danach stellen Sie die 2. Frage, die als Bitte die Thematik noch erweitern muss, bzw. noch größer sein soll, als die erste.

Romina lernt einen Mann kennen. Romina ist ein netter und hilfreicher Mensch. Der neue Bekannte spürt das natürlich.
Er: Bist du auch so hungrig wie ich?
Romina: Ja!
Er: Möchtest du etwas essen gehen?
Romina: Ja!
Er: Darf ich dich zum Essen einladen?
Romina: Ja!
Die beiden sitzen im Lokal, Romina bestellt einen Salat mit gegrillten Lachsstreifen und der neue Bekannte Vorspeise, Hauptspeise, Nachspeise und eine Flasche vom teuren Rotwein. Immer wieder holt er sich im Gespräch mit Romina Zustimmungen ab und baut damit eine Bindung auf.
Als es ans Zahlen geht, stellt der Bekannte plötzlich fest, dass er kein Geld mithat. Natürlich bezahlt Romina. Wieder holt er sich die eine oder andere Zustimmung zu anderer Thematik und erbittet für Taxi und die Hotelrechnung weiteres Geld von Romina.

Ja, so kann das gehen mit der »Foot in the Door«-Technik!
1. Eine »Foot in the Door« – »Guter Zweck«-Strategie:
   Erbitten Sie von Ihrem Gegenüber zuerst einen kleinen Gefallen, den der andere eigentlich nicht ausschlagen kann. Eine kleine einmalige Spende. Holen Sie sich dazwischen Zustimmungs-»Jas« ab und sagen Sie, worum es eigentlich geht. Nun legen Sie das wahre Anliegen auf den Tisch.

2. Die »Door in the Face«-Technik – oder: Ohrfeigen abholen
   Machen Sie Ihrer Zielperson ein wirklich unverschämtes Angebot. Aber so richtig unverschämt, dass man Ihnen die Tür beinahe vor der Nase zuschlägt oder Ihnen etwas gegen den Kopf wirft. Die Zielperson wird das Angebot jedenfalls ausschlagen. Nachdem der andere ausgeschlagen hat, holen Sie Ihr wirkliches, sich weit unter dem vorangegangenen Angebot befindendes Angebot heraus. Die Wahrscheinlichkeit ist hoch, das Ihr Gesprächspartner nun kauft oder zustimmt.

Sie kennen doch sicher auch UV-Preise (unverbindliche Verkaufspreise), bei denen das Produkt bei Abschluss tatsächlich nur die Hälfte kostet. Ein Schnäppchen also! Oder? Würden Sie den tatsächlich bezahlten Preis rational hinterfragen und exakt durchrechnen, kämen Sie zur Erkenntnis, dass dieser ebenso unverschämt ist wie der ursprünglich veranschlagte viel zu hohe UVP. Aber Geiz ist leider geil, und wenn etwas nur die Hälfte von unverschämt teuer ist, ist es sicher ein besonders gutes Angebot! Warum sollten Sie dann nicht auch noch mit der extra bezahlten Einkaufstasche kostenlose Werbung machen?

So können Sie diese Technik abwehren:

- Bleiben Sie ruhig und lassen Sie sich nicht über den Tisch ziehen!
- Nehmen Sie sich Zeit und gehen Sie auf die Metaebene. Mit Metaebene ist gemeint, dass Sie zum Beispiel mit dem Verkäufer darüber reden, wie Sie das Gespräch erleben. »Ich habe den Eindruck, Sie möchten mir etwas verkaufen, was ich nicht möchte. Das fühlt sich nicht gut an.« Bzw. denken Sie in der Metaeben: Was läuft gerade ab? Wie fühlt sich das für mich an? Will ich das überhaupt? Möchte ich abbrechen? Möchte ich ihn nach Hause schicken?
- Hören Sie in sich hinein, möchten Sie das wirklich?

- Wenn Sie es wollen, na dann, bitte kaufen und zahlen Sie!
- Wenn Sie es nicht wollen, sagen Sie »Stopp!« oder sagen Sie Nein.
- Bleiben Sie hart und beenden Sie das Gespräch.
- Und bei den UVP-Kreativen bemühen Sie zuvor einfach das Internet mit Ihrer Frage: »Was darf das in der gewünschten Qualität kosten?«

Die Tricks der Politiker – Kampf- oder Kriegsrhetorik

Tool Nr. 9: Die Präzisierungs- und Nachweistechniken

Zwei Politiker sitzen einander in einem Fernsehduell gegenüber. Politiker A argumentiert, während Politiker B mit geringschätzigem Blick in seinen Unterlagen sucht. Gelegentlich tippt B mit seinem Zeigefinger auf eine Zahl, sodass wir meinen, es mit tatsächlichen Fakten zu tun zu haben.
Nun ist Politiker B am Wort: »Meine Statistik besagt ...«, »Die Zahlen belegen ...«, »Hier haben wir es schwarz auf weiß ...!«. Doch Tatsache ist, dass Politiker B kein einziges Mal seine Statistik in die Kamera zeigt, der Papierstapel liegt immer vor ihm. Niemand sieht, was tatsächlich darauf steht. Es könnte auch die Speisekarte aus der Pizzeria von gegenüber sein.
Was bezweckt Politiker B damit? Die Masse der Menschen, die vor den TV-Geräten sitzt, soll implizit mitbekommen, dass es tatsächlich belegbare Fakten gibt. Und, wie oft in der Welt der Manipulation: Die Rechnung geht auf und die Zuschauer schlucken die »Tatsachen«, ohne den Inhalt der Beweise je näher gesehen oder gelesen zu haben.

Dies ist eine sehr beliebte Methode in der Politik. Eine recht spannende, hoch manipulative Variante, sich beim Zuseher durchzusetzen, indem man Aussagen mit Statistiken »belegen« möchte, die niemand überprüfen kann. Sehr oft sind zum Beispiel Prozentangaben nicht haltbar oder exakt überprüfbar, deshalb werden sie gerne missbraucht. Die Zahlen bzw. Prozentzahlen sollen Nachweisbarkeit, wissenschaftliche Fundiertheit und Präzision der Argumentation widerspiegeln. Solche Zahlenangaben können meist schwer bis gar nicht verifiziert werden. Diese oft sehr schnellen Statistikmanöver implizieren die Präzision und Nachweisbarkeit der Aussagen. Das Publikum nimmt an, dass diese Aussagen die Realität spiegeln oder belegen können. Allerdings sind diese »Spiegelungen von meist sehr falschen Tatsachen« oft Einladungen für Menschen vor den TV-Geräten, diese vollkommen unüberprüft zu schlucken. Mit konkreten Zahlen verbindet man Expertentum, Autorität und Wissensschaft.

Tool Nr. 10: Die »Hast du das gesehen?«-Hinweistechnik

Zwei Politiker sitzen einander im Wahlkampf gegenüber. Politiker A ist für seinen verbindlichen Stil bekannt. Er ist beziehungsorientiert und wünscht sich Kommunikation, wünscht sich den Dialog. Politiker B dagegen ist vollkommen darauf ausgerichtet, den Dialog zu verhindern.

Politiker A sagt: »Ich halte Sie für eine Marionette«, und zeigt dabei mit seinem Zeigefinger auf Politiker B.

Politiker B reagiert sofort. Anscheinend weiß er um die Macht der Körpersprache und darum, wie stark der Mensch unterbewusst auf Körpersprache reagiert. Deshalb greift er die Gestik von Politiker A sofort lachend auf und sagt: »Sie zeigen da mit dem Finger so böse auf mich!« Weil er es nun anspricht, lenkt er noch mal das Bewusstsein der Menschen auf diese Gestik. Politiker A reagiert mit »Sorry« und verändert seine Körpersprache.

Das Wissen, wie Kommunikation funktioniert, wie Menschen ticken und was unser Unterbewusstsein für einen Beitrag dazu liefert, bringt viele Vorteile.

Politiker B spricht den Zeigefinger an. Was schafft er damit?
1. Der Fokus wird bewusst auf diese Gestik gelenkt. Jedes Kind hörte schon mal, dass man nicht mit dem Zeigefinger auf andere zeigt. Schon allein deshalb denken viele: Politiker A, das tut man nicht!
2. Durch das Ansprechen der Zeigefingergestik durch Politiker B kam eine Entschuldigung von Politiker A mitsamt einer Änderung seiner Körpersprache. Politiker A lachte, und somit verlief sein nonverbaler Angriff vollkommen ins Leere.
Nach dem Motto: »Du tust, was ich will«, schaffte es Politiker B, eine Forderung bzw. ein Kommando zu geben, das von Politiker A sofort befolgt wurde. Somit hatte Politiker B einen Vorteil. Er konnte Macht und Dominanz beweisen und löste den nonverbalen Angriff in nichts auf. Er war nun im Vorteil, und jeder sah, dass er den anderen geführt hat.

Tool Nr. 11: Angriff und Attacke – aber direkt!

Der Manipulator kritisiert die Zielperson direkt. Der unmittelbare Angriff mit einem Argument soll der Zielperson jegliches Recht absprechen, eine Position einzunehmen oder zu vertreten. Einzig die Person wird kritisiert, aber nicht die eingenommene Position oder der Standpunkt. Solche Angriffsargumente sollen die Zielperson aus der Bahn werfen, sie irritieren und mundtot machen. Die Zielperson soll diskreditiert und somit ihre Glaubwürdigkeit in den Boden gestampft werden.

Meistens wird so eine Methode eingesetzt, wenn noch weitere Personen bzw. Publikum anwesend sind. Diese Methode werden Sie häufig in der Politik oder bei Meetings in Unternehmen finden!

Martin sitzt im Vertriebsmeeting. Zehn seiner Kollegen, dazu der Vertriebschef und der neue Geschäftsführer sind da. Dem Vertriebschef ist Martin schon lange ein Dorn im Auge. Immer wieder versucht er, Martin etwas anzukreiden. Nun wittert der Vertriebschef seine große Chance. Der neue Geschäftsführer ist da, und vor dem und seinen Aufräummethoden fürchtet die Belegschaft sich bereits. Alle Verkäufer sind angehalten, ihre Kostenpläne für die neue Büroeinrichtung darzulegen. Martin ist guter Dinge, als er seine Präsentation beginnt. Er freut sich, denn er sieht im frisch eingesetzten Geschäftsführer neue Chancen. Vielleicht kann er hier und heute punkten und verbessert somit seinen Status und seine Aufstiegsmöglichkeiten. Die Rechnung hat er nicht mit dem Vertriebsleiter gemacht. Denn dieser attackiert ihn und knockt ihn mit einem verbalen Fausthieb aus: »Ihren Zahlen kann man ja nicht vertrauen, voriges Jahr gab es Unstimmigkeiten in Ihren Abrechnungen. Einige der wichtigsten Zahlen haben Sie unter den Tisch fallen lassen. Und jetzt glauben Sie, dass wir das ohne Nachkalkulation stehen lassen können? Kollege Maier, rechnen Sie das bitte alles nach, damit das sicher passt, sonst haben wir ein gewaltiges Problem.«

Durch diese Worte ist Martin irritiert und stammelt. Der Vertriebsleiter setzt die Methode fort und lässt Martin nicht mehr zu Wort kommen. Was am Schluss bleibt, sind das zynische Grinsen einiger Kollegen und der argwöhnische Blick des Geschäftsführers in Martins Richtung. Im Boxen wäre das für Martin ein klarer technischer K.o.

So können Sie sich dagegen wehren:

- Bleiben Sie auf der sachlichen Ebene!
- Lassen Sie sich nicht provozieren!
- Holen Sie sich das Wort zurück!

- Klären Sie sachlich auf, sagen Sie, was Fakt ist oder wirklich passiert ist!
- Wenn Ihnen im Vorjahr ein Fehler passiert ist, dann stehen Sie dazu, greifen dies auf und versichern Sie die Korrektheit Ihrer Angaben.
- Bleiben Sie sowohl einer Opferhaltung als auch einer Täterhaltung fern, und argumentieren Sie stattdessen klar auf sachlicher Ebene, ohne jemanden anzugreifen.

Tool Nr. 12: Der meisterhafte Priester-Speech

Die Prediger- oder Priestermethode setzen Sie ein, wenn Sie die Zielperson an sich binden wollen, diese letztendlich etwas für Sie tun soll. Mit dieser Technik können Sie auch von sich überzeugen und zeigen, wie außergewöhnlich und respektabel Sie sind. Damit ist es leicht, die Zielperson in Sicherheit zu wiegen, die Zielperson zu täuschen und für sich und die Dienste an sich bestens mobilisieren zu können.

Prediger, Priester und Gurus haben einen enormen Fundus bzw. eine enorme Sammlung an wirkungsvollen rhetorischen Möglichkeiten lukriert und gesammelt. Beinahe hypnotisch wirken ihre Worte. Wie eine warme Suppe an eiskalten Tagen fließen ihre Worte in die menschlichen Seelen ein, verweilen dort und machen glücklich und zufrieden. Vielleicht haben Sie schon einmal im US-Fernsehen Predigten verfolgt, bei denen sich die Menschen im Publikum glücklich und zu Tränen gerührt in die Arme gefallen sind. Diese Technik wird im Bereich der Wirtschaft in Gruppenrunden eingesetzt, wie beispielsweise in Meetings, Teamgesprächen oder auch Firmenfeiern. Fast jede Gruppe ist für die Methode geeignet.

Der Prediger spricht mit einer Stimme, die Vertrauen erweckt, macht mit seiner Stimme die entsprechende Stimmung und produziert eine großartige Atmosphäre. Seine Körpersprache ist offen und gespickt mit Powerposen. Er öffnet seine Arme weit, als würde er die ganze Welt umarmen wollen oder zumindest diejenigen, die auf den Kirchenbänken sitzen.

Er spricht mit Engelszungen, mit Worten, die die anderen gerne hören. Er spricht über Werte und das große Ganze, über das Miteinander.

Und wie wird dieses Vorgehen im Business angewendet? Vor allem wichtig ist, dass Sie einen gemeinsamen Glaubensnenner finden. Holen Sie etwas hervor, das alle gemeinsam haben, wofür die Mehrheit oder die Gesamtheit steht. Das erhöht Ihre Glaubwürdigkeit enorm. Schaffen Sie Gemeinsamkeit. Auch wenn es Menschen gibt, die behaupten, keine Gemeinsamkeit zu brauchen, jeder fühlt sich damit wohl, wenn »seine Gemeinsamkeit« geschaffen wurde.

Wie funktioniert die Technik?
1. Überlegen Sie sich Ihre *Kernbotschaften*!
2. Sprechen Sie mit Ihren Kernbotschaften die *Sinne* an: sehen, hören und fühlen. Das heißt, verpacken Sie Ihre Worte in Bilder, Metaphern, Geschichten, um diese in den Köpfen der Menschen lebendig werden zu lassen. Bringen Sie auch die relevanten Zahlen, Daten und Fakten ein und lassen Sie die Menschen durch Ihre Worte in Gefühlen schwelgen.
3. Übertreiben und *theatralisieren* Sie etwas, aber nicht zu viel!
4. *Inszenieren* Sie sich, inszenieren Sie Ihre Rede!
5. Nutzen Sie Ihre *Bühne* und machen Sie Ihre Show!
   Das funktioniert gut mit spirituellem, esoterischem Publikum oder mit Publikum, das sich gerne in Gruppen bindet.

Ich kann sagen: In einer Minute überqueren diese Kreuzung sechzig Autos. Das ist eine faktische Aussage. Damit erreichen Sie jemanden, der vorwiegend auf die Aufnahme von Fakten ausgerichtet ist. Wollen Sie aber auch jene Menschen erreichen, die über die Welt der Bilder und Farben verarbeiten oder über den emotionalen Kanal, dann formulieren Sie so:
In nur einer Minute überqueren sechzig Fahrzeuge unsere Kreuzung (auditiv-faktisch). Man kann die Abgaswolke förmlich sehen (visuell), mir wird mulmig (Gefühl), wenn ich nur daran denke, wie viele Kinder hier ständig über die Straße müssen.

6. Arbeiten Sie mit *Effekthascherei*! Setzen Sie Ihre Stimme ein und produzieren Sie damit Stimmung. Spielen Sie mit Ihrer Stimme, einmal schicksalsschwanger tragend, dann frohlockend, powernd, leise oder laut. Bei den meisten Menschen öffnen Aussagen wie »Gemeinsam sind wir stark!«, »Lasst uns alle an einem Strang ziehen!«, »Den Erfolg machen wir alle« das Gehirn so weit, dass es bei ihnen vor Freude nur so rauscht. Bauen Sie also Redewendungen ein, die starke Bilder in den Köpfen der Menschen erzeugen. Es kann Ihnen sehr hilfreich sein, wenn Sie manchmal exakt das sagen, was andere gerne hören wollen. Schaffen Sie unbedingt Gemeinsamkeiten, benennen Sie Werte, von denen Sie ausgehen oder wissen, dass diese den anderen wichtig sind. Schaffen Sie sich Sympathiewerte und damit Vertrauen.

7. Einer der wichtigsten rhetorischen *Menschenfängertricks* von erfahrenen Predigern und Gurus ist das »Ich nehme dich so, wie du bist«-Prinzip und »Wir alle lieben unseren Nächsten«. Solche Botschaften erfreuen das menschliche Herz und sind direkte Wege in die Bedürfniswelt der Menschen. Nutzen Sie dieses Bedürfnis zu Ihrem Vorteil.

Hardy, der Schauspieler, hat ein neues Engagement. Er spielt die Hauptrolle in einem bekannten Theaterstück. Allerdings ist er mit einigen Rahmenbedingungen nicht zufrieden. Der Theaterdirektor spürt das sofort und reagiert. Bei der nächsten Gelegenheit lobt er das Ensemble und besonders Hardy. Mit seinen Worten: »Wir sind ein starkes Team (er erfüllt Punkt 2) und haben mit Hardy einen ausgezeichneten Hauptdarsteller gewinnen können. Und Hardy kann sich bei uns in all seiner künstlerischen Kreativität entfalten.« (Er bedient nun Punkt 3, weil er weiß, das Hardy bei dem Engagement davor in seiner Kreativität beschnitten wurde.) »Und es ist mir wichtig, dass wir uns alle mit Respekt behandeln und uns in unserer Arbeit unterstützen.« (Bedient Punkt 4 – Nächstenliebe.) Schon sieht Hardy: »Okay, ich bekomme hier zwar etwas weniger Gage, werde aber erfasst in allem, was ich kann, und darf mich künstlerisch ausleben.« Bingo, gewonnen, Maestro!

8. Verwenden Sie machtvolle *Seelenöffnerworte* wie: garantiert, sicher, sicherlich, selbstverständlich, natürlich, phänomenal, partizipieren, generieren, Ressourcen, großartig, sensationell, wundervoll …
9. Eine offene und gewinnende *Körpersprache*, mit kraftvollen möglichst authentischen Posen, hilft Ihnen, den Auftritt besser zu unterstreichen und noch mehr wie ein amerikanischer Evangelist oder wie der Oberguru zu wirken. Wichtig: Machen Sie es geschickt und übertreiben Sie nicht!

Tool Nr. 13: Die Tabu-Technik

Die Tabu-Technik wird verwendet, wenn jemand verhindern möchte, dass bestimmte Standpunkte diskutiert oder auch nur angesprochen werden. Aus den Standpunkten wird schlichtweg ein Tabu gemacht.

Die Tabu-Technik ist grundsätzlich sehr autoritär. Die Person, die diese Technik anwendet, versucht, die Autoritäten der anderen zu untergraben und den Widerstand zwecklos zu machen.

Deshalb verwendet man sie:
- weil man seine Ansichten durchsetzen will.
- weil man mögliche Schwächen vor jemandem verbergen möchte. Weil man keine Zeit für Diskussionen eines störenden Themas aufwenden will.

Ich moderierte eine Strategiesitzung. Mir war bekannt, dass Herr Vorstand Mainberg später kommen würde, weil sein Flieger verspätet gelandet war. Die anderen Vorstände waren schon im konstruktiven Gespräch. Es ging um eine »Balanced Score Card« für das Unternehmen. Eine »Balanced Score Card« ist eine Konzept, mit dem die Aktivitäten eines Unternehmens gemessen werden. Mit diesem Thema waren sie bei Kollegen Mainberg seit Längerem nicht durchgekommen. Da dies aber ein wichtiger Punkt im innovativen Strategiekonzept dieses Konzernes war, hielten es die Vorstände für notwendig, Kollegen Mainberg zu überzeugen.
Die Herren hatten mich um Moderation und Unterstützung gebeten, da die Ablehnung des Vorstandskollegen das Strategiekonzept blockierte bzw. verhinderte. Einer der Vorstände hatte Mainberg vor einiger Zeit eine »narzisstische« Verletzung zugefügt und ihn in seiner Kompetenz angezweifelt. Seither blockierte dieser. Vorstand Mainberg betrat den Raum, da wir einander noch nicht kannten, nickte er mir höflich, aber skeptisch zu, knallte seinen Aktenkoffer auf den Tisch und tönte: »Keine Ahnung, was das hier heute soll. Aber eines sei gewiss, ich werde mich weder auf Gespräch noch Diskussion einlassen, was das

leidige Balanced-Score-Card-Thema betrifft. Dazu habe ich meine Entscheidung bereits getroffen.« Betroffenes Schweigen machte sich unter den anderen Vorständen breit, aber ich hatte mich gut auf so eine Situation vorbereitet. Mit den Worten: *»Wir sprechen gerade über Ihren Plan betreffend das Japan-Geschäft, den ich für absolut sinnvoll in Ihrer derzeitigen Situation halte.«* Sofort schien er erleichtert und stieg auf das Thema ein. Die anderen Vorstände nahmen das Thema dankbar auf, und wir brachten zuallererst Mainbergs Idee zu Papier. Alle waren wirklich von seiner Idee überzeugt und in allen Punkten einverstanden!

Ich bin auf die Anfangsaussage aus der Tabu-Technik von Herrn Mainberg gar nicht eingestiegen, sondern habe sofort auf ein ihm wichtiges Thema umgelenkt. Im Laufe des Meetings gelang es mir, die Situation komplett zu entspannen. Als der richtige Moment gekommen war, entschuldigte sich der Vorstand, der Herrn Mainberg vor einiger Zeit beleidigt hatte, vor allen Anwesenden. Mainberg akzeptierte, und das Meeting nahm einen guten Lauf.

Am nächsten Tag, als ich fühlte, es passt, brachte ich das Thema »Balanced Score Card« ein. Herr Mainberg zog kurz skeptisch die Brauen hoch, ließ sie aber gleich wieder fallen. Ein leichtes Lächeln, ein wissendes Kopfschütteln mir gegenüber und er griff das Thema auf. Letztendlich konnten alle zufriedengestellt werden, und der Konzern ist nun, nach zwei Jahren, erfolgreich in den japanischen Markt eingestiegen.

Herr Mainberg hatte monatelang nach allen Regeln der Manipulationskunst und mit Machtspielereien gegen die anderen Vorstände agiert. Wäre ich sofort auf die Aussage von Herrn Mainberg aufgesprungen, hätte ich alle noch bleibenden Chancen zunichtegemacht.

Verwendet jemand die Tabu-Technik, ist eine vorsichtige und bedachte Vorgangsweise wie in diesem Beispiel notwendig.

In einer Situation, in der Sie nicht mit dem Zeitfaktor spielen können wie ich in diesem Fall, ist es hilfreich, positive Angebote zu machen oder haltbare durchdachte Argumente zu bringen.

Eine rhetorische Möglichkeit, die ich hätte nutzen können:

»Das verstehe ich, dass Sie nicht mehr über dieses Thema sprechen wollen. Dennoch hätten Ihre Kollegen in dieser Angelegenheit noch ein paar wesentliche Argumente vorzubringen, die dem Unternehmen hilfreich wären. Es geht nicht um Diskussion, sondern um das Durchdenken und gemeinsame Überlegen dieser Aspekte. Es geht einfach nur um die Gewissheit, ob diese Idee definitv abzuhaken ist oder ob man ihr unter bestimmten Voraussetzungen eine Chance einräumen könnte.«

Tool Nr. 14: Die »Ich sag es nur mehr ein Mal«-Methode

Bei dieser Methode wird Druck aufgebaut. Dem oder den Kontrahenten wird somit gezeigt, dass das Ende der Fahnenstange erreicht ist. Rien ne va plus – nichts geht mehr! »Ich sag es nur mehr ein Mal« – wird so ausgesprochen, dass kein Zweifel daran bleibt, dass dies wirklich so sein wird. Deutlich in Formulierung, Stimme und Körpersprache, sodass die Zielpersonen befürchten müssen, dass andernfalls die Verhandlungen sofort abgebrochen werden.

Mein Mann beim Autokauf. Er ist ein Profi, kennt sich bestens aus, er war lange in der Autobranche tätig. Wie immer ist er bestens informiert. Er weiß, was mein Wunschauto kostet, und er weiß, worum es mir geht. Er weiß bis auf die letzten drei Stellen vor dem Komma meist zuvor, was wir bezahlen werden und was man uns anbieten wird. Er geht hinein, ist wie immer selbstbewusst und freundlich, baut Respekt auf und sagt, nach-

dem der Verkäufer fertig ist, mir mein Traumauto anzupreisen, nur einen einzigen Satz: »Nachdem meiner Frau das Auto gefällt, sagen Sie mir bitte gleich den günstigsten Preis, ich möchte nicht verhandeln!«

Nimmt mich an der Hand, geht mir mir weg, und wir sehen uns ein bisschen um. Der Autoverkäufer kam, nachdem er seinen Taschenrechner glaubwürdig weich geklopft hatte, zurück und schon sein Gang und seine Körperhaltung sagten uns, dass der Preis seine Schmerzgrenze tatsächlich erreicht hatte.

Und wirklich, als mein Mann den Preis hörte, und ich in sein Gesicht sah, war da in meinen Ohren wieder dieses von Christoph Waltz so einzigartig tonierte und mittels Oscar geadelte Wort »Binngoou!«. Aber richtig sypmathisch wurde uns der junge Mann mit den hängenden Schultern mit seinem ergänzenden Satz: »Was ich Ihnen zu diesem Preis noch anbieten könnte, wäre ein Servicegutschein, und da wir eine Anmeldestelle im Haus haben, könnten wir die Anmeldung für Sie übernehmen!« Perfekt, ich liebe es, die Dinge gleich einzupacken und mitzunehmen.

Ich sitze bei einem Gespräch mit einem potenziellen Kunden und wir diskutieren über Nutzen und Nachhaltigkeit. Der Kunde ist aus Erzählungen eines seiner Golfpartner bereits vorab von meiner Arbeit begeistert. Das bestätigt er auch nach unserem Gespräch. Nur von meinem genannten Preis ist er gar nicht begeistert. Doch, meinem Grundsatz treu, verhandle ich grundsätzlich nicht, da ich, wie bereits erwähnt, die Philosophie vertrete, dass alle Kunden denselben Preis für das gleiche Produkt bezahlen.

Ich nenne meinen Preis und erkenne die Strategie, die der Kunde fährt. Er nennt mir einen Preis, den er bezahlen will, und darüber gebe es keine Diskussion. Er hat dabei beide Arme hinter dem Nacken verschränkt und sieht mich mit dem »Ich *bin in der besseren Position als du«-Blick an! Ich antworte: »Da haben Sie recht. Dafür gibt es keine Diskussionsgrundlage. Es war dennoch ein gutes Gespräch mit Ihnen, doch ich befürchte, Sie sind nicht der richtige Kunde für mich.« Ich stehe auf, packe meine Sachen in den Aktenkoffer und mache Anstalten, mich gleich zu verabschieden und zu gehen. Ich bemerke, wie er mich vollkommen irritiert beobachtet. Nach einem Moment sagt er: »Bitte setzen Sie sich, Frau Staniek, vielleicht können wir uns doch noch einigen!«*

Das Ende der Story: Ich bekam mein Honorar und schenkte meinem neu gewonnenen Kunden ein kostenfreies 45-Minuten-Webinar für seine Mitarbeiter als anerkennendes »Goodie« seiner Flexibilität!

Viele Menschen lassen sich von dieser autoritären Masche einschüchtern. Dabei ist es bei dieser Methode auch nicht anders als bei allen anderen. Gut vorbereitet kommen Sie besser durch heikle Gesprächssituationen. Überlegen Sie sich, was Sie von dem Gespräch wollen und am Ende erwarten. Wie weit wollen Sie gehen oder nicht gehen? Vor allem überlegen Sie sich, was Ihnen wichtig ist und was Sie Ihrem Gesprächspartner an Wichtigem klarmachen oder klarstellen müssen. Welche Argumente und welche Nutzenargumentation ist für Ihr Anliegen wichtig? Bleiben Sie, wenn es für Sie wichtig ist, bei Ihrer Summe oder Ihrem Angebot und bieten Sie besondere oder kreative Lösungen an.

Tool Nr. 15: Der »emotionale Reinknaller«-Appell an das Gefühl

Wir alle sind und werden von unseren Emotionen bestimmt. Unsere Emotionen sind die Würze des Lebens, das Salz in der Suppe, die Freude, aber auch das Leid. Die Manipulation über den Kanal der Emotionen ist wohl eine der machtvollsten. Unsere Emotionen bringen uns zum Handeln oder zum Nichthandeln. Unsere Entscheidungen werden von unseren Emotionen beeinflusst, können aber auch in die dabei entscheidenden Bahnen geführt werden.

Der Manipulator wird vorerst auf alle sieben Basisemotionen wie Ärger, Ekel, Trauer, Überraschung, Angst, Verachtung und Freude abzielen, aber auch auf Untergruppierungen wie Scham, Reue, Schuld, Neid und Stolz sowie an das menschliche Fairness- und Solidaritätsprogramm. Der äußerst machtvolle emotionale (Reinknaller-)Appell hat den Sinn und Zweck, dass etwas abgelehnt wird oder dass Ihnen zugestimmt wird. Dabei soll das rationale Denken des Gesprächspartners gekappt werden. Die Rationalität, das Faktische, soll in den Hintergrund gerückt werden, um dem Emotionalen seinen Platz frei zu machen.

Rosi Müller, eine rüstige Pensionistin, fährt auf eine Kaffeefahrt mit einem Autobus. Rosi ist noch nicht viel herumgekommen und fand das Angebot in ihrem Postkasten, für 19 Euro nach Salzburg zu fahren, um in einem Dreisternehotel mit Verpflegung zu nächtigen, wunderbar. Nach der Salzburg-Rundfahrt ging es ins Hotel. Dort gab es noch ein tolles Traditionsmenü, Frittatensuppe, Wiener Schnitzel und Apfelstrudel. Was man alles für 19 Euro bekommt! Rosis Leben war schön. Doch nach dem Abendessen ging es los. Der Vorhang der Bühne in diesem großen Speisesaal wurde weggezogen, und was eben noch als Überraschungsshow wahrgenommen wurde, entpuppte sich rasch als eine Art Show des Grauens.

Eine knallharte aggressive Verkaufsshow, in der Sie alle oben genannten Methoden bestimmt wiedererkennen würden, wie z.B. das Prinzip »Ich hab dir was geschenkt, und jetzt bist du dran, es auszugleichen«. Zuerst wird scheinbar gegeben, um dann unverschämt zugreifen zu können. Und letztendlich wird noch an Ihre Scham appelliert. Wie etwa: »Sie müssten sich ja schämen, wenn Sie jetzt nicht kaufen, wo Sie doch für all jenes,

was Sie bisher bekommen haben und noch bekommen werden, nur unverschämt günstige 19 Euro bezahlt haben!«
»Das ist natürlich eine Frage des Charakters. Sie haben hier doch so viel geschenkt bekommen. Ein Frage des Anstandes. Und abgesehen davon, Sie brauchen diese Matratze.« Da ist er wieder, dieser nun bereits wahnwitzig abgehobene UV-Preis. Und es geht weiter: »Denn nur unser Modell kann Ihnen dieses möglicherweise lebensverlängernde Schlafgefühl vermitteln, das bei richtiger Schlafstellung sogar Ihre nächtliche Zellreinigung aktivieren kann. Sie werden sich fühlen wie eine Königin. Die Daunen werden Ihren Körper umschmeicheln, und Sie werden schlafen wie auf einer Wolke und Sie werden sich glücklich, zufrieden und ausgeschlafen fühlen.«

Was für ein Gefühl, wenn Sie morgens als matratzen-revitalisiert-geboostete Prinzessin aufwachen! Nur um jeden Spiegel würden Sie an diesem Morgen einen weiten Bogen machen, denn Sie haben ja auf den Kauf dieses als medizinische Sensation angepriesenen Tinkturfläschchens in goldener Engelsform verzichtet. Und erst mit diesem hätten Sie, zum halben Preis eines echten skalpellgeführten Faceliftings, auch wie eine Prinzessin ausgesehen. Und wenn sie nicht gestorben ist, dann ärgert sie sich heute noch!

Der Politiker tritt im Fernsehen auf. »Sie werden uns überschwemmen. Sie werden uns unsere Arbeitsplätze streitig machen und uns alles wie die Heuschrecken vom Kopf fressen. Unsere Kinder werden nicht mehr in den Vorgärten spielen können, die alten Leute bekommen keine Rente mehr, und die Frauen können nicht mehr ohne Begleitung auf die Straße. Wollen Sie das wirklich? Wenn Sie sich sicher fühlen wollen, dann …!«

Sie sehen »Emotion rocks«!

Oder aber wie in meinem Fall: Ich bekam vor einigen Jahren eine direkte Drohung von einer geklagten Partei, welche auf meinen Emotionsbereich »Angst« abzielen sollte. »Wenn Sie vor Gericht auftreten und etwas sagen …« Ich ließ die Drohung ins Leere laufen! Das ist halt ein Teil meines Jobs, dass ich eine Ansage klar und deutlich loslasse. Da kommt es schon mal vor, dass irgendein Herzchen im Insassenland von sich gibt: »Na warte, bis ich rauskomme!«

Solche emotionalen Appelle bzw. Aufforderungen werden auf unterschiedliche Arten und Weisen eingesetzt. Manche appellieren an ein allgemeines Gefühl oder gezielt an ein bestimmtes, vielleicht an das »Wir«-Gefühl. Direkt und knallhart bis subtil und raffiniert. Seien Sie achtsam! Sie können es ignorieren und tun, was Sie wollen, es ist Ihre Entscheidung, auf den fahrenden Zug aufzuspringen oder ihn weiterfahren zu lassen. Achten Sie auf die Worte, lassen Sie emotionale Appelle nicht ungeprüft in Ihr Hirn. Fragen Sie beim Appellführer konkret nach, was er genau meint und welche Fakten darauf bauen. Ich bin jemand, der so etwas gerne anspricht: »Ich habe den Eindruck, Sie wollen mich auf die emotionale Art in Ihr Boot holen. Das ist gut und schön. Dennoch, um mit Ihnen zu rudern, brauche ich alle Fakten, um logisch und rational zu überprüfen und abzuwägen, ob ich das möchte.«

Tool Nr. 16: Die Beziehung in der Kiste – der Beziehungstrick

Harmonie ist Illusion! Das ist ein Spruch, der sich immer wieder bewahrheitet. Dennoch ist da der Wunsch der Menschheit nach steter Harmonie. Harmonie ist einer der Bausteine im Seelen-Gesamtbauwerk Mensch, welcher eine tragende Rolle zu haben scheint. Darum ist es für Manipulatoren oft ein leichter Weg, Menschen über Beziehungen zu manipulieren.

Romina, Societyjournalistin, bekommt einen Anruf eines Kollegen, den sie seit vielen Jahren kennt, aber mehrere Jahre nicht gesehen und gehört hat. »Romina, schön, dich gleich am Apparat zu haben. Ist ja schon länger her. Du erinnerst dich, ich habe dir damals bei deiner Karriere maßgeblich geholfen ...! Jetzt brauche ich etwas von dir.« Romina erkennt diese manipualtive Strategie und reagiert sofort: »Ja danke, du hast mir damals geholfen, ob das maßgeblich war, weiß ich jetzt nicht. Was möchtest du von mir?« Pech gehabt, Romina durchschaute die Strategie und ließ sich nicht einfangen. Sie prüfte sein Anliegen sachlich und fühlte in sich hinein, wie es ihr mit diesem Gespräch ging. Sie spürte Missmut über die Art und Weise dieser Annäherung und gab eine sachliche und wirksame Erklärung, warum sie an diesem Punkt nicht weiterhelfen konnte.

Der mit Konkurs gescheiterte Bauunternehmer schaffte es wiederholt, seine Tochter mit allerlei Methoden, im Besonderen mit emotionalen Appellen und mit der Beziehungsmethode, zu Zahlungen zu bewegen.
Der Vater wickelte seine Tochter immer wieder um den Finger. Mit emotionalen Erpressungen und Appellen sowie mit der besonders guten Beziehung, die stets zwischen ihm und seiner Tochter war. Der Vater hielt der Tochter häufig vor, was sie nicht alles Wunderschönes gemeinsam erlebt hatten, wie ähnlich sie sich wären – eben aus einem Holz geschnitzt. Und wenn seine Tochter dann nicht spurte, wandelte er die Aussagen in anklagende Vorhaltungen um. So lange, bis die Tochter, die selbst ums finanzielle Überleben mit ihrem Unternehmen kämpfte, voll schlechten Gewissens wieder und wieder ihr hart verdientes Geld dem gewissenlosen Vater zukommen ließ.

Ich halte es für wichtig, dass man bei solchen Beziehungsattacken eine genaue Unterscheidung zwischen der emotional angesprochenen Ebene und der sachlichen Ebene trifft. Weisen Sie die emotionale Speerspitze, die Sie tief in Ihrer Seele treffen soll, zurück und stellen Sie die Thematik auf eine sachliche Ebene. Entscheiden Sie, ob Sie ignorieren oder verbal zurückweisen.

Tool Nr. 17: Die Zustimmer-Falle

Es ist gang und gäbe: In wichtigen Verkaufsverhandlungen oder in firmeninternen Meetings, da sitzen sie, die Zustimmer. In organisierten Gruppen gibt es Zustimmer, die manchmal sogar bezahlt werden. Diese Zustimmer sind Ihre Fürsprecher. Wie stellt man das an, Fürsprecher zu bekommen?

Dr. Martina Reinecker, HR-Leiterin, eine Skypecoaching-Kundin aus dem Saarland, erzählte mir, dass in einem Jahr eine Geschäftsführerposition vakant sein wird. Sie will sich dafür bewerben. Es gibt vier Geschäftsführer, und einer davon wird definitiv gegen ihre Bewerbung sein. Er mochte sie nie besonders, und sie hatte das Gefühl, dass er ihre Fachkenntnis infrage stellte. Bis jetzt hatte sie sich genau aus diesem Grund immer auf ihn fokussiert und die anderen links liegen gelassen. Nun drehten wir den Spieß um. Sie baute sich step by step eine Beziehung zu den anderen Geschäftsführern auf und unterstützte diese fachlich, wo immer es ging. Als es letztendlich zum Hearing vor den Vorständen und Geschäftsführern kam, befürworteten die drei Geschäftsführer ihre Bewerbung. Und spannenderweise auch Geschäftsführer Nummer vier. Denn diesen konnte sie diesmal ebenfalls durch ihre Argumentation überzeugen. Nun, so einfach geht es nicht immer, aber es ist einen Versuch wert!

Die »Zustimmer und Beifallklatscher« in der Wirtschaft oder im politischen Reigen

Viele Organisationen, unter anderem auch politische, greifen auf die »Zustimmer und Beifallklatscher« zurück. Sie wickeln sie ein, machen Geschenke, bezahlen sie und setzen sie zur Not sogar ein bisschen unter Druck. Also, nichts Unübliches. Manche verbünden sich im Kleinen und viele verbünden sich im Großen. Halten Sie Ihre Zustimmer immer bei Laune, denn die sollen ja etwas für Sie tun. Ihre Zustimmer überzeugen und animieren andere, etwas für Sie zu tun. Gute Zustimmer reißen andere mit. Leider zählt nicht immer nur die Leistung. Das wäre wünschenswert, ist aber nicht Realität. Wer seine Leistung nicht allein als Leistung verkaufen kann, der schare Zustimmer um sich. Der Erfolg durch Zustimmer ist nicht zu unterschätzen. Zustimmer agieren und handeln für Sie, machen Trommelwirbel für Sie, und Sie haben sich somit Ihr eigenes hilfreiches Publikum gebaut. Denn wenn Sie es nicht schaffen, Ihre Leistung an den Mann zu bringen, brauchen Sie jene Klatscher, die Sie bestens bewerten und somit Ihre Leistung pushen. Es ist also hilfreich, wenn Sie mit solchen Personen arbeiten, die schon von Beginn an auf Ihrer Seite standen. Betreuen Sie Ihre Klatscher kontinuierlich.

Und natürlich achten Sie darauf, dass dies einflussreiche Persönlichkeiten sind. Verhalten Sie sich freundschaftlich, überschreiten Sie bitte aber die Distanzgrenzen nicht. Denn zwischen Ihnen und den Klatschern darf keine Freundschaft entstehen. Passen Sie gut auf, dass Ihre Zustimmer und Klatscher nur das tun, was Sie wollen und sich nicht zu weit hinauslehnen. Denn Grenzüberschreitungen können auch von dieser Seite passieren. Das könnte Ihnen schaden. Wenn ein Zustimmer seine Grenzen überschreitet, fangen Sie ihn ein und weisen Sie ihn hinter die Grenzlinie zurück. Und passen Sie auf, dass Ihr Zustimmer nicht Sie dazu benutzt, um in den Mittelpunkt oder in das öffentliche Interesse zu kommen.

Tool Nr. 18: Der Disharmonie-Anschlag

Mit dieser manipulativen Möglichkeit können Sie Menschen in die Zwiespältigkeit treiben und verunsichern. Grundsätzlich macht man das, wenn man sich selbst von jemandem befreien möchte. Zum Beispiel von nervigen Personen am Arbeitsplatz. Sie bringen die Menschen in Disharmonie und beschäftigen sie somit weitgehend mit sich selbst. Denn Sie manipulieren Emotionen – Sie nehmen Einfluss darauf, wie sich jemand fühlt. Es liegt in Ihrer Hand. Am besten funktioniert diese Methode bei jemandem, der grundsätzlich unsicher ist oder der bei bestimmten Themenstellungen unsicher ist. Oder bei Menschen, die sehr genau sind und jedem eh alles recht machen wollen. Bei selbstbewussten Personen schlagen Sie hier meistens keine Kerbe.

Wir Menschen sind darauf ausgerichtet, dass wir ständig bemüht sind, in der Balance zu sein, unser inneres Gleichgewicht halten oder herstellen zu können. Wir organisieren uns so, dass unser Gleichgewicht möglichst besteht. Nun ist es aber so, das Entscheidungen getroffen werden müssen. Und ich spreche hier von Alternativentscheidungen. Sie müssen sich für A oder B entscheiden. Vielleicht treffen Sie ja die richtige Entscheidung. Vielleicht aber auch nicht. Wenn Sie nach einiger Zeit draufkommen, dass Sie sich für die weniger nutzbringende Alternative entschieden haben und jemand anderer dadurch Vorteile genießt, von denen Sie gerade nur träumen können, kann es passieren, dass Ihr Inneres aus dem Gleichgewicht gerät. Dann haben Sie die Erkenntnis auf das Gefühl gelegt: falsche Entscheidung – fühlt sich gar nicht gut an. Ihr inneres Gleichgewicht gerät außer Balance.

Mein Freund Carl musste eine Jobentscheidung treffen. Möchte er Weg A oder Weg B gehen? Weg B war etwas beschwerlicher, dennoch, er würde 300 Euro mehr bekommen und könnte sich in einigen Jahren eine exzellente Position erarbeiten. Weg A war: »Er bleibt, wo er ist« und hat vielleicht die Chance, die

Führung dieser Abteilung zu übernehmen. Er entschied sich für Weg A und machte den Weg somit für seinen Kollegen frei, der nun Weg B ging. Carls Abteilung wurde nach zwei Jahren aufgelassen, und er wurde als »normaler« Mitarbeiter in ein neues Referat integriert, ohne Chance auf eine Führungsposition. Sein Kollege, der den anderen Weg quasi von ihm geschenkt bekommen hatte, übernahm bereits nach einem Jahr die Abteilung und nach weiteren zwei Jahren eine Schlüsselfunktion in diesem Unternehmen. Carl war total aus der Fassung. Ja, stimmt: unnötig. Ändert nichts. Dennoch war Carls Gefühlswelt vollkommen in Unordnung geraten, und er ärgerte sich über sich selbst. Es dauerte lange, bis er sich davon verabschiedet hatte und wieder balanciert in seinem Berufsleben agieren konnte.

Die böse Absicht

Martin ist Meister darin, im Verborgenen zu agieren. Er weiß, wenn er diese Methode zu offensichtlich verwendet, durchschaut man vielleicht seine Strategie. Bestehende Disharmonien noch zu verstärken, ist sein Fachgebiet. Sein Schauspielkollege Sascha ist genauso wie er für eine neue Rolle vorgeschlagen – nämlich die gleiche. Sascha hat Gewichtsprobleme und kämpft mit jedem Gramm. Für die Rolle kann eine schlanke Figur von Vorteil sein. Sascha sagt: »Ich glaube, ich werde eine Diät machen!«
Martin: »Ach, vergiss das jetzt mal. Das willst du dir antun, wo du doch so viel Lern- und Probenstress hast? Dafür hast du doch den Kopf nicht frei. Warte doch, bis der größte Probenstress vorbei ist, dann kannst du das in Ruhe angehen.«
In Martins Kopf: Oder du bist dann schon zu fett für die neue Rolle, und ich bin im Vorteil!

Der ständig nervende Kollege

Romina fühlt sich vom neuen Kollegen in der Redaktion genervt und möchte sich nicht mit ihm auseinandersetzen. »Vielleicht sollte ich mich betreffend dieses Promis doch besser absichern und noch mal genauer recherchieren?«, fragt er Romina unsicher.
Romina wittert ihre Chance, ihn kaltzustellen oder ihn auflaufen zu lassen. »Aber wieso«, sagt sie, »du hast doch schon so viel Arbeit hineingesteckt und akribisch recherchiert. Ich glaube nicht, dass dies nötig ist.«

Sie sehen, wie einfach es geht, jemandem in etwas Sicherheit zu geben oder ihn zu verunsichern. Diese Methode ist natürlich verdammt hinterhältig. Dennoch haben Sie bestimmt schon mal so eine Vorgangsweise selbst erlebt. Und haben Sie diese auch durchschaut?

Tool Nr. 19: Rolle, Rolle wechsle dich!

Diese Methode funktioniert über die Dramarollen aus dem Dramadreieck von Stephen Karpman, der es als Erster beschrieb. Es geht um das Muster von psychologischen Rollen, nämlich Opfern, Rettern und Tätern. Wittern Sie Ihre Rollenchance. Das Meeting, die Befragung und typischerweise das Verhör können Ihre Bühne sein!

Ich arbeite sowohl für den öffentlichen Sicherheitsbereich als auch für Detektive, unter anderem für die Europäische Detektivakademie (EURODET), und war als Profilerin für eine Verhaltensanalyse bei einer Befragung gebucht, bei der es um ein mögliches Delikt aus dem Bereich Cyberkriminalität ging. Auch Detektive haben ihre Manipulationstricks.

Ich amüsierte mich wieder mal über das Outfit meines Lieblings-Sherlocks Markus. Markus wirkte optisch wie ein Kommissar aus den einschlägigen Soku-Tatortsendungen. Lederjacke, T-Shirt, Jeans und Cowboystiefel. Was assoziieren die Menschen mit so einem Outfit? Ziemlich häufig einen Kriminalbeamten im Dienst.

Wir hatten zwei Beisitzer und den Auftraggeber dabei. Die zu Befragenden waren natürlich freiwillig hier. Der Auftraggeber hatte angekündigt, dass wir kommen, dass eine Befragung durch die EURODET durchgeführt wird und dass die Profilerin mit dabei ist und analysieren wird. Alle waren einverstanden. Auch damit, dass die Befragung mit Video aufgenommen wird. Wir hatten in unserem Vorgespräch mit dem Auftraggeber die Strategie besprochen.

Der Auftraggeber sagte zu einer der verdächtigen Personen: »Ich habe Sie mehrmals in aller Deutlichkeit gefragt, ob Sie hinter diesen Cyberangriffen stecken! Sie waren nicht mal in der Lage, mir irgendeine Antwort zu geben! Ich habe die Nase voll von diesem Theater hier.«

Frau X war in der Opferrolle. Alles, was sie sagte und wie sie agierte, bestätigte das. Markus schlüpfte sofort in die Rolle des Retters für Frau X und des Täters gegenüber dem Auftraggeber: »Also, solche Vorwürfe bringen uns jetzt nicht weiter. Sie sollten Frau X nicht so unter Druck setzen. Wir wollen alles in Ruhe besprechen. Alles ist gut, Frau X.«

Frau X atmete erleichtert durch und sah in Markus einen Retter. Sie baute rasch Vertrauen zu Markus auf. Das führte dazu, dass sie den Cyberangriff auf die Webseite der Firma sehr schnell gestand, den sie aus Rache, weil sie nicht befördert worden war, begangen hatte. Es gelang eine gütliche Einigung zwischen dem Auftraggeber und Frau X. Frau X verließ das Unternehmen, stand für den Schaden gerade, und der Auftraggeber gab ihr eine große Chance, da er die Tat nicht zur Anzeige brachte!

Tool Nr. 20: Allgemeines zur wehrhaften Ritterrüstung

Sie sind nicht unverwundbar. Sie sind nicht immer wehrhaft. Nicht immer können Sie durchschauen, was gerade passiert. Mir ist es ein Anliegen, mit diesem Buch zu sensibilisieren, aufmerksam zu machen und Ihre Wahrnehmung zu schärfen. Ich wünsche mir, dass Sie nicht nur sehen, sondern wirklich hinsehen, ich wünsche mir, dass Sie nicht nur hören, sondern wirklich hinhören, und ich wünsche mir, dass Sie nicht nur fühlen, sondern hineinfühlen. Allerdings reicht nicht nur die Wahrnehmung. Es nützt Ihnen nichts, wenn Sie nur hinsehen, hinhören, hineinfühlen, sondern Sie müssen sich auch im Widerstand proben. Sie dürfen die Manipulationen der Manipulationstäter und Manipulationspsychos nicht hinnehmen, niemals kampflos aufgeben und keinesfalls das Handtuch werfen! Sie müssen entscheiden. Ignorieren Sie oder handeln Sie. Sie können auch etwas ignorieren – im Sinne von: ich lasse dich damit auflaufen –, Sie dürfen aber nicht bei Anlässen ignorieren, die sich aufschaukeln oder wiederholen könnten. Sie müssen Ihre eigene Burg verteidigen, Sie müssen sich einfach schützen.

Was glauben Sie, wie viele Eltern ihren Kindern schon erklärt haben, dass sie nicht mit Fremden mitgehen dürfen? Und was glauben Sie, wie viele Kinder dennoch mitgingen, weil sie manipuliert und ausgetrickst wurden? Lernen Sie, sich und Ihre Familie zu schützen und zu verteidigen! Seien Sie immer offen und dennoch skeptisch und argwöhnisch. Gehen Sie achtsam durch die Welt. Nicht alle Menschen sind gut. Nicht alles ist Realität, was wie Realität erscheint.

Manipulation über Körpersprache

Ist es möglich, über Körpersprache zu manipulieren? Ja, grundsätzlich schon. Es ist möglich, über Körpersprache zu irritieren, zu initiieren, zu konditionieren und zu führen. Grundsätzlich bin ich dafür, dass Menschen sowohl verbal als auch nonverbal echt und authentisch sind. Denn wenn wir von Manipulation durch Körpersprache sprechen, setzen wir einen »Einsatz der Körpersprache auf Abruf« voraus. Das heißt, ich führe Bewegungen durch, die ich bewusst wähle. Wie ein Schauspieler. Gute Schauspieler können das. Und viele Menschen sind gute Schauspieler, auch wenn sie das Handwerk nicht gelernt haben. Das bedeutet, dass Sie es schaffen müssen – wenn Sie die Manipulation über Körpersprache anwenden wollen –, Bewegungen durchzuführen, welche eine möglichst authentische Wirkung produzieren.

Eine selbstbewusste, mit gutem Selbstwert ausgestattete Persönlichkeit ist leicht an ihrem Auftritt zu erkennen. Sie scheint ausgewogen und im Einklang. Sie ist offen und authentisch, Stimme, Sprache und Körpersprache geben ein authentisches und echtes Bild ab.

Oft ist uns unsere aktuelle Körpersprache nicht bewusst, sie passiert einfach. Unser Innenleben ist verbunden mit dem körpersprachlichen Außenleben, und umgekehrt. Unser Körper gibt immer Botschaften ab, er spricht und kommuniziert fortwährend. Er sendet Botschaften über unsere Befindlichkeit, wenn wir uns nicht bewegen, wenn wir erstarren, um zu zeigen, dass wir gerade zum Beispiel in einer festgefahrenen Situation sind oder dass wir unsicher sind und vielleicht Angst haben. Jede Form der Körpersprache gibt Auskünfte über die Person oder ihre emotionalen Zustände. Unser Körper zeigt an, ob wir aufmerksam sind oder nicht, ob wir gestresst sind oder entspannt, ob wir uns wohlfühlen oder nicht. Er zeigt, dass er schläft, und er zeigt auch, dass er nicht mehr daran denkt, irgendetwas zu tun, nämlich dann, wenn er tot ist.

Wir werden stets beurteilt und bewertet. Deshalb halte ich es für sehr wichtig, sich mit dem eigenen Verhalten auseinanderzusetzen. Unser Inneres, wenn ich es mit einem Haus vergleiche, hat viele Räume. In diesen Räumen befinden sich unsere Werte, unsere Moral, die Ethik, der Glaube, die Glaubenssätze … All das, was sich in diesem Haus befindet, tragen wir über unser Verhalten nach außen. Über Stimme, Sprache, Körpersprache als auch Proxemik.

Es ist enorm wichtig, seine eigene Körpersprache zu kennen und sich mit ihr auseinanderzusetzen. Denn die Körpersprache ist ein wichtiger Kommunikationstransporter, weil sie direkt auf der Beziehungsebene wirkt und beeinflusst. Einer der wichtigsten Faktoren, um Menschen im Positiven zu beeinflussen, ist Zuwendung. Wenden Sie sich den Menschen physisch und psychisch zu.

Um überhaupt mit Körpersprache beeinflussen, steuern oder manipulieren zu können, sollte man ihre möglichen Botschaften und Deutungsspielräume kennen. Denn Körpersprache muss immer im entsprechenden Kontext gelesen, gedeutet und interpretiert werden. Bei meinen Analysen kommt noch ein Validierungs- und Evaluierungsverfahren dazu.

Ich analysiere die Proxemik, das ist das Verhalten, welches Menschen im »Raum« zeigen. Nähe, Distanz, Zuwendung und Abwendung. Wie offen und zugänglich wirkt jemand in der Interaktion mit anderen Personen in einem bestimmten Kontext, wie abweisend zeigt sich jemand? Und natürlich Stimme, Sprache, Körpersprache und die gesamte optische Wirkung. Nun, selbstverständlich bin ich dafür, dass sich die Persönlichkeit eines Menschen in Richtung »gutes Selbstbewusstsein und hoher Selbstwert« entwickelt, denn dann entwickelt sich auch die Körpersprache. Ich halte nichts davon,

Menschen wirkungsvollere äußere Körperhaltungen mechanisch beizubringen, ohne dabei ihre inneren Haltungen mitzunehmen.

Menschen, die weitergehen, die kontinuierlich an ihrer Entwicklung bzw. Kommunikationsfähigkeit arbeiten, werden merken, wie viel leichter es ist, mit anderen zu kooperieren und zu kommunizieren. Beziehungsweise werden sie es leicht haben, Beziehungen zu anderen Menschen aufzubauen. Und wenn das nicht helfen sollte, dann bleibt noch der Weg der Beeinflussung oder Manipulation über Körpersprache. Dazu müssen sie aber in der Lage sein, authentisch zu wirken.

Dabei ist zu erwähnen, dass Ihre Körpersprache nicht nur andere, sondern auch Sie selbst beeinflusst. Wir verfügen über eine »Body-Mind Connection«. Denn wenn Sie eine zusammengesunkene Körperhaltung ausprobieren, werden Sie merken, dass Ihre innere Haltung langsam genauso in denselben »Down-Status« geht wie Ihre äußere Haltung. Es ist kein Geheimnis, dass die Körpersprache als äußere Haltung die innere beeinflusst. Oder umgekehrt. In beide Richtungen. Das bedeutet, dass Sie sich selbst durch Ihre Mimik, Gestik, Haltung, Ihren Stand, Gang und Ihre Sitzposition beeinflussen können. Und Sie können die Körpersprache zur Manipulation oder gezielten Beeinflussung einsetzen. Nun, Sie meinen, Sie hätten das noch nie gemacht? Wirklich? Haben Sie niemals Ihr Lächeln eingesetzt, um etwas leichter zu erreichen? Haben Sie niemals ein bewusstes Begrüßungsritual sprachlich und körpersprachlich besonders aufmerksam durchgeführt, um einen besonders guten Eindruck zu machen? Bleiben wir dabei: Entwickeln Sie sich stets weiter, werden Sie ein exzellenter Kommunikator und wenn Sie wirklich wollen oder es für wirkungsvoll und sinnvoll halten, Ihr Ziel zu erreichen, dann manipulieren oder beeinflussen Sie!

Die Mimik – Die 7 Grundemotionen der Menschen
(nach Paul Ekman, Wallace Friesen, Joe Hager)

Die empirischen Ergebnisse von Paul Ekman basieren auf seiner jahrelangen Forschung im Bereich der Gesichtsmimik. Er stellte fest, dass es sieben kulturunabhängige Basisemotionen gibt. Egal, wo ein Mensch auf dieser Erde geboren wird, er zeigt diese Basisemotionen durch denselben Gesichtsausdruck, also durch ein identifizierbares Mimikspiel. Diese Ausdrücke sind genetisch bedingt. Im sozialen Kontakt unterscheidet sich die Art, wie Gefühle ausgedrückt werden. Dies hängt auch von der Erziehung und den Einflüssen ab, denen ein Mensch ausgesetzt ist. Der Mensch hat gelernt, Gefühle auszudrücken oder zu unterdrücken. Es gibt Kulturkreise, in denen die Menschen lernen, ihre Gefühle zu kontrollieren. Man gibt nicht alles preis. Gefühle sollen verborgen werden. Wir versuchen, den anderen zu täuschen. Es gibt nach Paul Ekman diese sieben Basisemotionen, die vollkommen kulturunabhängig gleich sind, es gibt aber auch eine Vielzahl von ergänzenden mimischen Ausdrücken, die kulturell bedingt sind.

Jeder Mensch hat ein körpersprachliches Grundverhalten, ich nenne das »Bodybasics«. Täuschungen weichen oft minimal oder sogar deutlich von diesen Bodybasics ab, diese sind als »Hotspots« über Mimik, Gestik, Körperhaltung und Stimme, aber auch Sprachverhalten identifizierbar und müssen überprüft werden. Diese Hotspots sind eben nur Hinweise, und die eigentliche Arbeit beginnt ab dem Zeitpunkt, zu dem man sie wahrgenommen hat. Denn nun gilt es, eine Strategie zu entwickeln oder gezielte Kommunikation anzuwenden, um die Wahrheit ans Licht zu bringen.

Die Körpersprache und ihre Botschaften haben eine große Faszination für mich. Sie machen den Menschen zu einem offenen Buch. Wenn man gelernt hat, darin zu lesen, braucht man sich nicht nur auf die unterbewusste Wahrnehmung zu verlassen, sondern kann Verhalten überprüfen und handeln.

Die 7 Grundemotionen

Ärger

Ärger hat viele Gesichter und unterschiedliche Intensitäten. Romina drückt die Augenbrauen nach unten und zieht sie mittig zwischen den Augenbrauen (Glabella) zusammen. Das untere Augenlid ist angespannt, sie zieht das untere Augenlid, welches einen Teil der rund um das Auge verlaufenden Ringmuskulatur bildet, nach innen und spannt an. Dadurch verkleinert sie das Sichtfeld und fokussiert. Auch das obere Augenlid wird oft aufgerissen und die Pupillen weiten sich. Die Nasenflügel sind aufgebläht, und ihre Lippen sind aneinandergepresst. Im Bereich des Mundes und des Kinns sind mehrere unterschiedliche Bewegungen, je nach Grad und Ausprägung des Ärgers, möglich. Zum Beispiel: Das Kiefer stößt nach vor oder Oberlippe und Unterlippe verschieben sich. Die Zähne werden gebleckt und sind somit sichtbar. Eine »Drohstarre« tritt ein und bereitet für den Kampf vor. Fight or Flight! Blitzschnell muss eine Entscheidung getroffen werden.

Die Evolution hat sich schon etwas dabei gedacht, uns die Emotion Ärger zur Verfügung zu stellen. Denn hätten wir diese Emotion nicht, wären wir vermutlich schon alle ausgerottet. Ärger setzt starke Energien frei und kann ein Motor der Motivation sein. Wir fühlen eine flüchtige Irritation, welche sich über den Ärger bis zur Wut steigern kann. Also, Ärger bringt uns in die Alarmstufe Rot, Ärger sorgt für eine massive Ausschüttung von Stresshormonen, Adrenalin und Noradrenalin.

Diese lassen sowohl den Blutdruck als auch den Puls ansteigen, die Atmung wird flacher, die Muskulatur wird stärker durchblutet und macht uns kampfbereit. Unser Körper ist bereit, zu handeln, er ist bereit zum Sprung. Ärger zeigt uns an, dass für uns etwas nicht passt und kann natürlich genauso ein starker Antrieb, sprich ein Motivator sein. Ärger entsteht, wenn Menschen sich bei oder an etwas blockiert sehen, wenn Regeln und Normen verletzt werden, bei psychischen oder physischen Übergriffen, bei Ab- oder Zurückweisung.

Ekel

Ekel präsentiert sich immer in der zentralen Mittellinie des Gesichtes. Die dabei entstehende Aktion der Muskulatur – eine Rümpfbewegung. Die Rümpfbewegung zieht nach oben. Wir verkleinern dadurch unsere Augen, so als würden wir das Objekt des Ekels nicht sehen wollen. Unter den Augen entsteht ein Wulst. An der Nasenwurzel und/oder an den Seitenwänden knapp unter der Nasenwurzel werden durch die Rümpfbewegung Fältchen sichtbar. Die Nasolabialfalte vertieft oder verstärkt sich. Die Oberlippe wird hochgeschoben. Bei geöffnetem Mund wird die obere Zahnreihe freigelegt.

Bei geschlossenem Mund ist nur ein Rümpfzug nach oben sichtbar.

Wir ziehen meistens den Kopf zurück, weil wir uns vom Ekel verursachenden Geschehen distanzieren wollen. Nur wenige Personen schieben bei Ekel den Kopf nach vor. Manche machen das, wenn sie gerade zwei Emotionen erleben, nämlich Ekel und Ärger. Der Ekel macht die Rümpfbewegung, und durch den Ärger werden die Augenbrauen runtergedrückt. Dann wird durch den Ärger der Kopf nach vorne geschoben. Ekel zeigt sich nicht nur bei Geruch und Geschmack, die wir nicht mögen! Ekel ist eine Form der generellen Abneigung, auch gegen Personen, Inhalte oder Themen.

Ekelgefühle sind für uns überlebensnotwendig. Wir haben unseren Ekelgefühlen auch unser Überleben zu verdanken. Im Zuge der Evolution hat der Mensch sein Ekelverhalten entwickelt, um sich unter anderem vor wiederkehrenden Bedrohungen zu schützen. Beispielsweise warnt uns der Ekel vor vergammelten Nahrungsmitteln und kann so Vergiftungen vermeiden.

Bei moralischen Beurteilungen und Bewertungen zeigen Menschen ebenfalls Anzeichen von Ekel, die grundsätzlich auch mit Abneigung zu beschreiben sind. Wir haben eine Form des Basisekels, wir haben aber genauso angelernte oder von Familien importierte tradierte Ekel!

Romina und Martin, beide Einkäufer in einem Unternehmen, sitzen ihrem Gesprächspartner gegenüber. Es geht um ein CRM-System für ihr Unternehmen, das ihnen der junge Berater für ihr Unternehmen verkaufen möchte. Romina und Martin haben sich drei Angebote von drei Firmen legen lassen. Dies war das dritte Gespräch. Es hat sich ergeben, dass Romina in die Rolle des »Bad Guy« und Martin in die »Good Guy«-Rolle schlüpfte. Während des Gespräches bemerkte Romina unsicheres Verhalten bei dem jungen Berater. Sie steigerte seine Unsicherheit, indem sie manchmal, wenn er von der tollen Leistung des Produktes sprach, ein leicht süffisantes Lächeln aufsetzte. Sie merkte neben seiner Irritation auch, dass sich der Berater mehr und mehr Martin zuwandte und Romina gelegentlich einen unsicheren Blick zuwarf, um sich danach wieder Martin zuzuwenden und sich noch mehr ins Zeug zu werfen. Damit aber nicht genug der Verunsicherung von Rominas Seite. Letztendlich kam es zur Preisfrage. Mit bewusst direktem Blick nannte er seinen Preis. Martin spitzte seine Lippen und schwenkte dabei leicht den Kopf hin und her – er wog scheinbar ab, und Romina rümpfte leicht ihre Nase (Ekel) und zeigte ihm somit ihre Abneigung. Sie verstärkte es noch und schob mit ihrer Hand seinen Präsentationsfolder zur Seite. Martin und Romina hatten über ihr Budget gesprochen. Der junge Mann war gleich mit einem sehr guten Preisangebot gekommen. Mit dem besten von allen drei Angeboten und

zusätzlich mit dem höchsten Leistungspaket. Dennoch, er nahm Rominas Geste und die Abneigung wahr und ließ sich zu einem hohen Rabatt hinreißen. So mussten die beiden nicht mal verbal verhandeln. Und was dem jungen Mann in seiner Verkaufsaufregung entging, war das kurze – nur ca. 1/5 Sekunde schnelle – zufriedene Lächeln Rominas – eine Microexpression ihres persönlichen Triumphs.

Sie müssen keine Abneigung empfinden, können aber aus strategischen Gründen die mimische Bewegung für Ekel = Abneigung einsetzen. Sie müssen nicht verachten und können die Verachtungsmimik einsetzen, um zu irritieren. Sie können auch ein Schreckgesicht aufsetzen (Oberlid heben, damit die Augen so weit aufgerissen sind, dass Augenweiß oberhalb der Iris sichtbar wird), um zu zeigen, dass Sie der Preis schockiert. Oder Sie stretchen Ihre Unterlippe horizontal zur Seite weg (Angst), um anzuzeigen, dass Sie davon ausgehen, dass Ihr Chef diesen Preis nicht genehmigen wird. Ziehen Sie die innen liegenden Augenbrauenspitzen nach oben (Trauer), um anzuzeigen, dass Sie sich wie ein Opfer fühlen oder einen Zweifel anzeigen wollen.

Meist sind kurze Bewegungen vollkommen ausreichend. Wichtig ist nur, dass Sie Ihr Gegenüber anschaut, damit die Bewegungen wahrgenommen werden können. Sie sehen die einzelnen Bewegungen der emotionalen Mimiken (EmFacs, nach Paul Ekman) in den Bildern und Beschreibungen. Probieren Sie ihre Wirkung einfach aus. Seien Sie vorsichtig und experimentieren Sie am Anfang nur, wenn Sie sowieso in einer guten Position sind, damit der Schuss für Sie nicht nach hinten losgeht!

Angst

Romina zeigt uns ihre Angst sehr deutlich! Ihre Augen sind weit aufgerissen. Oberhalb der Pupille ist Augenweiß sichtbar. Ihre Unterlippe zieht horizontal zur Seite weg.

Augenweiß wird zum Beispiel ebenso sichtbar, wenn wir uns nur kurz erschrecken. Die Unterlippe stretcht aber auch horizontal nach hinten, wenn wir uns für einen Moment unsicher fühlen.

Herzrasen, steigender Blutdruck, Rötungen oder extreme Blässe im Gesicht, flache und schnelle Atmung, Schweißausbrüche, unwillkürliche Kieferbewegungen, Muskelanspannung und Zittern können ebenso Auswirkungen der Angst sein. Ein beengtes Gefühl im Brustkorb und Hals wird wahrgenommen. Die Angst schnürt im wahrsten Sinne des Wortes die Kehle zu. Diese Vielfalt an körperlichen Reaktionen dient der Aufmerksamkeits- und Leistungssteigerung. Denn auf eine mögliche drohende Gefahr muss richtig und schnell reagiert werden. Das Überleben muss gesichert werden. Flüchten, tot stellen oder angreifen! Die Angst schafft in Bezug auf existenzielle Bedrohung eine Bereitschaft zur erhöhten Leistungsfähigkeit. Wenn du Angst hast, rennst du schneller – der dabei entstehende Hormoncocktail hilft dabei.

Nicht immer steigert Angst die Leistungsfähigkeit. Manchmal lähmt sie, führt zu Starre und zu Immobilisierung.

Angst entsteht im Kopf. Dieser Spruch hat Bestand. Denn das macht sie tatsächlich. Sie entsteht im Gehirn. Bei der Entstehung von Angst spielt die Amygdala eine große Rolle. Sie wird auch das emotionale Zentrum, der emotionale Knotenpunkt der Angstentstehung genannt. Die Amygdala schätzt Gefahren ein und steuert die Kaskade der Angstreaktionen. Direkt vom Thalamus erhält die Amygdala eine grobe Skizzierung der Gefahrensituation, um die Gefahr schnell einschätzen zu können. Später kommt über einen etwas langsameren Weg vom Thalamus über den Neocortex und den Hippocampus eine präzisere Analyse.

Innerhalb von wenigen Millisekunden schätzt die Amygdala Gefahren ein. Ein Reiz, der Angst erzeugt, unterliegt in der Amygdala einem Verarbeitungsprozess. Dieser angsterzeugende Reiz setzt eine wahre Kaskade in Gang, die Hormonausschüttungen hervorruft, wie zum Beispiel Adrenalin, Cortisol und Dopamin, die zu den angstprägenden Reaktionen des Körpers führen.

Danach, nach überstandener Angst stellt sich ein »Es ist alles gut«-Gefühl ein.

Viele leben mit vielen Ängsten oder lernen, damit zu leben. Manche unserer Ängste schleichen sich in unseren Schlaf, in unsere Träume ein. Dort kämpfen Sie vielleicht gegen einen Drachen, rennen um Ihr Leben, verteidigen Ihr Leben in einer Ritterrüstung auf einem galoppierenden Pferd. Oft setzen wir uns in unseren Träumen mit unseren Ängsten auseinander, die wir im Wachzustand zur Seite schieben. Auch während der Traumphase ist die Amygdala hoch wach und macht ihren Job.

Überraschung

Überraschung ist die kürzeste aller Basis-Emotionen! Manchmal löst sie sich nach dem Überraschungsmoment wieder auf oder der Überraschung folgt eine andere Emotion wie z.B. Angst, Freude, Trauer, Verachtung, Ärger oder Ekel. Überraschung in Reinkultur ist neutral. Sie hält nur wenige Sekunden an.

Romina hebt die Augenbrauen an, und die Kieferlade fällt nach unten. Die Kieferlade kann auch bei geschlossenem Mund hinunterfallen! Das Anheben der Augenbrauen verwenden wir als Einzelbewegung außerdem, wenn wir Interesse zeigen oder einem Wort oder einer Aussage eine verstärkte Bedeutung geben wollen. So, als würden wir mit einem Textmarker einen Text hervorheben. Sollte oberhalb der Pupille Augenweiß sichtbar sein, handelt es sich bereits um eine Schrecksituation.

Dies zeigt uns bereits den Übergang in die Emotion Angst an!

Die Überraschung ist ein »Primäraffekt«. Die Reaktion auf ein Ereignis, das anstelle eines anderen, erwarteten Ereignisses ohne vorherige Hinweisreize eintritt. Es ist das Erleben einer Situation, die unerwartet eintritt. Fast immer löst Überraschung eine Form der Verwirrung oder eine heftige körperliche Reaktion aus. Wie zum Beispiel Erröten, Lachen, unwillkürliche Gestik und Fußbewegungen oder Zuckungen.

Trauer

Die Innenaugenbrauenspitzen ziehen nach oben. Die Augen fokussieren nichts, blicken ins Leere. Die Mundwinkel ziehen nach unten! Bei stärkerer Intensität kräuselt sich oft das Kinn. Die Gesichtsmuskulatur wirkt »schwer«. Wir verwenden diese Mimik bei Trauer. Bei starker Ausprägung mit Mundverzerrung auch bei Verzweiflung.

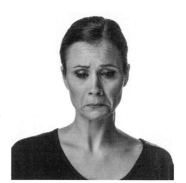

Das Hochziehen der Innenaugenbrauenspitzen setzen wir als »Dackelblick« ein, wenn wir etwas »erbitten« wollen oder um Gnade flehen. Der Dackelblick drückt z.B. aus: »Ich kann nichts dafür, ich bin unschuldig.« Oder als Anzeichen für Zweifel oder Verzweiflung.

Trauer ist die Emotion des Verlustes. Das Bedürfnis nach Bindung, nach engen emotionalen Beziehungen, hat eine wesentliche Bedeutung für den Menschen und hat mit der Überlebenssicherung zu tun. Dort, wo Nähe ist, dort, wo Liebe ist, dort hat auch die Trauer Bestand. Wenn ein Mensch trauert, richtet er seine Aufmerksamkeit auf sein Inneres. Ich verstehe Traurigkeit als jene Emotion, welche Verluste begleitet. Wobei sich der Verlust nicht nur auf geliebte oder nahestehende Personen bezieht, sondern ebenso auf individuelle Werte wie den sozialen Rang oder Status, Körperteile, Funktionen des Körpers oder sonstige Formen von Besitz. Trauer kann eine Emotion anzeigen oder aber einen länger andauernden biopsychosozialen Bewältigungsprozess.

Verachtung

Verachtung ist die einzige unilaterale, also »einseitige« Ausdrucksform der Mimik. Ein Mundwinkel wird hochgezogen.

Rominas Augen sind kühl. Ihr Mundwinkel ist eingepresst. Oft wird das Kinn dabei gehoben, der Blick geht von oben nach unten, was der Verachtung zusätzlich Arroganz verleiht.

Diesen Emotionsausdruck setzen wir ein, wenn wir jemanden belächeln oder gering schätzen. Es dient dazu, den anderen abzuwerten. Verachtung entsteht durch einen Bewertungsprozess. Wir bewerten jemanden negativ. Verachtung in einer Interaktion oder Beziehung schafft meist eine Distanzvergrößerung. Ich schätze dich gering, ich bin deshalb größer oder höher angesiedelt als du, scheint die Botschaft zu lauten. Menschen verachten aber auch, wenn sie neidisch sind.

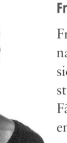

Freude

Freude ist wohl die schönste aller Emotionen! Romina freut sich. Die Ringmuskulatur um die Augen zieht sich zusammen und bildet Fältchen, ähnlich wie Sonnenstrahlen um das Auge. Diese sonnenstrahlenförmigen Fältchen sind das »Echtheitszertifikat« für die Grundemotion Freude.

Ihre Augen leuchten und lachen mit. Die Mundwinkel sind nach oben gezogen und schieben die Wange hoch. Bei stark botoxierten Augen sind genau diese Strahlenfältchen nicht mehr vorhanden. Das Lachen wirkt dann aufgesetzt und unecht.

Manchmal sehen wir bei Menschen auch ein aufgesetztes maskiertes Lächeln. Es scheint zwar freundlich, das Lächeln wirkt aber aufgesetzt. Dabei pressen Menschen oft die Mundwinkel ein. Dieses falsche Lächeln verwenden wir auch, wenn wir eine andere Emotion maskieren oder verdecken wollen. Bei einem aufgesetzten, sozialen Lächeln, einem Fakesmile, bleiben die Augen kühl.

Ich bringe den Menschen grundsätzlich bei, die mimischen Informationen zur Verbesserung der Kommunikation und Kooperation mit Menschen zu verwenden. Es geht also um das Wahrnehmen und Entscheiden. Ich nehme etwas wahr und muss nun eine Entscheidung treffen, ob ich diese Information aufgreife, handle oder sie einfach nur wahrnehme. Allem voran kann es relevant sein, herauszufinden, in welchem Zusammenhang die Emotion steht. Hat sie mit mir oder meinem Gesagten etwas zu tun, oder hing die Person einem kurzen Gedanken nach, und die Emotion gehört in diesen Bereich? Oder vielleicht ging jemand hinter mir vorbei, und die Emotion ist dieser Person oder dieser Situation zuzuordnen?

Nun geht es hier aber um die Frage, wie ich mit Mimik und Körpersprache manipulieren kann. Die Frage erklärt sich einfach:

Ich setze eine mimische Bewegung ein, die einer Emotion entspricht, die ich nicht fühle, aber vortäuschen möchte. Das haben Sie noch nie gemacht? Sicher? Haben Sie noch nie ein Geschenk bekommen, das Ihnen nicht ganz oder vielleicht gar nicht gefallen hat? Sie blieben höflich und versuchten, Freude oder sogar Überraschung und Freude zu zeigen. Sie können jegliche mimische Bewegung für Ihr manipulatives Vorhaben einsetzen. Die Frage ist, was Sie erreichen wollen.

Unsere Hände sprechen Bände, sie beschreiben Bilder und transportieren Emotionen. Unterbewusst »hören« die Menschen auf die Körpersprache. Beschreiben Sie also mit den Händen, geben Sie den Takt vor, weisen Sie den Weg, zeigen Sie, wo und wie es langgeht, zeigen Sie, was Sie sich gefallen lassen oder auch nicht, zeigen Sie eine wirkungsvolle machtvolle Körpersprache. Präsentieren Sie Ihre Haltung, die Sie zu diesem Gespräch und zu dieser Situation haben oder haben wollen! Lassen Sie Ihr Charisma durch den Raum strahlen.

Körpersprache verstehen und nutzen!

Bodytalks – Was Ihr Körper noch zu sagen hat

Bodytalk 1: Den Zeigefinger nutzen

Zweck: Kritik und Dominanz zeigen

Der Zeigefinger steht in unserer Kultur für Kritik. Als kleines Kind habe ich ihn schon kennengelernt: »Tu dies nicht«, »Tu das nicht« oder »Das tut man nicht«. Wollen Sie bewusst und deutlich zeigen, dass Sie das Gesagte kritisieren, dann strecken Sie die Hand entweder dezent oder sehr deutlich aus und bringen Sie Ihren Zeigefinger zum Einsatz. Dabei können Sie auch noch die Lippen etwas schürzen und den Kopf von links nach rechts ein paarmal hintereinander neigen. Das wird Ihren Gesprächspartner entweder irritieren oder zu einer Unterbrechung seines Gesagten bringen. Unterbricht er nicht, wird er vermutlich versuchen, Sie mit Argumenten zu bombardieren. Sie können auch leicht mit dem Zeigefinger auf den Tisch klopfen. Oder, etwas deutlicher, mit senkrechter Handhaltung auf den Tisch oder ein entsprechendes Dokument klopfen. Nehmen Sie einen Stift und verdeutlichen Sie Ihre Kritik noch mehr. Sie müssen gar nichts sagen, warten Sie erst ab, was passiert, und entscheiden Sie dann, wie Sie weiter vorgehen.

In dieser Szene streckt Romina ihrem Gegenüber den Zeigefinger entgegen. Ich lege ihr Worte in den Mund: »Du hast mit dieser Frau geflirtet, ich habs genau gesehen.«

Bodytalk 2: Die Pistole

Zweck: Kritik und Dominanz zeigen
Mit der Pistole können Sie, bildhaft gesprochen, »schießen«.

Schließen Sie Ihre Hände vor dem Körper und legen Sie diese am Tisch ab. Verschränken Sie die Finger ineinander und legen Sie die Zeigefinger wie einen Pistolenverlauf aneinander. Die Daumen können dabei aneinandergepresst sein. Damit drücken Sie bei Spannung in den Armen und Fingern innere Kritik aus, begleitet von dem Wunsch nach Dominanz. Das Aneinanderpressen der Daumen kann einen Führungsanspruch anzeigen. Wenn keine Spannung in den Armen und Fingern ist, wirkt es sehr entspannt und erfüllt den Zweck in diesem Fall nicht.

Bodytalk 3: Der Giebel zeigt nach oben

Zweck: Selbstbewusstsein zeigen

Stützen Sie die Ellbogen auf und bilden Sie mit den Händen einen Giebel. Legen Sie die Fingerspitzen aneinander. Der Giebel zeigt nach oben.

Das wirkt selbstbewusst. Bewegen Sie den Giebel rhythmisch vor und zurück und bringen Sie damit Ihren Auftrag in aller Klarheit und Deutlichkeit rüber oder zeigen Sie damit Ihre Meinung.

Sollten Sie eine arrogante Wirkung erzeugen wollen, werfen Sie den Kopf ein Stückchen zurück.

Bodytalk 4: Zwei Finger für ein »Aber«

Zweck: höchste Aufmerksamkeit erzeugen

Grundsätzlich verwenden Sie das Wort »aber« nur, wenn Sie etwas Positives hervorheben möchten. Möchten Sie etwas Negatives einfließen lassen, ersetzen Sie »aber« durch das Wort »und«. Nun wollen Sie einen Vorteil exzellent platzieren.

Sprechen Sie einen Satz wie zum Beispiel: »Die Investition in die neue Anlage ist hoch, ... *aber* ...« (Machen Sie nun eine Sprechpause, heben Sie die Hand, winkeln Sie den kleinen Finger und Ringfinger nach vorne leicht ab und heben Sie, nicht ganz durchgestreckt, Mittelfinger und Zeigefinger: um das ›*Aber* jetzt kommt der Höhepunkt, das stärkste Argument‹ anzuzeigen): »Wir werden dafür mehr als 35 Prozent mehr pro Monat produzieren!«

Natürlich können Sie auch nur den Zeigefinger gerade nach oben strecken, das wirkt allerdings etwas oberlehrerhaft. Entscheiden Sie, was Sie in der Situation brauchen, die elegantere Version oder den Oberlehrer.

Bodytalk 5: Oberlehrer-Gestik

Zweck: etwas besonders betonen, motivieren, Aufmerksamkeit erzeugen

Halten Sie Ihre abgewinkelte Hand mit erhobenem Zeigefinger über den Kopf. Machen Sie mit dem gesamten Arm eine Bewegung Richtung Publikum und sagen Sie: »… weil, weil, weil wir verdammt noch mal die Besten sind!«

Bodytalk 6: Arme hinter dem Rücken

Zweck: Macht und Dominanz zeigen

Wenn Sie mächtig, dominant, militärisch oder oberlehrerhaft wirken wollen, dann stehen Sie aufrecht, achten Sie darauf, dass Sie Ihren Kopf und Ihre Schultern aufrecht halten und verschließen Sie die Arme hinter dem Rücken. Stehen Sie dabei breit oder gehen Sie. Lehrer, Polizisten, ranghohe Autoritäten, Bodyguards usw. wenden diese Geste auch gerne an, um Überlegenheit und Selbstsicherheit zu demonstrieren. Ich zeige dir meine gestreckte Brust und meinen weichen Bauch und demonstriere damit Sicherheit und Angstfreiheit!

Bodytalk 7: Offene Arme

Zweck: Ehrlichkeit und Offenheit demonstrieren

Zeigen Sie Offenheit und Ehrlichkeit, indem Sie die Arme öffnen und die Handflächen nach oben zeigen lassen. Diese Geste wirkt sehr positiv. Laden Sie damit ein, dem, was Sie sagen, Glauben zu schenken. Unterstreichen Sie beispielsweise damit Worte wie:

»Wir sollten alle zusammenarbeiten.«
»Ich stehe für eine offene und transparente Kommunikation.«
»Ich bin an Ihren Vorschlägen sehr interessiert.«
»Es ist mir wichtig, was Sie darüber denken.«

Bodytalk 8: Das ist Mist

Zweck: etwas oder jemanden abwerten

Zeigen Sie durch Kopfschütteln und/oder eine wegwerfende kleine bzw. große Handbewegung an, dass Sie etwas für »Mist« halten. Sie können das Ganze noch steigern, indem Sie Verachtung/Geringschätzung zeigen, indem Sie süffisant lächeln oder einen Mundwinkel (siehe Mimik) hochziehen!

Bodytalk 9: Arme heben – der Guru

Zweck: zeigen Sie »Folgt mir, ich bin der Größte!«

Im Sitzen oder Stehen öffnen Sie die Arme weit von den Körperseiten und heben Sie sie seitlich dynamisch über die Schultern hoch. Nun stehen oder sitzen Sie da wie ein Oberguru, wie ein Priester bei der Predigt, und Sie wirken hoheitlich. Verwenden Sie diese Geste aber nur, wenn Sie exakt zum Text und zur Stimmung passt. Falls Sie eine Rede vor Publikum halten, setzen Sie diese Gestik ein, wenn Sie etwas positiv bestärken wollen.

Bodytalk 10: Unpackbar, was hier passiert

Zweck: gestisch zeigen, dass Sie etwas nicht fassen können

Halten Sie Ihre Arme vor Ihre untere Gesichtshälfte und ziehen Sie diese ca. dreißig Zentimeter auseinander. Formen Sie die Hände zu einem Rundbogen, während die Handflächen nach innen schauen. Schütteln Sie dabei Ihren Kopf, so als würden Sie sagen: »Unpackbar!«

Bodytalk 11: Hand aufs Herz

Zweck: zeigen, wie ehrlich Sie es meinen

Meinen Sie es ehrlich oder nicht? Das können nur Sie wissen. Dennoch, wenn Sie Ehrlichkeit verkaufen wollen, machen Sie Folgendes: Legen Sie Ihre Hand aufs Herz oder halten Sie sie in geringem Abstand zum Körper vor das Herz. Damit unterstreichen Sie, wie ernst Sie etwas meinen. Sehen Sie die Person direkt an, heben Sie die Brauen etwas und sagen Sie beeindruckend: »Hand aufs Herz: Ich bin auf Ihrer Seite!«

Bodytalk 12: Informationen und Ideen einfordern

Zweck: auffordern

Halten Sie Ihre Arme in Brusthöhe seitlich vom Körper offen und heben Sie sie von unten nach oben. Beispielsweise können Sie auffordernd sagen: »Was sind Ihre Ideen oder Impulse zu diesem Thema?«, »Was sind Ihre Punkte?«, »Bitte sehr, Sie sind dran?!«.

Bodytalk 13: Ja, genau!

Zweck: jemanden bewusst bestärken

Wenn jemand aus der Zuhörerschaft etwas Treffendes, etwas Wichtiges oder Spannendes sagt, gehen Sie beim Stehen kurz in die Knie und schnellen Sie sofort wieder hoch. Diese Bewegung bestärken Sie mit Aussagen wie: »Ja, das genau ist der Punkt!«, »Jawohl, Sie haben es auf den Punkt gebracht. Vollkommen richtig!«, »Vielen Dank, sehr gute Frage!«.

Bodytalk 14: Lasso werfen!

Zweck: übermäßige Freude und Motivationssteuerung

Verwenden Sie diese Geste, um Großgruppen zum Jubeln anzukurbeln oder den Begeisterungssturm auszudehnen. Wenn eine Gruppe jubelt, dann drehen Sie Ihr Lasso mit einem Jubelgesang hoch über Ihren Kopf oder fordern Sie damit zum Jubel auf.

Bodytalk 15: Das darf nicht wahr sein

Zweck: Fassungslosigkeit zeigen und damit irritieren
Halten Sie mit Ihren beiden Händen den Kopf fest und verdecken Sie Ihre Augen. Sie wollen doch so viel Inkompetenz nicht sehen. Diesen Anblick können und wollen Sie nicht ertragen und das zeigen Sie damit sehr deutlich.

Bodytalk 16: Verschränken Sie die Arme vor der Brust

Zweck: Ablehnung zeigen, Provokation
Das Verschränken der Arme vor der Brust ist wohl eine der vielfach diskutierten Gesten. Im Normalfall hat sie einen weiten Interpretationsspielraum. Wir blocken jemanden nicht automatisch ab, wenn wir unsere Arme verschränken. Da wir Menschen immer in Situation und Kontext als Gesamtes beobachten und betrachten müssen, um ein gutes Bild zu bekommen, bedarf es hier schon mehr Anzeichen des Abblockens als das lediglich Arme-vor-der-Brust-Verschränken. Menschen sitzen so da und zeigen einfach nur an, dass sie zwar defensiv sind und dennoch aufmerksam hinhören, sie haben es als bequeme Sitzhaltung gewählt und sind nur bei sich, oder es ist einfach ein bisschen kühl. Natürlich sind auch Nähe und Distanz Einflussfaktoren, ebenso wie Stimme und Sprache.

Wenn Sie nun jemanden verunsichern wollen, Ihrer Position Macht verleihen wollen, Distanz zeigen wollen oder Ablehnung, dann verwenden Sie diese Pose für Ihr Vorhaben. Wenn Sie dabei den Kopf ganz gerade halten und Ihr Gegenüber ernst anschauen, fühlt sich die Person von Ihnen möglicherweise eingeschüchtert. Wenn das der Zweck Ihrer, dieser Übung sein soll, na dann, bitte! Sie können diese

Körpersprache verstehen und nutzen!

Haltung bzw. Gestik auch mit Arroganz und Geringschätzung spicken, indem Sie den Kopf heben, von oben nach unten auf jemanden herabblicken und einen Mundwinkel hochziehen oder einpressen.

Wenn Sie den Kopf schräg legen, können Sie die Situation wieder ein bisschen freundlicher gestalten! Verändern Sie die Haltung, sobald der gewünschte Effekt eingetreten ist.

Bodytalk 17: Raum einnehmen

Zweck: Macht und Größe demonstrieren

Wenn Sie vor einem Tisch oder hinter einem Pult stehen, breiten Sie Ihre Hände weit aus. Entweder in der Luft oder legen Sie sie auf einem Pult oder auf einem Tisch ab. Bei einem Pult greifen Sie weit und breit seitlich nach vor. Auf einem Tisch stützen Sie sich mit breiten Armen ab, um so Ihren Aussagen Raum und noch mehr Macht zu verleihen! Romina nimmt im linken Bild schon »dezent« Raum ein. Man könnte das noch deutlicher ausführen. Martin breitet

seine Arme über Kinnhöhe sehr weit aus. Er nimmt sich dadurch viel Raum. Viele Priester verwenden diese Gestik, wenn sie von der Kanzel zu den Schäfchen hinabsprechen. Auch Gurus greifen darauf zurück. Es gibt viele Möglichkeiten, in Business und Politik, wo einem diese Geste eine machtvolle Wirkung verleihen kann. Genauso schnell, wie Sie machtvoll wirken, kann Sie aber ein kleines Detail sofort wieder entmachten oder blamieren, wie Sie beim Foto von Martin sehen können. Dennoch! Ein paar verhohlene oder laute Lacher sind Ihnen garantiert. Der Hemdzipfel wirkt – wie auch immer.

Bodytalk 18: Der Boss oder der Macho
Zweck: Machtpose
So sitzt der Boss. Verschränken Sie die Arme hinter dem Kopf und lehnen Sie sich im Sessel zurück. Schieben Sie am Boden Ihre Beine nach vor und strecken Sie sie aus. Sie können die Füße auch übereinanderschlagen oder auf dem Tisch ablegen. Das hat einen hohen Wirkungsgrad, welcher zwar machtvoll und lässig wirken kann, den man Ihnen aber auch negativ auslegen kann. Unter Männern scheint das Kreuzen der Arme hinter dem Nacken durchaus üblich und positiv bewertet zu sein. Auf viele Frauen wirkt es unangenehm bis hin zu ab-

stoßend. Manch Frau sprach von ihrem Chef, der diese Pose in einem Meeting einnahm, schon von Macho, Flegel, ungehobeltem Klotz, Rüpel und, am stilvollsten formuliert, »arrogantem Hinterteil«.

Bodytalk 19: Der Leader

Zweck: zeigen, dass man »führend« ist
Entspannt und den Brustbereich komplett unverdeckt sitzt er da, oftmals sind dabei auch die Schultern nach hinten gezogen. Er zeigt seine ganze Lässigkeit und Dominanz. Angstfrei und locker präsentiert er sich. Seine Ellbogen zeigen nach hinten. Sind möglicherweise auch »abgelegt«!

Vielleicht gestikuliert er mit einer Hand. Er hat die »Eindeutig alles im Blick und im Griff«-Wirkung.

Bodytalk 20: Die Superpose der Superwoman

Zweck: Macht und Selbstbewusstsein demonstrieren

Variante 1: Legen Sie eine Hand abgewinkelt an der Hüfte ab und gestikulieren Sie mit der anderen! Stehen Sie etwas breiter.

Variante 2.: Legen Sie eine Hand abgewinkelt an der Hüfte ab und lassen Sie die andere Hand entspannt runterhängen.

Variante 3: Legen Sie beide Hände in die Hüften und stehen Sie etwas breiter.

Variante 4: Verschränken Sie die Arme vor der Brust, nehmen Sie breiten Stand ein und vermitteln Sie so den Bodyguard.

Bodytalk 21: Big Moves

Zweck: auf sich aufmerksam machen und andere mitreißen
Große Bewegungen wirken auf unsere Gesprächspartner wesentlich interessanter als zu kleine Bewegungen. Beeindrucken und beeinflussen Sie mit großen Bewegungen. Lassen Sie Ihren Körper eine sichere, selbstsichere, deutliche und dynamische Sprache sprechen. Ihre Gestik sollte dabei immer über der Gürtellinie sein, um eine positive Wirkung zu entfalten. Damit beeinflussen Sie und Sie reißen die Menschen mit. Bewegen Sie sich sicher und groß. Lassen Sie bestimmte Gesten und Bewegungen »eine kurze Weile wirken«, bevor Sie sie verändern oder auflösen. Martin erzählt eine Geschichte, mit der er beeindrucken will. Mit deutlicher wirkungsvoller Mimik hebt er ein bestimmtes Detail der Geschichte hervor und unterstreicht es mit dieser großen Bewegung, die er eine Weile hält, bevor er seine Körpersprache verändert. Er steht breiter da, und seine Füße drehen nach außen.

Bodytalk 22: Augenbrauen machen Eindruck

Zweck: Interesse und Emotionen zeigen
Leider lassen und ließen sich viele junge Männer und auch viele Frauen allen Alters ihre Augenbrauen zu schmalen Bögen bzw. Strichen zupfen, rasieren und dann tätowieren. Nun geht der Trend endlich wieder zu normalen, etwas breiteren Brauen zurück. Dank Methoden wie z.B. Diamant Blading, mit der man mit einem echten, speziell für

Permanent-Make-up geschliffenen Diamanten feine Brauenhärchen bladet, sind viele Augenbrauenunfälle korrigierbar, und die Menschen bekommen wieder einen natürlichen Ausdruck ins Gesicht.

Kein Mensch, der einen starken Ausdruck in seinem Gesicht möchte, sollte sich die Augenbrauen ausdünnen lassen. In Form zupfen, ja natürlich!

Nutzen Sie also die Wirkung Ihrer Augenbraue, um sie anzuheben und somit Interesse zu zeigen. Heben Sie nur eine Augenbraue, um, gepaart mit einem gezielten Blick, Ihre Skepsis, Ihr Misstrauen oder Ihre Ungläubigkeit anzuzeigen. Heben Sie eine Augenbraue und lächeln Sie flirty oder heben Sie eine Augenbraue und ziehen Sie lächelnd nur einen Mundwinkel zu einem Dirty Smile hoch. Natürlich können Sie dieser Mimik mehr oder weniger Ausdruck verleihen und sie auch subtil einsetzen.

Ziehen Sie die Augenbrauen in der Glabella (Bereich zwischen den beiden Augenbrauen) zusammen und drücken Sie diese nach unten. Damit zeigen Sie Konzentration oder Unmut und Ärger. Die genauen mimischen Bewegungen für Ärger finden Sie bei den sieben Grundemotionen.

Ziehen Sie die Innenaugenbrauenspitzen triangelförmig nach oben, können Sie jemanden dahingehend manipulieren, dass Sie ihm anzeigen, dass Sie das »ärmste Schwein auf Gottes Erden« sind und beispielsweise bevorzugte Behandlung oder eine Sondervereinbarung verdient haben.

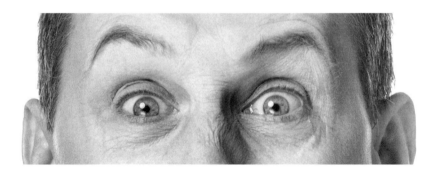

Bodytalk 23: Die gekonnte Begrüßung auf Augenhöhe

Zweck: Selbstbewusstsein transportieren

Bei einer Begrüßung auf Augenhöhe stehen Sie der Zielperson oder dem Gesprächspartner gegenüber. Ihre Beine stehen nebeneinander, und Ihre Fußspitzen zeigen zum Gegenüber. Sie sind komplett zugewandt, so, als würde es nur diese Person und Sie geben. Sie lassen eine Armlänge Abstand, geben die Hand so, dass sich die Handflächen berühren und die Daumen übereinanderliegen, sehen der Person freundlich in die Augen und sprechen Ihren der Situation angepassten Gruß aus. Normal genügt ein angenehm fester Händedruck. Schütteln Sie bitte nicht mehr als zwei- bis dreimal.

Martin und Michaela zeigen hier eine zugewandte, sehr ernste und formelle Begrüßung. Wobei Michaelas Arm weiter von ihrem Körper in Richtung Martin geht als Martins Arm. Martins Arm liegt auch eng am Körper an. Michaelas Kopf ist aufrechter, ihr Kopf und ihr Blick sind gerade auf Martin gerichtet. Martin senkt seinen Kopf und somit seinen Blick etwas. Rein von der Körpersprache wirkt Michaela mächtiger, dennoch ist die Wirkung von Martins Anzug entgegen der sportlichen Bekleidung Michaelas nicht zu unterschätzen.

Bodytalk 24: Machtvolle Begrüßungsrituale

Zweck: beeindrucken und Macht demonstrieren

1. *Das Sandwich der Macht:* Sie führen zuerst das Begrüßungsritual (Punkt 23) aus. Über die sich schüttelnden oder beim Gruß gehaltenen Hände legen Sie Ihre Hand noch obenauf. So, als würde Ihre Hand der obere Deckel des Sandwiches sein. Damit zeigen Sie, dass Sie die Situation im wahrsten Sinne des Wortes

im Griff haben! Falls Ihr Gegenüber mit einem weiteren Deckel obenauf reagiert, dann haben Sie Pech. Wenn aber zum Beispiel Ihre Hand den ersten Deckel bekommt, können Sie Ihre freie Hand nutzen und diese auf den Unterarm, Oberarm oder auf die Schulter legen. Diese Geste ist sehr mächtig und dominant bzw. mindestens besitzergreifend.

Rechts sehen Sie ein dramatisches Machtgerangel. Die Abfolge: Deckel 1 und Deckel 2, danach eine Hand auf die Schulter und ein Schritt von Michaela nach vor, und Martin weicht zurück.

Hier ist es natürlich ein bisschen überzogen dargestellt. Wenn Sie aber aufmerksam Nachrichtensendungen schauen oder politische Auftritte im Fernsehen beobachten, werden Sie immer wieder solche oder ähnliche Szenen sehen.

2. *Der Schulterklopfer:* Schulterklopfen ist meist eine sehr väterliche Geste, also ebenso eine autoritäre Geste. Natürlich starten Sie wieder mit dem Begrüßungsritual wie in Punkt 23 beschrieben und beginnen dann, die Schulter Ihres Gegenübers zu klopfen. Auch wenn es freundschaftlich gemeint ist, wirkt es sehr dominant.

3. *Der Runterdreher:* Geben Sie so die Hand, dass Ihre Hand sich dem anderen schon in schräg gekippter Position nähert und dann seine Hand ergreift. Ist die Hand des Gegenübers nun hinuntergedreht genug, dann halten Sie die Position. Sind Sie der Meinung, dass Sie noch mehr Macht demonstrieren müssen, dann drehen Sie die Hand des Gegenübers noch weiter runter, so weit, dass der Pulsbereich der Handinnenseite sichtbar wird. Das komplette Ritual sollte aber zügig vollzogen werden. Wenn Sie Pech haben, dreht die andere Person Ihre Hand wieder retour zur Mitte, schaut Ihnen tief in die Augen und signalisiert: »Nicht mit mir!«

Körpersprache verstehen und nutzen!

4. *Der Heranzieher:* Sie starten wieder mit Begrüßungsritual Punkt 23 und ziehen dann die Person ein Stück zu sich heran. Ihr Gegenüber wird nun unfreiwillig von Ihnen in Ihre persönliche Zone hineingezogen. Dies löst die Distanz auf, ist eine Anmaßung höchsten Grades von Ihnen und wirkt dominant und besitzergreifend.

Bodytalk 25: Der selbstbewusste Gang

Zweck: sicher und charismatisch wirken

Machen Sie durch selbstbewussten Gang auf sich aufmerksam. Setzen Sie beim Gehen mit der Ferse auf und rollen Sie über die Zehen ab. Hacken Sie dabei nicht in den Boden, denn sonst wirken Sie nach übersteigertem Selbstbewusstsein. Gehen Sie dynamisch mit aufrechtem Körper und lassen Sie Ihre Arme mit-

schwingen! Richten Sie Ihren Blick nach vorne. Wie in zahlreichen Studien und Statistiken der öffentlichen Sicherheit belegt wurde, werden Menschen mit selbstbewusstem Gang und selbstbewusstem Verhalten kaum angegriffen, unsichere Menschen und Menschen in Opferhaltungen sind dagegen eine bevorzugte Zielgruppe.

Deutlich können Sie den Wirkungsunterschied zwischen Martin und Romina wahrnehmen. Ein souveräner, selbstsicherer Martin versus eine unsichere Romina, die am liebsten unterirdisch gehen würde (oberes Bild).

Martin ist Gast bei Michaela. Sie nimmt ihre Gastgeberrolle wahr. Sie führt ihn durch das Haus und zeigt ihm durch ihre Hand, die ihn am Rücken leicht führt, wo es langgeht, während sie mit dem souveränen Martin plaudert. (Siehe Bild links unten.)

Bodytalk 26: Mehr als 50 Prozent

Zweck: Raum beanspruchen, der einem nicht zusteht
Sie betreten das Lokal, den Meetingraum oder ein anderes Büro. Dort wartet schon Ihre Zielperson auf Sie. Sie ziehen Ihre Jacke aus und werfen sie über einen freien Stuhl. Sie nehmen Ihr Notizbuch, Ihr Handy, Ihren Schlüssel und werfen alles »sachte« auf den Tisch.

Sie tun das so, dass der eine oder andere Gegenstand über die 50-Prozent-Hälfte des Tisches ragt. Sie nehmen dadurch dem anderen Raum. Breiten Sie sich richtig aus. Unterstützen Sie das noch, indem Sie seitlich rechts und links am Tisch nach vorne greifen und diesen groß und breit an der Tischkante halten oder Ihre Hände am Tisch ausladend ablegen.

Sich Raum nehmen bzw. der Zielperson den Raum nehmen,

Körpersprache verstehen und nutzen!

können Sie natürlich auch über Körpersprache. Martin beugt sich nach vor, streckt seinen Zeigefinger in Rominas persönlichen Raum.

Die Folge davon sehen Sie am Bild sofort. Romina lässt sich dadurch einschüchtern. Sie sackt zusammen und ihre Arme verschließen sich vor ihrem Bauch. Martin hat sie zwar damit »beeindruckt«, doch in so einer Haltung wird man bei einem Bewerbungsgespräch keinen entspannten und erzählfreudigen Bewerber vor sich haben. Möchte ich ein kooperatives Augenhöhegespräch, ist so eine Vorgangsweise tunlichst zu vermeiden.

Bodytalk 27: Die Konditionierung

Zweck: manches funktioniert, ohne dass Sie etwas sagen müssen

Verwenden Sie immer wieder dieselben Zeichen, um über Körpersprache zu führen. Wichtig ist, dass Sie anfangs diese Zeichen wiederholen und strikt bei den Zeichen oder dem, was Sie damit bezwecken wollen, bleiben. Sie können somit etwas anzeigen, etwas unterbrechen, auf irgendetwas hinweisen, ohne dass ein Wort von Ihnen gesprochen werden muss. Das funktioniert dann, wenn Sie gut konditioniert haben. Verwenden Sie kulturbekannte Embleme. Embleme sind eindeutige erkennbare Zeichen, wie Daumen hoch, Daumen runter oder jemandem den Vogel zeigen. Dabei ist wichtig, dass alle Personen diese Zeichen kennen oder einordnen können.

Bodytalk 28: Stopp

Zweck: Diskussion anhalten

Heben Sie beide Hände mit den Handflächen zum Publikum oder zur Zielperson vor Ihrem Oberkörper. In der Konditionierungsphase sprechen Sie zu diesem Emblem auch das entsprechende Wort. Da diese Zeichen ja bekannt sind, reicht es meistens, ein- bis dreimal maximal das Wort zur Gestik dazuzusagen. Wenn Sie gut konditioniert haben, brauchen Sie, wenn Sie die Kommunikation unterbrechen wollen, nur mehr diese Gestik ohne Wort durchzuführen.

Bodytalk 29: Warten Sie!

Zweck: eine Person bremsen

Wenn Sie als Moderator oder Gesprächsführender einem Gesprächspartner in der Diskussion noch nicht das Wort geben wollen, verwenden Sie diese Gestik. Sie sprechen mit Person 1 und bemerken, dass Person 2 in einer mehrköpfigen Diskussionsrunde schon unterbrechen möchte. Sie sehen die Person an, lächeln kurz, zeigen durch ein kurzes Nicken an »gleich«, strecken gleichzeitig Ihren Arm in ihre Richtung aus und heben eine Hand, sodass die Handfläche ein »Stopp« zeigt. Die andere Hand ist flach auf den Sprechenden gerichtet, damit dieser weiß, dass er sein Wort behalten darf.

Bodytalk 30: Time out

Zweck: bremsen, wenn es aus den Fugen gerät
Variante 1: Unterbrechen Sie mit dem Time-out-Zeichen, wenn eine Diskussion auszuarten droht, wenn jemand den Pfad der sachlichen Diskussion verlässt und unsachlich wird.

Variante 2: Setzen Sie es provokativ ein, um jemanden zu unterbrechen oder jemandem das Wort zu nehmen!

Bodytalk 31: Leiser, lauter oder mehr davon

Zweck: Steuern der Lautstärke
Strecken Sie beide Hände vor den Körper mit den Handflächen nach unten. Dann heben und senken Sie die Arme langsam. Damit zeigen Sie, dass Sie eine reduzierte Lautstärke wünschen.

Halten Sie eine Hand ans Ohr, um so deutlich zu machen, dass die Person lauter sprechen soll.

Sprechen Sie vor Publikum, welches gerade Beifall für jemanden oder für Sie klatscht, so zeigen Sie durch wiederholtes Heben Ihrer ausgestreckten Arme, dass Sie mehr davon wollen. Die Handflächen zeigen nach oben.

Bodytalk 32: Sitzen wie Wladimir Putin

Zweck: machtvoll, dominant, kontrolliert und respektlos
Martin demonstriert hier Putins Lieblingssitzhaltung. Beginnen wir diesmal mit den Beinen. Putin sitzt sehr bereitbeinig und hat die Beine meist sehr fest am Boden. Das nimmt Tempo raus, gibt aber Raum- und Dominanzwirkung. Beine, die so weit offen sind, werden auch in unseren Breiten als respektlos wahrgenommen. Abgesehen von Herrn Putin, dem ich das nicht unter-

stelle, hat man vielen Männern scheinbar in der Erziehung nicht gesagt, dass man so nicht dasitzt. Mir als Frau wurde das schon im zarten Mädchenalter eingetrichtert. Breitbeinig sitzen wird in verhaltensanleitenden Lektüren ebenso negativ beschrieben, doch bleibt diese Verhaltensweise anscheinend bestehen und wird im politischen oder wirtschaftlichen Zirkus nicht nur unbewusst, sondern auch sehr bewusst eingesetzt.

Wladimir Putin sitzt so in den edelsten Ledersesseln bei den ebenso Mächtigen der Welt. Breitbeinig Sitzende verharren meist während des gesamten Gesprächs so und ändern ihre Haltung kaum. Die innere nicht und die äußere auch nicht. Diese Haltung wirkt und ist natürlich nicht flexibel und handlungsalternativ.

Putin vergrößert mit dieser Haltung nicht nur den Raum, sondern auch die Silhouette seines Körpers, gleichzeitig konfrontiert er natürlich das Gegenüber mit seiner Geschlechtlichkeit.

Putin ist zwar ein sehr mächtiger Mann, aber nicht sehr groß. Man munkelt, so um die ein Meter siebzig. Wandern wir nun von unten nach oben. Was ist das? Über dem Eingang zum Inneren der Hose liegt ein Pfeil – oft in roter Signalfarbe. Die Krawatte. Auch diese scheint sehr bewusst immer in Überlänge gebunden zu sein, um so die Geschlechtlichkeit scheinbar noch wie mit einem Textmarker zu markieren. Er vergrößert auch seinen Oberkörper, indem er ihn breit macht, seine Arme recht breit auf die Armlehnen des Stuhls legt. Manchmal ballt er seine Hände zu Fäusten und lässt die Fäuste auf seinen Oberschenkeln liegen – weitere Richtungspfeile, die den Blick auf die gesamte Männlichkeit lenken. Sein Kopf ist meistens gerade. Auch ein Ausdruck von Macht. Ein machtvoller Mensch wird in wichtigen Situationen seinen Kopf gerade halten und bloß nicht in »schräg gelegte Lieblichkeit« verfallen. Er lächelt sehr wenig, und richtig lachen habe ich ihn noch nie gesehen.

Er provoziert aus meiner Sicht die Welt mit dieser Sitzhaltung, welche schon in einfachen Kneipen und Wirtshäusern sehr billig und gewöhnlich wirkt. Er aber stilisiert sie für sich in die Machtpolitik hinauf. Ja, ich unterstelle ihm das. Er nimmt diese Haltung bewusst ein.

Die ganze Körperhaltung wirkt auf mich sehr »laut«, aufdringlich und respektlos. Vor Kurzem sah ich im Fernsehen eine der seltenen Reden Putins in stehender Version. Da wirkte er vollkommen anders. Er stieg von einem Bein auf das andere wie ein Bär, wirkte wie ein Boxer, der einem Schlag auswich, kickte manchmal mit den Beinen in die Richtung, aus der eine unangenehme oder aus seiner Sicht unangemessene Frage herkam. Mächtig wie im Sitzen wirkte das keinesfalls. Ich mache mir dazu meine Gedanken!

Bodytalk 33: Mr. Souverän!
Zweck: Macht- und Hierarchiebewusstsein zeigen
Lehrlingen bringt man bei, bloß nicht die Hände in den Jeanstaschen verschwinden zu lassen. Denn das ist respektlos. Bei den Anzugträgern scheint es gegenwärtig mehr und mehr Einzug ins Business zu halten, um Souveränität und Macht zu zeigen.

Wenn jemand bei einer Begrüßung eine Hand in der Hosentasche hat und die andere zur Begrüßung ausstreckt, würde ich es so interpretieren, dass ich es nicht wert bin, dass man die Hand aus der Hosentasche nimmt. Also! Das ist für mich in diesem Kontext ein absolutes No-Go. Deshalb eignet es sich ja wieder ausgezeichnet für eine manipulative Demonstration der Macht und Hierarchie.

Talk! – Die Macht der Sprache

Ein Koffer voller sprachlicher Möglichkeiten ...

Nicht nur durch Körpersprache, auch durch die verbale Sprache können Sie Menschen überzeugen, beeinflussen, beeindrucken, steuern und manipulieren. Um es hier nochmals zu erwähnen! Wenn Sie glauben, Sie manipulieren nicht über Sprache, unterliegen Sie einer maßgeblichen Täuschung Ihrer selbst. Denn Sprache beeinflusst, manipuliert oder steuert immer. Sie wollten in einem Gespräch ein Ziel erreichen? Sie haben rhetorisch alles dafür getan, was Sie konnten, was Ihnen in diesem Moment einfiel, um Ihr Ziel zu erreichen? Na, sehen Sie! Jede rhetorische Möglichkeit, die Sie nutzen, kann funktionieren, sie muss es aber nicht. Das ist bei allen Methoden, die ich bisher beschrieben habe, so. Davon ist die rhetorische Manipulation nicht ausgeschlossen.

Mit der rhetorischen Manipulation setzen Sie z.B. die »Kunst des Produzierens von Assoziationen« ein. Sie schaffen bildhafte Verbindungen, transferieren Fakten in nachvollziehbare, erlebbare, bildhafte Situationen, produzieren Emotionen durch Bilder und Filme, die Sie in den Köpfen von Menschen laufen lassen. Nicht nur das! Sie deuten um und legen anders aus! Sie formulieren in positive und gehirnfreundliche Wörter um. Sie nutzen das typische Verhalten, die typische Denk- und Verarbeitungsweise Ihrer Zielpersonen.

Die emotionalen Reaktionen Ihrer Zielpersonen sind produzierbar und oft prognostizierbar. Die Sprachbeeinflussung oder, brutaler ausgedrückt, die sprachliche Manipulation ist seit eh und je beim Militär, aber auch in der Politik ein wesentlicher sprachlicher Bestandteil.

Der rhetorische Methodenkoffer geht auf …

Talk 1: Absichtliches Missverstehen

Ihre Zielperson trifft eine Aussage. Sie erkennen, dass diese sich dafür eignet, missverstanden zu werden. Nun formulieren Sie mit aller Selbstsicherheit und allem verfügbaren Selbstverständnis die Aussage so um, wie Sie sie brauchen und sie für Sie von Nutzen ist. Wenn Sie das geschickt machen, überrumpeln Sie meist.

Eine Handlungsmöglichkeit der Zielperson:

Ergreifen Sie sofort das Wort und stellen Sie die Aussage richtig!

Talk 2: Keine Antwort geben

In heißen Diskussionen, wie zum Beispiel politischen, wird gerne mit dieser Methode gearbeitet. Der politische Gegner oder die Moderatorin fragen den Politiker etwas, und dieser antwortet auf die Frage inhaltlich gar nicht, sondern platziert sofort eine Gegenfrage oder eine attackierende Aussage.

Eine Handlungsmöglichkeit der Zielperson:

Bleiben Sie dran und wiederholen Sie Ihre Frage mit Nachdruck. Sagen Sie ganz klar: »Beantworten Sie bitte meine Frage!«

Talk 3: Vernichten durch Angriff

Diese Methode dient dazu, den anderen komplett auszuhebeln. Die Zielperson wird angegriffen. Die Vertrauenswürdigkeit der Zielperson soll in Zweifel gestellt werden.

Die Marketingleiterin diskutiert mit dem Verkaufsleiter vor den beiden Geschäftsführern über eine neue Marketingstrategie. Dieser artikuliert, dass er mit dem Projekt so nicht einverstanden ist. Die Marketingleiterin geht sofort auf taktischen Angriff: »Es wundert mich nicht, dass Sie so vehement gegen meine Strategie sind. Da steckt ja Ihre Angst dahinter, dass Sie dadurch ein bisschen weniger profitieren könnten ...«

Eine Handlungsmöglichkeit der Zielperson:

Hinterfragen Sie sofort: »Was meinen Sie genau? Wovon konkret soll ich profitieren? Woraus schließen Sie, dass ich mich fürchte?« Oder: »Was müsste passieren, damit Sie sachlich argumentieren?«

Talk 4: Time out – die Sabotage

Warten Sie auf einen Anlass, und wenn er noch so klein ist. Verwenden Sie diesen Anlass, um ein sofortiges Unterbrechen oder Abbrechen des Gespräches zu erwirken. Verwenden Sie dazu Beschuldigungen, zeigen Sie sich als missverstanden, machen Sie sich zum Opfer dieses Bösewichtes.

Katharina hatte ein Problem mit Beate. Beate war erst seit drei Monaten als gleichgestellte Kollegin in ihrer Abteilung. Und es war für Katharina nicht einfach, mit Beate auszukommen.

Sie erlebte Beate als intrigant, angriffslustig und unehrlich. Sie hörte, dass Beate hinter ihrem Rücken schlecht sprach. Katharina ist eine sehr ruhige Person und rhetorisch nicht so gewandt. Sie nahm all ihren Mut zusammen und bat Beate um ein Gespräch. Katharina sprach das Thema an und formulierte etwas plump und ungeschickt. Beate griff es sofort auf und unterbrach lauthals das Gespräch: »Du greifst mich ja schon wieder an! Es reicht mir jetzt! Immer greifst du mich an! Jedes Mal bin ich die Blöde. Unter solchen Voraussetzungen diskutiere ich nicht weiter. Nein, ich rede nicht mehr mit dir.« Sie stand auf und ging! Eine irritierte und geschlagene Katharina blieb zurück.

Eine Handlungsmöglichkeit der Zielperson:

Lassen Sie so eine Vorgangsweise nicht zu. In so einem Fall ist es gut, immer eine neutrale Person dabeizuhaben. Wenn Sie diese nicht haben, probieren Sie wie folgt vorzugehen:

»Ich bin etwas verwundert über die Art und Weise, wie du vorgehst. Dein Verhalten hat auf mich die Auswirkung, dass ich keinen Weg sehe, hier ein Gespräch zu führen, aus dem eine gute Lösung oder Klärung zustande kommt. Deshalb schlage ich dir vor, dass wir sachlich eine Lösung suchen!

Ich hoffe, wir schaffen das jetzt allein und müssen niemanden zu einem weiteren Gespräch zuziehen.« (Damit greifen Sie nicht an, geben aber die subtile und natürlich auch manipulative Botschaft mit, dass Sie eine neutrale Person involvieren werden.)

Sollte das nicht funktionieren, brechen Sie das Gespräch ab und holen Sie sich für einen neuen Termin Unterstützung. Diese Person kann dann mit Ihnen und der anderen Person Gesprächsregeln vereinbaren und somit eine moderierende Funktion übernehmen!

Talk 5: Das Spiel mit den Autoritäten

Wenn Sie zum Beispiel eine Gruppe von Menschen von einer Idee überzeugen wollen, arbeiten Sie mit »Experten«. Es reicht, diese Experten nur anzudeuten, sie einfach nur einfließen zu lassen. Dafür müssen Sie gar keine Namen nennen. Suggerieren Sie Beweisbarkeit durch Experten, Autoritäten und Statistiken! Unterstreichen Sie die Beweiskraft Ihrer Aussage damit, dass Sie ein beschriebenes Blatt Papier kurz hochheben oder mit dem Finger drauftippen, sodass damit assoziiert wird, dass diese Zahlen, Daten und Fakten auf diesem Zettel stehen. Damit verstärken Sie Ihre Position.

Eine Handlungsmöglichkeit der Zielperson:

Fragen Sie nach dem Namen des oder der Experten. Lassen Sie sich die Unterlagen zeigen. Bitten Sie um eine Erklärung der Expertise und wo man diese nachlesen kann!

Talk 6: Einschüchtern mit Negativem

Diese Methode ist sehr wirkungsvoll, da sie den anderen meist sehr schnell mundtot macht. Die Aussage des Gegners wird aufgegriffen und extrem negativ argumentiert. Dazu müssen Ihnen natürlich die Argumente einfallen.

Martin will seinen Kollegen von einer neuen HR-Strategie überzeugen und stellt ihm diese »coram publico« vor. Der Kollege hat vorab schon von dieser Idee Wind bekommen, will sie keinesfalls umsetzen, da sie mehr den Mitarbeitern nutzen würde als ihm, und beginnt nun mit der Vernichtung.
»Sie haben wohl kaum darüber nachgedacht, welche drastischen Konsequenzen das für uns haben würde. Damit schaffen wir

keine nachhaltige Personalstrategie. Wie sollen wir das denn abfangen, wenn das überhandnimmt? Experten haben dazu auch ihre Meinung, und die ist definitiv gar nicht gut. Dieses Risiko wollen Sie mir umhängen? Damit würden Sie den HR-Karren an die Wand fahren! Na, gratuliere ...«

Eine Handlungsmöglichkeit der Zielperson:

Sprechen Sie in diesem Fall die Taktik an. »Ich habe den Eindruck, dass Sie grundsätzlich dagegen sind. Ich habe mir diese Strategie genauestens überlegt! Meine Argumente sind überprüft und haltbar. Wenn meine Idee für Sie nicht kompatibel ist, so akzeptiere ich das natürlich. Bitte erklären Sie mir Ihre Argumentation, damit ich nachvollziehen kann, was Sie genau meinen. Vielleicht finden wir ja doch noch einen gangbaren Weg.«

Talk 7: Die prophylaktische Giftspritze

Die Technik wird eingesetzt, wenn man jemanden schon aus dem Geschehen katapultieren möchte, bevor der nur einen Pieps gemacht hat.

Romina, die dominante Salesleiterin, geht grundsätzlich mit der Methode »Kaum wächst dem Champignon der Kopf aus dem Boden, mähe ich ihn ab«-Methode vor. Sie ist top im Job, setzt sich ständig durch, ist nicht beliebt bei ihren Mitarbeitern, aber dafür ganz oben. Denn ihre Umsätze sprechen Bände. Sie hat vom Widerstand ihrer Mitarbeiter gegen die neuen Zielsetzungen gehört und geht geplant und prophylaktisch vor. »Kein Mensch, der etwas im Hirn hat, wird meine Salesstrategie und die Zielsetzungen anzweifeln. Wir sind und werden die

Spitzenreiter in diesem Unternehmen sein. Wer Einwände hat, ist hier anscheinend auf dem falschen Platz und ist nicht für die Firma, sondern dagegen.«

Eine Handlungsmöglichkeit der Zielperson:

Wenige trauen sich nach so einer Ansage, den Mund aufzumachen. Denn viele Menschen leben mehr nach dem »Harmonie vor Klarheit«-Prinzip, anstatt Klarheit vor Harmonie zu stellen. Also, mutig sein und sich nicht einschüchtern lassen. Sprechen Sie an, dass Sie die Art und Weise, wie hier mit Ihnen geredet wird, absolut unfair und wenig wertschätzend finden. Das dürfen Sie. Denn niemand darf so mit Ihnen sprechen.

Fragen Sie: »Weshalb hat man kein Gehirn, wenn man ein Argument möchte, um etwas zu verstehen?«

Oder: »Mir fehlt die Begründung, warum jemand kein Hirn hat, wenn er etwas hinterfragen möchte oder einen Einwand vorzubringen hat?«

Oder: »Ich empfinde Ihre Aussage als Angriff und bitte Sie daher um die Argumente, die für diese Zielsetzung sprechen.«

Talk 8: Versicherungs- und Garantietechnik

Unterstreichen Sie die Richtigkeit Ihrer Aussagen. Damit unterstützen Sie Ihre Aussagen. Auf manche Wörter reagieren menschliche Gehirne besonders positiv. Wie zum Beispiel: glauben, garantiert, versichern, sicherlich, gewiss, 100%ig. Damit soll für die Richtigkeit dieser Aussage gebürgt werden. Verwenden Sie die Technik dort, wo Menschen unsicher sein könnten, ob Ihre Aussage stimmt, oder verwenden Sie sie in Gesprächen mit Vorgesetzten oder Kunden. Denn dass Sie das garantiert machen werden, gefällt dem Vorgesetzten genauso wie dem Kunden!

»Ich versichere Ihnen …«, »Zweifelsfrei werden wir das erreichen …«, »Ich garantiere Ihnen, dass …«, »Ich stehe 100%ig dahinter …«.

Eine Handlungsmöglichkeit der Zielperson:

Überzeugen Sie sich und überprüfen Sie, dass solche Aussagen wie »Ich garantiere«, »Ich versichere« …« ihre Richtigkeit haben und die Person, die sie tätigt, diese Garantien wirklich geben kann.

Talk 9: Killerphrasen – altbekannt und immer wirksam

Unter Killerphrasen versteht man Scheinargumente, irgendwelche Behauptungen, die keine Hand und keinen Fuß haben, Vorurteile und Aussagen ohne Begründung. Killerphrasen schlagen die Zielpersonen oft verbal komplett tot.

Sie werden meist dann verwendet, wenn sachliche Argumentationen fehlen. Der Manipulator versucht, durch Dominanzverhalten zu touchieren, wobei die Sachlichkeit vollkommen fehlt. Mit Killerphrasen will man den anderen, wie die Bezeichnung sagt, killen. Die Idee der anderen Person wird als nicht tragfähig dargestellt.

Typische Killerphrasen sind zum Beispiel: »Das haben wir immer schon so gemacht – und aus«, »Sie haben wohl die Klugheit mit dem Löffel gefressen«, »Das haben schon kompetentere Leute als Sie versucht …«.

Eine Handlungsmöglichkeit der Zielperson:

Arbeiten Sie mit offenen Fragen: »Was brauchen Sie, um die neue Idee anzudenken?«, »Wie kommen Sie darauf, dass das so ist?«, »Weshalb denken Sie, ich hätte die Klugheit mit dem Löffel gefressen?«.

Sollte der Manipulator nur eine Scheinantwort geben, lassen Sie nicht locker, bis er präzisiert oder aufgibt. Sie sollten dem Manipulator Grenzen aufzeigen.

Talk 10: Wortreframings – Wörtern eine gehirnfreundliche Bedeutung geben

Grundsätzlich spricht nichts gegen Reframing. Es ist eine sehr wirksame Methode, um ein tragbares, vielleicht angenehmeres Bild von einer Situation oder einem Thema zu bekommen. Reframing hilft, Situationen leichter zu bewältigen, mehr Motivation zu gewinnen. Man gibt einem Wort oder einem Satz eine andere Bedeutung. Diese neue Bedeutung eröffnet Menschen die Möglichkeit, Situationen leichter zu bewältigen!

Ich kenne das Reframing als eine Methode des NLP (Neurolinguistisches Programmieren) und der systemischen Familientherapie. Die Begründung dieser Methode schreiben sich einige Personen zu. Ich kann hierzu nur diese nennen, die mir aus der Literatur am meisten bekannt sind, wie z.B. Virginia Satir, Milton H. Erickson und Gregory Bateson.

Menschen interpretieren Ereignisse und Situationen in ihrer Form. Diese Form muss aber nicht unbedingt positive Wirkungsweisen aufzeigen. Der Klassiker, »Ein Glas kann halb leer, aber auch halb voll sein«, ist wohl eines der bekanntesten Beispiele für Reframing. Je nachdem, ob die Denke defizitorientiert oder ressourcenorientiert ist. Im Prinzip ist es das Gleiche, ob ein Glas halb leer oder halb voll ist. Das ändert an der Menge nichts, dennoch: Die Interpretation kann einen enormen Unterschied bewirken. Durch das Umdeuten kann man eine weniger angenehme Situation in einen sinngebenden oder positiven Rahmen stellen.

Wenn es eine gute Sache ist, warum beschreibe ich diese Methode in Bezug auf Manipulation? Ganz einfach, weil Sie darauf achten sollen, ob es sich um ein Reframing handelt, das für Sie einen Sinn und Nutzen hat, oder ob es um Schönfärberei geht, die dem anderen nutzt und Ihnen schadet.

Eine Handlungsmöglichkeit der Zielperson:

Achten Sie auf Wörter und Formulierungen. Grundsätzlich sind Reframings eine gute Sache. Wenn negative Fakten in ein Reframingdesign verpackt wurden, sagen Sie Stopp. Erklären Sie, dass es sich hier um Fakten handelt, die sich durch eine schöne Verpackung nicht verändern. Stellen Sie so etwas immer klar.

Talk 11: Die Opfer- und Schuldstrategie

Diese Strategie wird gerne im Politikgehäcksel verwendet, besonders fiel sie mir bei den populistischen Politikern auf, die sie anwenden, um sich selbst als das Opfer und die anderen als die Täter darzustellen. Diese Manipulationsmöglichkeit holt sich natürlich viele Stimmen von jenen ab, die sich gerne als Opfer von anderen Menschen oder Systemen sehen.

Die Opferstrategie

Zwei Personen kämpfen um eine wichtige Position. Typische Aussagen: »Wir werden immer als hetzerisch dargestellt!«, »Immer gehen alle auf uns los!«, »Ständig diffamiert man uns!«.

Eine Handlungsmöglichkeit der Zielperson:

Fallen Sie auf die Opferstrategie nicht herein und weisen Sie sie rigoros zurück. Lassen Sie sich nicht zum Täter stempeln, wenn Sie keiner sind.

Opfer brauchen ihre Täter und suchen so lange, bis sie diese finden. Lassen Sie sich nicht von Opfern und ihren mitleidsheischenden Aussagen blenden oder hineinziehen. Grenzen Sie sich ab. Machen Sie Ihre empfindsamen Schotten dicht.

Machen Sie Aussagen wie: »Darf ich Sie dazu um eine rein sachliche Stellungnahme bitten!«, »Bei mir kommen Sie so nicht durch. Bleiben Sie bitte sachlich!«.

Oder auch mal ein bisschen provokanter: »Ich bin erstaunt, dass Sie mir so viel Macht über sich zuschreiben«, »Ich habe Ihre Ohnmacht wahrgenommen, was ist jetzt zu tun, damit wir hier eine Lösung finden?«.

Die Täterstrategie

Zwei Personen kämpfen um eine wichtige Position.
Eine Person antwortet zum Beispiel so auf sachliche Aussagen und Fragen:
»Mein Gott, so oberlehrerhaft, Herr Kollege!«
Ziel: Angriff und Unterstellung

»Sie haben nie in der Wirtschaft gearbeitet!«
Ziel: abwerten und sich selbst aufwerten

»Da, reden Sie mit dieser Flasche, die redet nicht zurück, das ist sicher spannender, schauen Sie.« (Schiebt die Flasche in Richtung des Gesprächspartners.)
Ziel: Respektlosigkeit – ich kann so mit dir umgehen. Den anderen als dumm hinstellen, denn der hält ja anscheinend Diskussionen nicht aus. Den anderen lächerlich machen.

Eine Handlungsmöglichkeit der Zielperson:

»Sie empfinden mich also als oberlehrerhaft! Woran konkret machen Sie das fest?«

»Ja, Sie haben recht, ich bin sehr gebildet.«

»Dann bitte ich Sie nun oberlehrerhaft, auf meine Aussage mit einer sachlichen Argumentation einzugehen.«

Talk 12: Die Bewahrer-Technik

Das Argument heißt: »Das haben wir schon immer so gemacht!« Die Bewahrer-Aussage ist natürlich gleichzeitig eine Killerphrase. Diese Technik verdient es sich aber, als Einzelpunkt zu erscheinen, da sie mit »Traditionsdenken« verknüpft ist. Jede Veränderung wird mit »Das haben wir immer schon so gemacht« abgeschmettert. Variationen oder Verstärkungen solcher Aussagen können lauten wie folgt: »Das hat uns immer schon geholfen.« »Das war bis jetzt immer wirksam.« »Diese Methode hat zwanzig Jahre Bestand bewiesen.« »Dieser Methode kann man vertrauen.« So angewandt, kann die Methode ein guter Innovationsblocker sein.

Eine Handlungsmöglichkeit der Zielperson:

»Ja, ich weiß, viele Jahre war diese Methode sehr hilfreich. So, wie sich die Märkte stets verändern, müssen Unternehmen auch mit diesen Veränderungen Schritt halten können. Dafür ist es manchmal notwendig, bewährte Methoden durch innovativere und noch wirksamere zu ersetzen.«

»Ja, bisher ist es so gemacht worden. Wie könnten wir es noch verbessern bzw. effektiver und effizienter gestalten?«

Talk 13: Die Objektivität infrage stellen

Als Manipulierer unterstellen Sie der Zielperson »verborgenes Interesse«. Dieses servieren Sie sofort auf dem Tablett – so ganz nebenbei und elegant. Unterstellen Sie der Zielperson das persönliche Interesse an der Sache. »Dass Sie sich für den Vorschlag starkmachen, verstehe ich, da Sie ja hier Ihre Chance sehen, in die Vorstandsetage aufzurücken.«

Eine Handlungsmöglichkeit der Zielperson:

»Ja, grundsätzlich bin ich an meiner Karriere interessiert. Dennoch bitte ich Sie, auf der sachlichen Ebene zu bleiben. Mein Interesse an diesem Projekt besteht definitiv. Das Motiv, warum ich mich dafür einsetze, ist, dass sich für das Unternehmen noch größere Marktchancen auftun.«

Talk 14: Die Emotionsfalle

Bereits kleine Kinder können über Emotionen überzeugen oder sogar manipulieren. Nutzen Sie die Gefühlswelt der Menschen und produzieren Sie Emotionen. Wenn Sie eine gemeinsame Emotion schaffen, können Sie Menschen für Ihre Vorhaben gewinnen. Dabei steht eine breite Emotionspalette zur Verfügung!

Nutzen Sie Freude, indem Sie Momente kreieren, die den Menschen Freude bereiten. Beschreiben Sie Ihre Ziele und Argumente so, dass Menschen sich darüber freuen, diese mit Ihnen zu erreichen.

Natürlich können Sie auch jemanden aus der Fassung bringen, indem Sie ihn wütend machen. Wenn jemand emotional ist, ist es oft ein Leichtes, die Person in alle Einzelteile zu zerlegen. Da schaffen Sie es einfach mit Gelassenheit und Souveränität, Ihr Gegenüber zu demaskieren. Auch Traurigkeit oder Melancholie verbinden und sind nutzbar.

Erinnern Sie sich an die Rede von Martin Luther King, »I have a dream«, oder den Sager von Ex-US-Präsidenten Barack Obama, »Yes, we can«! In beiden Fällen entstand Emotion. Die Menschen wurden emotional hingeführt und abgeholt.

XL-Nutzung: »Der Fisch stinkt immer vom Kopf.« »Die da oben fressen sich ihre Wampen voll, ersticken fast im Geld und uns einfache Leute schneiden sie finanziell total zusammen.« »Wir sitzen alle im selben Ruderboot.« »Wir müssen am selben Strang ziehen.« »Lassen Sie uns gemeinsam aufstehen!« …

Eine Handlungsmöglichkeit der Zielperson:

Beobachten Sie, was die Emotion, die von Ihrem Gegenüber bei Ihnen ausgelöst wird, mit Ihnen macht. Passt sie für Sie, dann okay. Wenn sich Widerstand regt, sprechen Sie Ihren Widerstand an: »Sie versuchen, mich über meine Emotionen zu erwischen. Dennoch werde ich abwägen und danach eine Entscheidung treffen.«

Talk 15: Die Mitleidstour

Zielpersonen mit weichem Herzen oder Naive und Gutgläubige sind leichte Opfer für Mitleidsmanipulanten. Mit der Mitleidstour weichen Sie die Zielperson auf und schaffen es, dass sie mit Ihnen in dieselbe Richtung rudert. Durch die Mitleidstour sind viele Menschen schon zu viel Geld gekommen, welches sie anderen abgezogen haben. Mitleidstouristen sind Menschenausnutzer.

Eine Handlungsmöglichkeit der Zielperson:

Hören Sie sich das gar nicht an, lassen Sie es abprallen. Wie bei anderen Methoden bestehen Sie auf eine »erwachsenen Ebene« und

Fakten. Verwenden Sie einfach das Wort »Nein«. Es steht für sich – vollkommen unabhängig und bedarf keiner Rechtfertigung.

Talk 16: Die Angstfalle

Das Spiel mit der Angst ist ein beliebtes und es funktioniert ja immer wieder. Man schürt die Angst, um die Menschen kleinzuhalten, um sie zu etwas zu zwingen oder etwas zu erzwingen. »Um unsere Position am Markt zu sichern und somit unsere Arbeitsplätze, müssen wir noch mehr produzieren.« »Wenn Sie auf die jährliche Erhöhung verzichten, tragen Sie zum Erhalt der Arbeitsplätze bei.«

Eine Handlungsmöglichkeit der Zielperson:

Lassen Sie sich nicht erschrecken. Bleiben Sie ruhig und besonnen und hinterfragen Sie. »Auf welchen Zahlen und Fakten basiert das?« »Welche Möglichkeiten haben Sie noch ausgeschöpft?« »Was wird das Unternehmen selbst noch tun, um die Arbeitsplätze zu sichern?«

Talk 17: Präsuppositionen – mit nicht erwiesenen Fakten täuschen

Dieses sehr gefährliche rhetorische Spielchen treiben bevorzugt große Politiker bei ihren Wahlreden oder reißerische Verkaufsberater. Wenn Sie sich schon mal eine Großveranstaltung von amerikanischen Multi-Level-Marketing-Unternehmen miterlebt haben, wird Ihnen das ziemlich bekannt vorkommen. Sie geben Versprechungen und kreieren Tatsachen, die es noch gar nicht gibt und die sie vorab nicht beweisen können.

Der neue Politiker beim Amtsantritt

*Wir geben die Macht zurück an euch, das Volk.
Alle Menschen hier werden wieder Arbeit haben.*

Eine Handlungsmöglichkeit der Zielperson:

Lassen Sie Ihren Manipulationsfilter immer mitlaufen und hören Sie, was Menschen sagen. Hören Sie nicht nur hin, sondern zerlegen Sie die Information und überlegen Sie, ob man hier überhaupt von Tatsachen sprechen kann oder nicht. Wenn es sich um eine Rede vor Massen handelt, haben Sie sich nun zumindest eine Meinung über den Redner gebildet. Sollte es im Meeting oder in einer anderen Businesssituation passieren, stellen Sie die Vorannahmen und vermeintlichen Tatsachen infrage. Fragen Sie, wie die Person diese Aussage mit Sicherheit treffen kann.

Talk 18: Der Hypnose-Speech

Betten Sie Suggestionen/Befehle ein: »Denken Sie jetzt bitte an etwas Wunderschönes! An etwas Wunderschönes, aber denken Sie auf keinen Fall an den Eiffelturm. Denken Sie bitte nicht an den Eiffelturm. Ich sagte, keinesfalls an den Eiffelturm denken.«

Dies kann man natürlich in abgewandelter Form in vielen Bereichen machen: Ich möchte, dass Sie etwas berücksichtigen oder nicht berücksichtigen. Dann informiere ich Sie, dass Sie das nicht berücksichtigen oder nicht oder keinesfalls denken sollen. Ihr Gehirn wird keinen Widerstand leisten, denn der eingebettete Befehl wird durch den kritischen Kernbereich Ihres Gehirns durch die »Nein-Formulierung« widerstandslos durchgewunken und ins Unterbewusstsein hineingelassen.

Eine Gegenintervention der Zielperson soll damit verhindert werden. Grundsätzlich wird die eingebettete Suggestion in der Hypnose in Übereinstimmung mit Klientenauftrag und Klientendenken verwendet, und dort gehört sie in erster Linie auch hin. Ich wende die Methode zum Beispiel bei Coachingklienten an, die zwar den Wunsch oder ein Ziel haben, aber durch negative und unerfreuliche Erlebnisse diesen Wunsch bzw. das neue Ziel noch nicht annehmen können.

Beim Verabschieden der Klientin mit einem Lachen: »Liebe Frau Müller, denken Sie bloß nicht daran, dass Sie demnächst sehr erfolgreich sein werden. Versprechen Sie mir das! Einfach nicht daran denken! Versprochen?« Frau Müller lacht und nimmt den Gedanken an den Erfolg mit!

Ein Klient hatte den Glaubenssatz, er müsse sich bei allem extrastark anstrengen, nichts darf einfach gehen. Der Glaubenssatz wuchs bei ihm von Kindesbeinen an mit. Nichts war leicht, alles war anstrengend. Die Aussage: »Dann erlauben Sie sich einfach, die Dinge einfacher und leichter zu machen«, könnte in der Luft verpuffen und den Eingang ins Unterbewusstsein nicht finden, weil zu viele negative Referenzerlebnisse aus der Vergangenheit dies boykottieren würden. Deshalb bettet man einen »Befehl« oder »Auftrag« in eine Hypothese ein: »Vielleicht haben Sie schon einmal darüber nachgedacht, wie es wohl wäre, wenn Sie eines Tages dasitzen und sagen könnten: Ab heute gehe ich die Dinge gelassener und entspannter an!«

Die Nutzung der hypnotischen Sprache verhindert meist eine Abwehr oder einen Widerstand gegen eine Aussage. Der Satz beginnt mit einer Hypothese und einer Frage und endet mit einer direkten Suggestion, die eingebettet wurde. Dabei kommt nun auch die Stimme zum Einsatz. Heben Sie durch Betonung den eingebetteten Satz noch hervor. Ich habe diese Methode von den Schriften von Milton H. Erickson kennengelernt, er verwendete sie gerne. Milton H. Erickson war ein amerikanischer Hypnotherapeut und leistete einen wesentlichen Beitrag bei der Entwicklung des NLP, des Neurolinguistischen Programmierens.

Im Kontext der Hypnose ist diese Sprachanwendung durchaus hilfreich für den Klienten und er möchte diese Beeinflussung seines Unterbewusstseins. Es ist die Aufgabe des Hypnotiseurs, die Ziele des Klienten mit ihm zu erreichen.

Die eingebettete Suggestion des CEOs eines Unternehmens betreffend die Personalstrategie: »Ich hörte heute, Leute mit Rastalocken sind unzuverlässige Kiffer! Ich dachte, ich höre nicht richtig.« Suggestion erkannt? Bei einigen bleibt es bestimmt im Unterbewusstsein hängen!

Eine Handlungsmöglichkeit der Zielperson:

Sie müssen nicht auf jeden Zug aufspringen, der vorbeifährt. Seien Sie sich der Suggestion bewusst und entscheiden Sie, ob Sie auf den Zug aufspringen oder ihn vorbeifahren lassen.

Natürlich können Sie beim Manipulator ansprechen, dass Sie das als »Hinweis« sehen!

Talk 19: Verdeckt voraussetzen

Das unausgesprochene Voraussetzen wird angewendet, um in Ihrem Unterbewusstsein eine Markierung wie mit einem Textmarker zu hinterlassen. Es wird etwas vorausgesetzt bzw. unterstellt, weil es bei einer bestimmten Geschwindigkeit der Aussage nicht wie eine Voraussetzung klingt, und man Ihnen scheinbar eine Wahlmöglichkeit lässt.

Beginnen Sie einen Satz mit: »Es sei Ihnen überlassen, …«, »Deshalb überlasse ich es Ihnen, …«, »Einfach …«, »Offensichtlich …«, »Es sei Ihnen überlassen, wann Sie uns heute noch kontaktieren, um einen Vertreterbesuch zu vereinbaren und sich so zu überzeugen, dass das Produkt bestens für Sie passt.«. Was setzt der Verkäufer voraus? Sie werden anrufen! Sie werden sich überzeugen. Das Produkt passt für Sie!

Ich gehe in ein Geschäft, um mich über ein Produkt zu informieren. Der Berater sagt: »Bis wann würden Sie es denn geliefert haben wollen?« Damit setzt der Verkäufer unausgesprochen voraus, dass ich das Produkt kaufen möchte. Geschickt gemacht und nicht durchschaut, und der Verkäufer ist seinem Ziel schon einen Schritt näher gekommen. Denn wenn eine »Voraussetzung« geschickt eingepackt und formuliert wird, glaubt Ihr Bewusstsein, frei entscheiden zu können, während das Unterbewusstsein diese »Suggestion« hineinlässt. Wenn Sie zu Ihrem Gesprächspartner eine gute Beziehung aufgebaut haben, das Gespräch bestens läuft, und die Person keine ethischen und moralischen Regelverletzungen macht, dann besteht eine große Chance, dass diese Sprachmanipulation funktioniert.

Eine Handlungsmöglichkeit der Zielperson:

Bezogen auf das erste Beispiel, antworten Sie: »Meinen Sie damit, dass wir niemanden mit Rastalocken einstellen sollen?«

Antworten Sie, auf das zweite Beispiel bezogen: »Ich habe nicht von Lieferung gesprochen. Ich möchte eine Produktinformation!«

Seien Sie wachsam und reagieren Sie sofort. Stellen Sie klar, was Sie wollen oder nicht wollen.

Talk 20: Der Mentalisten-Trick – Ich lese deine Gedanken

Der Mentalist: »Sie möchten mehr qualitativ gute Zeit mit Ihren Liebsten verbringen? Sie haben vollkommen recht.«

Was passiert durch den Mentalisten-Trick? Sie fühlen sich unterbewusst verstanden. Jeder, der Ihnen so eine Frage stellt, nach mehr Zeit für Ihre Liebsten, geht davon aus, dass Sie so eine Frage mit »Ja« beantworten werden. Mit solchen Tricks baut man auf einfache Art und Weise Gesprächsbeziehungen auf.

Eine Handlungsmöglichkeit der Zielperson:

Wichtig ist, dass Sie sich bewusst sind, was gerade passiert. Je nachdem können Sie Ihre Entscheidung treffen. Ob ansprechen oder nicht. Ob reagieren oder nicht. Manchmal reicht es auch, einfach nur zu wissen, was passiert.

Talk 21: Den Gegner als ungebildet oder blöd hinstellen

Diese Technik ist im Bereich der Politik noch beliebter als in der Wirtschaft. Sie diente dem einen oder anderen Politiker schon, den Gegner oder den Moderator als blöd dastehen zu lassen. Es wird mit einer z.B. Allgemeinbildungsfrage gearbeitet, die ein falsches Fakt enthält. Damit wird die Zielperson kurz verwirrt und diese Konfusion genutzt, um den anderen auflaufen zu lassen wie in folgendem Beispiel.

»Darf ich Ihnen eine Frage stellen?«, sagte der eine Politiker zum anderen. »Wer hat die Justizia vor dem Wiener Parlament erbauen lassen?«

Der andere fragt irritiert: »Justizia, wieso, das …«, sofort unterbricht der andere. »Sie wollen dieses Land nach außen vertreten? Sie können nicht mal die einfachsten Fragen über Österreich beantworten. Die Pallas Athene steht an der Frontseite des Parlaments.«

Der andere Politiker wusste sehr wohl, dass es sich bei dem Denkmal um die Pallas Athene handelt, war aber kurz irritiert über das falsche Faktum, das der andere genannt hatte (Justizia). Dieser kurze Zeitraum der Irritation wurde genutzt, um ihn an die Wand zu spielen.

Eine Handlungsmöglichkeit der Zielperson:

Lassen Sie sich nicht austricksen. Bleiben Sie immer in heiklen Gesprächen in Alarmbereitschaft, sodass man Sie nicht über den Tisch ziehen kann. Sollten Sie mit dieser Technik konfrontiert werden, antworten Sie sofort mit:

»Es ist die Pallas Athene, die vor dem Parlament steht!«

»Es ist die Pallas Athene, die vor dem Parlament steht, ich denke, das wissen Sie bestimmt!«

»Es ist die Pallas Athene, die vor dem Parlament steht, nicht die Justizia, das sollten Sie schon wissen!«

»Auf so einen einfachen Rhetoriktrick falle ich nicht herein, lassen Sie das bitte. Diskutieren wir über sachliche Inhalte.«

Talk 22: Break, break, break – der Unterbrecherterrorist

Eine sehr fiese Methode ist die des permanenten Unterbrechens der Zielperson. Diese Methode ist besonders oft in politischen Wahlkämpfen zu beobachten, wird aber durchaus auch in vielen anderen Kontexten angewendet.

Der Manipulator unterbricht seine Zielperson. Das Ziel dieser Manipulation ist, dass der andere den Faden verliert oder mundtot gemacht wird.

Politiker 1 unterbricht seinen Gegner immer wieder mit geschlossenen Fragen und Aussagen und am Schluss noch mit einer frechen Unterstellung! Er attackiert richtig.
»Finden Sie das richtig? Nein? Oh, ich meine, Sie finden das schon richtig!«
Politiker 2: »Sie drehen mir das Wort im Mund um.«
Politiker 1: »Unfassbar. Liebe Zuseher, Sie sehen, was der macht. Finden Sie das wirklich gut, Herr Kollege? Hören Sie auf damit! Ach, ich glaube, Sie finden das gut! Sie sind ja immer so unfair.«
Politiker 2: »Ich glaube, Sie wollen mich anlaufen lassen!«
Politiker 1: »Was? Das machen Sie doch die ganze Zeit! Haben Sie gehört, liebe Zuschauer, was der mir alles unterstellt?«

Natürlich können Sie dieses kampfrhetorische Spiel auch mit Gegenfragen durchziehen. Auch da wird Ihre Zielperson aus dem Konzept kommen, wenn sie keine geübter Rhetorikerin ist.

Eine Handlungsmöglichkeit der Zielperson:

Sagen Sie sofort laut und deutlich »HALT« oder »STOPP«! Unterstreichen Sie das mit dem Handzeichen für Time-out oder STOPP! Sprechen Sie sofort den rhetorischen Trick an und bremsen Sie den Angreifer bzw. Manipulator ab. Führen Sie den Manipulator strikt und energisch auf einen sachlichen Weg zurück.

Talk 23: Die Beleidigungstaktik

Auch diese Technik findet ihren Ursprung in der Kampfrhetorik und ist Ihnen aus politischen Diskussionen sicher bekannt. Der Gegner, die Zielperson, wird offen beleidigt und herabgewürdigt. Wenn die Zielperson z.B. einer Partei oder einer Organisation angehört oder in der Vergangenheit dabei war, die ein schlechtes Image hat, so wird dieses schlechte Image zur Beleidigung genutzt.

Ein Politiker im Wahlkampfduell: »Als Vertreter einer Partei, die sich so naiv und blind gegen das verhält, was in diesem Land passiert, sollten Sie sich eigentlich schämen, hier zu sitzen. Ich, ich würde mich schämen.«
Der andere Politiker ist auf derselben Schiene unterwegs: »Könnten Sie sich mal auf sachliche Inhalte beziehen, falls Sie das überhaupt können vor hetzerischem populistischen Gerede.«

Ein Meeting bei den Vorgesetzten zum Thema Strategie. Mitarbeiter A, der BWL studiert hat, ist gemeinsam im Rennen mit seinem Mitarbeiter, der aus einem handwerklichen Lehrberuf stammt, um die Nachfolge der Abteilungsleitung. Mitarbeiter A kritisiert eine Aussage von Mitarbeiter B mit den Worten: »Logisch, dass Sie als Monteur das nicht verstehen!«

Die ganz gemeine und untergriffigste Variante ist der Angriff mit dem vermeintlichen Witzfaktor: »Das Glas ist so leer wie Ihr Wissen zu diesem Thema.« »Die Farbe Ihres Hemdes unterstreicht Ihren Charakter: schwarz wie die Nacht oder wie Ihre Partei.«

Eine Handlungsmöglichkeit der Zielperson:

Auch hier ist ein sofortiges Einhaltgebieten nötig. Fragen Sie nach: »Was meinen Sie konkret? Oder habe ich Sie richtig verstanden, dass Sie ein berufliches Vorurteil gegen mich hegen?« Auf keinen Fall hinnehmen! Jeder muss mitbekommen, dass Sie sich das nicht gefallen lassen. Machen Sie es elegant durch Fragen. Stil hebt Sie hoch und lässt den anderen fallen.

Talk 24: Den Ahnungslosen darbieten

»Also, ich habe keine Ahnung, was Sie damit meinen. Ich verstehe inhaltlich nicht. Können Sie das bitte noch mal erklären?«

Dieses Spiel wird immer wieder gespielt und zwar so lange, bis der andere sich sichtbar ärgert, seine Geduld oder seinen roten Faden verliert.

Eine Handlungsmöglichkeit der Zielperson:

Wenn das Spiel offensichtlich ist, dann erklären Sie, dass Sie die Strategie erkennen. Sagen Sie, dass Sie nun ausreichend erklärt haben. Wenn andere dabei sind, können Sie ja noch nachfragen, ob alles verstanden wurde.

Und nun die ganz böse Variante: »Ich erkläre es ein letztes Mal. Noch einfacher als vorher, damit Sie es auch verstehen.«

Talk 25: Mit Du-Botschaften aggressiv machen

Die Du-Botschaft lässt den Kommunikationsschranken runtergehen. Das Gegenüber wird Stück für Stück ärgerlich bis aggressiv gemacht, um es emotional in die Falle zu locken. Das bedeutet, man versucht, damit einen Ausbruch zu provozieren und den anderen aus der Bahn zu werfen.

Verwende ich eine Ich-Botschaft, formuliere ich sie so, dass sie der andere gut nehmen kann. Mit der Du-Botschaft bekomme ich natürlich das Gegenteil, den Ärger des anderen.

Du-Botschaften: »Da haben Sie mich aber falsch verstanden«, »Sie können mit Kritik nicht umgehen«, »Sie haben das so gesagt«, »Du greifst mich immer an«, »Kannst du nicht mal ordentlich mit mir reden?«.

Mehrere Du-Botschaften hintereinanderplatziert, und das Gegenüber geht meistens in die Luft. Damit kann der Manipulierer das Gespräch mit der Aussage beenden, der andere habe sich nicht unter Kontrolle und so würde er hier nicht weitermachen.

Eine Handlungsmöglichkeit der Zielperson:

Antworten Sie so oder ähnlich: »Mich stört die Art und Weise, in der Sie mit mir reden. Das Verwenden der Du-Botschaften verstehe ich als Angriffe. Ich ersuche Sie um der guten Kooperation willen, einen korrekten Zugang zu mir zu suchen.«

»Ich erkenne Ihre Strategie, Sie füttern mich mit Du-Botschaften, weil Sie möchten, dass ich explodiere. Das werde ich nicht. Bitte lassen Sie uns sachlich weiterdiskutieren.«

Talk 26: Die Grundsätze des Gegners infrage stellen

Mit dieser Technik wird versucht, die Integrität der Zielperson anzuzweifeln bzw. infrage zu stellen. Sie werfen der Zielperson vor, nicht integer zu sein, und zweifeln ihre Grundsätze an.

»Sie predigen Wasser und trinken Wein! Von uns verlangen Sie eine geordnete Vorgangsweise und unterbrechen selbst schon zum dritten Mal.« Oder: »Sie halten uns immer wieder zum sorgfältigen Umgang mit Ressourcen an. Deshalb wundert es mich, dass Sie das Handout nun für alle ausdrucken, obwohl jeder hier seinen Laptop hat.«

Eine Handlungsmöglichkeit der Zielperson:

»In bin durchaus ein Mensch, der sehr ökologisch vorgeht. Ich halte es bei so einem wichtigen Thema für effektiver, direkt zu kommunizieren. In einem Skript mal nachzulesen, wenn ein Punkt dabei angesprochen wurde, ist jedenfalls kommunikationsfreundlicher, als hinter einem Laptop zu verschwinden.« (Wenn Sie manipulieren oder angreifen wollen, setzen Sie noch nach: »Und es soll auch verhindern, dass das Lesen am Laptop zu Nebenbeschäftigungen wie E-Mails-Lesen und Facebook-Abfragen führt.«)

Talk 27: Die Moralkeule

Eine weitere sehr unfaire Methode ist die moralische Keule, die gezielt eingeworfen wird. »Wer nach diesen Vorkommnissen im Unternehmen nichts unternimmt, tritt all das mit Füßen, was wir in den letzten dreißig Jahren aufgebaut haben.«

Steigern Sie das Ganze, indem Sie eine rhetorische Frage vorsetzen: »Wollen Sie wirklich, dass wir diesen Bonus verlieren?« »Glauben Sie, das alles war so leicht aufzubauen, wir haben dafür gekämpft! Denken Sie doch an Ihre Familien, an Ihre Kinder …«

Eine Handlungsmöglichkeit der Zielperson:

Sagen Sie, dass Sie Fakten und gute Argumente benötigen, um eine Entscheidung zu treffen.

Talk 28: Die »Ich bin dagegen«-Strategie

Sie kennen vermutlich diese Zeitgenossen, die ständig gegen alles und jeden sind. Diese Menschen rauben einem die Energie und werden oft als anstrengend erlebt. Allerdings kann man diese Methode für eine gezielte Manipulation gut anwenden. Denn ständiges Dagegensein in einem Gespräch kann dazu führen, dass die Zielperson ihren Plan aufgibt oder verunsichert ist. Diese Strategie schafft es möglicherweise, den anderen zu verwirren und zu irritieren.

Herr Mühlhof versucht, einen Vorschlag zu machen. Herr Staller, der ewige »Meister des Dagegenseins«, sagt: »Wir müssen aber bedenken, dass sich das auf die Mitarbeiter auswirkt. Hmmm ..., ich weiß jetzt nicht, was ich dazu sagen soll.«

Wichtig: Zeigen Sie die Ablehnung auch durch die Körpersprache. Und bei nächster Gelegenheit wiederholen Sie Kritik oder Einwand! Wenn Sie damit die Zielperson genug aus der Reserve gelockt haben, sagen Sie wie ein Unschuldslamm: »Ich wollte doch nur noch eine andere Sichtweise einbringen, um zu überprüfen, ob das nun auch wirklich für uns passt! Ich wollte dazu beitragen, dass das Problem gelöst wird. Ist an meinen Nachfragen etwas dran, weil Sie sich gerade so aufregen?«

Eine Handlungsmöglichkeit der Zielperson:

Bremsen Sie den Gegner ab. Lassen Sie sich gute Argumente bringen. Fragen Sie nach: »Welche konkreten Auswirkungen befürchten Sie für die Mitarbeiter?!« Zerlegen Sie die Argumente des Manipulierers.

Talk 29: Die Kompetenz infrage stellen

Das ist eine in der Wirtschaft und auch Politik sehr beliebte Methode. Sie stellen die Kompetenz und Fähigkeiten der Zielperson infrage, gehen aber keinesfalls auf Inhalte ein.

Politiker A zu Politiker B: »Sie sind halt schon sehr vergesslich. Immer vergessen Sie das, was Sie schon gesagt haben.« *(Damit zielt man auf das Alter ab.)*
Politiker A zu Politiker B: »Nehmen Sie es sportlich, ich meine das gar nicht persönlich. Das, was Sie sagen, ist in der Praxis nicht umsetzbar. Sie sind halt ein Wissenschaftler.«
Der ältere Kollege vor der Gruppe über den Jüngeren: »Er ist halt noch sehr jung und unerfahren. Deshalb dürfen wir ihm das nicht übel nehmen, da fehlt halt einfach die Erfahrung.«

Eine Handlungsmöglichkeit der Zielperson:
Weisen Sie solche Übergriffe sofort zurück.
»Grundsätzlich kann jeder mal etwas vergessen, dennoch haben Sie mich anscheinend missverstanden.« (Du-Botschaft) »Ich hatte nicht verstanden, was Sie von mir wollen, Sie sollten sich etwas deutlicher ausdrücken.« (Du-Botschaft)
»Sie wollen darauf hinaus, dass ich schon sehr viel mehr politische Erfahrung habe als Sie. Was wollen Sie genau von mir wissen?«
»Sie sprechen mein Alter an! Dennoch: Ich habe Sie inhaltlich nicht verstanden. Wovon sprechen Sie konkret?«

Talk 30: Die Hypothesenfalle

Mit der Hypothesenfalle schaffen Sie es, die Menschen hypothetisch in die Zukunft zu schicken. Sie denken so über Zukünftiges oder noch nicht Bestehendes nach. Sie schicken sie in ihre Wünsche und Träume und erhalten so jede Menge Informationen. Das gelingt mit einfachen hypothetischen Fragen!

»Wenn Sie nach 25 Jahren genug Geld aus der Versicherung bekommen würden, welche Wünsche würden Sie sich erfüllen?«, fragt der Versicherungsberater.

»Ich würde eine Reise machen, mir ein Motorrad kaufen, meinem Kind Geld geben ...« Und schon baut der Versicherungsvertreter gezielt die Wünsche ins Beratungsgespräch ein: *»Wohin soll denn die Reise gehen? USA, super. Na, das können Sie sich dann locker leisten! Da können Sie sogar noch eine Harley mieten ...«*

Eine Handlungsmöglichkeit der Zielperson:

Geben Sie einfach acht, wenn man Ihnen solche Fragen stellt. Überlegen Sie, ob Sie Information preisgeben wollen oder nicht! Wenn Sie keine Infos preisgeben wollen, dann antworten Sie einfach: »Wenn es so weit ist, fällt mir schon etwas ein.«

Talk 31: Alternativen anbieten

Bieten Sie verschiedene Lösungsmöglichkeiten oder Alternativen an! Bei dieser Technik wird der Manipulator versuchen, der Zielperson das von ihm gewünschte Verhalten oder die gewünschte Antwort in Form einer geschickten Frage oder Aussage zu verkaufen.

»Möchtest du lieber in das alte Restaurant am Hafen, wo das Essen manchmal ein bisschen langweilig ist, oder gehen wir zu dem neuen Griechen, von dem alle so begeistert waren?«

»Wollen wir denn heute schon die neue Provisionskürzung besprechen oder warten wir auf einen günstigeren Zeitpunkt?«

»Gehen wir abends tanzen oder lieber doch ins Fitnesscenter?«

Die Zielperson hat nun scheinbar die Entscheidungsfreiheit! Es geht nicht mehr um »ob« sie etwas tun oder nicht tun möchte, sondern es geht um das »Was«. Und natürlich ist der zweite Teil des Angebotes der bessere. Die Zielperson wird darauf hingelenkt, kann scheinbar entscheiden, hat aber nur mehr die Wahl aus Alternativen.

Eine Handlungsmöglichkeit der Zielperson:

Sagen Sie einfach, dass Sie auch noch Vorschläge haben. Bringen Sie gelassen Ihren Vorschlag oder Ihre Vorschläge ein!

Talk 32: Hidden competences – bloß nicht aufschneiden

Wenn jemand seine Kompetenzen aufzeigen möchte, läuft er oft Gefahr, als Angeber zu wirken. Eigenlob stinkt, sagt man. Ja, es stinkt dann, wenn Sie Ihren Zuhörern einen Pluspunkt von Ihnen nach dem anderen auf den Tisch knallen. Geschickt verpackt – stimmt Eigenlob. Es ist stimmig und wirkt nicht großkotzig. Gerade in Verkaufsgesprächen oder bei Bewerbungen ist es wichtig, seine Kompetenzen sichtbar zu machen, ohne großkotzig zu wirken. Wenn jemand eine Fähigkeit oder Kompetenz elegant aufzeigen kann, fördert dies das Vertrauen der Zielpersonen.

Also müssen Sie Ihre Vorzüge einfach in gute und konkrete Beispiele aus Ihren Erfahrungen der Vergangenheit verpacken.

Herr Müller beim Bewerbungsgespräch mit seinem möglicherweise zukünftigen Chef: »Ich verstehe das sehr gut, was Sie sagen, nachdem ich viele Jahre selbst ein Unternehmen geleitet habe, kenne ich diese Thematiken. Ich hatte ja dreißig Mitarbeiter unter mir, die ich direkt geführt habe.«

Eine Handlungsmöglichkeit der Zielperson:

Diese Methode ist keine »schlimme« für die Zielperson. Sie müssen also nicht reagieren, sondern sich darüber freuen, einen guten Rhetoriker an Bord zu bekommen.

Zusammenfassung von möglichen Gegenmaßnahmen

- Treffen Sie eine Entscheidung: Zug vorbeifahren lassen oder aufspringen.
- Sprechen Sie die Taktik an.
- Stellen Sie kritische Fragen, konkretisieren Sie durch Fragen und arbeiten Sie heraus, worum es wirklich geht.
- Bringen Sie das Gespräch auf eine »Augenhöhe«-Gesprächsbasis zurück.
- Wenn Sie jemand von etwas ablenken möchte, führen Sie immer wieder zu Ihren wichtigen Punkten zurück. (»Ich wiederhole, mir geht es konkret um …«, »Mir ist wichtig, …«.)
- Unterbrechen Sie knallhart das Gespräch. Sagen Sie: »Ich muss das Gespräch unterbrechen, da ich den Eindruck habe, dass wir von Sachlichkeit bereits weit entfernt sind. Lassen Sie uns wieder auf die relevanten Fakten zurückkommen.«

Macht macht mächtig!
Macht Macht mächtig?

So, wie die Manipulation ein Teil unseres Lebens ist, so ist es auch die Macht. Wobei ich finde, dass diese beiden eng zusammengehören. Was ist Macht denn nun? Kann man sie greifen und beschreiben? Definitiv kann man es spüren, wenn man machtlos ist, wenn einen etwas »ohnmächtig« werden lässt. Ist Macht die Fähigkeit, Verhalten zu provozieren, welches ihm selbst – dem Mächtigen – dient? Ist es die Fähigkeit, zu wirken? Auf jemanden zu wirken, sich auszuwirken, einen Wirkungskreis zu schaffen, der sich auf das einzelne Individuum wie auf Gruppen und im Prinzip auf »Bevölkerungen« stülpt? Wirkt sie sich auf das Denken und Verhalten aus? Ja, das tut sie!

Macht ist immer und überall

Macht ist immer und überall. Keine Kultur, keine Subkultur, kein Individuum kommt um dieses Thema herum. Ich habe in meinen Leadership- oder Topmanagerseminaren oft zu manchen Herren gesagt: »Sie genießen Ihre Macht.« Nur wenige haben Ja gesagt. Die meisten haben versucht, es herunterzuspielen und abzustreiten, dass sie Macht haben und wollen. Ich gehe davon aus, dass die meisten Menschen Macht wollen. Natürlich im differierenden Kontext, mit unterschiedlichsten Zielsetzungen. Die Machtthematik hat sich in den Jahren auch etwas verändert. Macht wird in vielen neuen Facetten ausgeübt. Denken wir dabei nur an Social Media. Macht muss jemandem oder einer Organisation Benefit bringen und sie muss Wirkung haben. Macht ist erst Macht, wenn sie wirken kann und als solche Wirkungskraft wahrgenommen wird. Dort, wo es Macht gibt, gibt es Mächtige, wo es aber Mächtige gibt, gibt es auch Ohnmächtige und Subohnmächtige. Wobei mancher scheinbar Mächtige meint, mächtig zu sein, aber in Wirklichkeit ein Ohnmächtiger seines Systems oder seines Selbst ist. Und dann sind da noch die Machtlosen. Die, die sich der Macht unterwerfen, die selbst keine haben wollen oder können.

Gibt es in Bezug auf Macht »gut und schlecht«, »schwarz und weiß«, »hinderlich und förderlich«, »Yin & Yang«, eine philosophisch haltbare positive Erklärung des Begriffes? Was wäre die gute Seite der Macht? Wo und wie lässt sich der Unterschied zwischen guter und böser Macht klar darstellen? Für mich bleibt Macht Macht und hat an sich keine wohlwollende Seite. Macht soll die Interessen und Bedürfnisse der Mächtigen erfüllen. Dennoch, Macht kann definitiv Stil haben. Manche Machtanwender meinen, wohlwollend zu agieren. Dennoch bleibt auch jedes wohlwollend gemeinte Agieren eine hochgradige Anmaßung. Ich verstehe unter Macht, dass beim Individuum, bei Gruppen oder bei der Bevölkerung ohne Einverständnis, ohne Verständnis, ohne Zustimmung und ohne Wunsch versucht wird, eine Situation herzustellen, ein Verhalten auszulösen oder das Denken in eine bestimmte Richtung zu lenken. Die Legitimation entscheidet aus meiner Sicht über Machtmissbrauch oder kultivierter Benutzung von Macht.

Mit Legitimation meine ich, ob ein Mensch zur Macht berechtigt ist, zum Beispiel aufgrund von Gesetzen und Regelungen, und worauf die Begründung der eigenen Verantwortung liegt. Wer legitimiert, und wo bewege ich mich in dieser Legitimation? Bewege ich mich am Rand und schlüpfe ich durch kein Schlupfloch, bleibe ich im legitimen Bereich. Der Machtrahmen ist bestimmt. Das, was sich im Inneren einer Person zum Thema Macht abspielt, hat auch mit Emotionen wie »Freude und Lust« zu tun und geht Hand in Hand mit Schuld und Reue. Macht hat ihre Spielregeln. Sie orientiert sich an den Systemen, Strukturen und Kulturen. Macht in Gruppen – so erlebe ich es oft in meiner Rolle als Teamperformer – hilft dabei, Komplexität herauszunehmen. Macht ist ein wirksamer Bestandteil jeder sozialen Beziehung, unabhängig davon, wie damit umgegangen wird. Damit Menschen in Kontakt treten können, gibt es Regelungen. Wer darf wen wie begrüßen und kontaktieren? Auch das hat mit hierarchischen Machtstrukturen zu tun, die kulturell verfestigt sind. Die Vorgabe oder natürliche Entstehung von Machtstrukturen begrenzt Handlungsweisen für den einen und eröffnet sie für den anderen.

Macht ist eine Form Ordnungssystem, welches in vielen Bereichen notwendig und unabkömmlich ist. Aussagen wie: »Wir brauchen keine Macht und Hierarchie«, halte ich für sehr gefährlich und zerstörerisch. Denn dort, wo sie nicht akzeptiert wird als das, was sie ist, wird sie ohnehin entstehen. Vielleicht zuerst subtil, und verstärkt wird sie dann mit aller Wucht ins System hineinknallen. Jede Gruppierung und jede Form der Organisation muss mit Macht umgehen und die Problematiken, die dahinterstehen können, individuell der Organisation entsprechend lösen.

Wenn sich in einer Gruppe die Macht einer Person herauskristallisiert, bezeichnen wir das als Führung, Leitung oder Autorität. Macht kann sich aber auch auf mehrere Menschen aufteilen. Wenn mehrere Menschen diese Macht für sich in Anspruch nehmen, sprechen wir von Machtkonformität. Im Falle der Führung wird das Thema Macht durch Hierarchisierung forciert und im Falle der Machtkonformität wird es durch Normierung in seine Machtbahnen gelenkt. Dabei spielt auch die Autonomie des Individuums eine Rolle, wobei sich diese Rolle sowohl in der Hierarchie als auch in der Normierungsstruktur definiert und begrenzt.

In jeder sozialen Gruppierung wirken Hierarchie und Normierung. Wobei man sich in seinen Gruppierungen schon die Frage stellen sollte, auf welchen Ressourcen und Grundlagen die Macht funktioniert. Oliver König definiert in seinem Werk »Macht in Gruppen« im Kapitel »Grundlagen der Macht« folgende Machtkategorien: Zwang, Belohnung, Legitimation, Identifikation, Sachkenntnis, Information und situative Kontrolle. König formuliert: »Ich kann zwar Gewalt, Geld, Amtsautorität und Expertentum einsetzen, um Macht auszuüben. Es bedarf aber eines Gegenübers, das sich diesen Machtgrundlagen unterwirft, und dies ist nur in Extremfällen ein willenloser Akt.« Einfach gesagt: Genauso ist es!

Wenn das Wort Macht in meinen Gedanken auftaucht, ist auch das Wort Einfluss nicht weit. Das ist die Verbindung für mich. Das ist die Erklärung. Das ist eine gute Seite der Macht. Vielleicht erwächst sie aus der Macht, vielleicht ist es wie »Bad Guy – Good Guy«, vielleicht sind Macht und Einfluss ein Geschwisterpaar, vielleicht aber auch ein Wahlprogramm. Auf jeden Fall ist der Einfluss für mich ein positiverer Weg, da er auf einer kooperativen Gesprächs- oder Kommunikationsstrategie basiert. Denn Einfluss bedeutet für mich, dass jemand positiv einwirkt, mit dem Ziel, meine Zustimmung für etwas zu erhalten. Dabei kenne ich eine Vielzahl von Menschen, die trotz Machtausübung einen sympathischen Auftritt hinlegt und dennoch die Machtausübung dabei niemals ablegt. Hingegen, wenn ich Menschen betrachte, welche Einfluss auf andere nehmen, entwickelte sich der Einfluss oft durch das kontinuierliche konsequente Vertreten des Interesses, des Wunsches, der Ideen und der Impulse. Nelson Mandela verkörpert für mich genau so eine einflussreiche Person. Er hatte weitreichenden Einfluss, doch seine politischen Gegner hatten mehr Macht.

Die Macht des Glaubens

Wenn ich über Macht nachdenke, komme ich an Religionen nicht vorbei. Ich sehe die katholische Kirche als die wahrscheinlich größte Machtkonstruktion der Geschichte. Stark wie ein trutziger Felsen steht sie da, und das seit mehr als zweitausend Jahren. Sie herrscht und beherrscht, sie kennt das Spiel mit der Angst und dem Glück und nutzt es. Wenn du das tust, kommst du in den Himmel, tust du das, schmorst du in der Hölle. Begrifflichkeiten wie Paradies, Schutzengel, Engel, Satan, Sünde und Gehorsam werden eingesetzt, um Menschen für die Religion »anzuwerben«, Bestehendes zu behalten und wahlweise mit Angst und Zuversicht zu spielen. Dazu ein bisschen kirchliches Pflichtbewusstsein installieren, ein paar exzellent ausgebildete Rhetoriker, Brainwasher und Manipulatoren!

Der Einsatz von emotionalen Ritualen, welche die Menschen verbinden, binden und einschwören sollen, edle und machtvolle Gewänder, magische Momente, Worte wie Balsam für die Seele sollen die Schafherde glücklich machen oder vor Ehrfurcht und Angst erzittern lassen. Bibelgeschichten werden erzählt, Wunder und Erscheinungen präsentiert, Weihrauch wird geschwenkt, dominantes Glockengeläut, machtvolle Symboliken, pompöse Gebäude. Kurz gesagt – perfekte Inszenierungen der Macht.

Und warum macht man das? Ganz einfach! Um eigenständiges kritisches Denken und Handeln zu verhindern. Natürlich kann man aus der Kirche austreten, wenn man das will. Keine Frage, viele tun es. Die Zeiten sind doch etwas anders geworden. Das Mittelalter scheint vorbei – zumindestens zum Teil, zum Offiziellen.

Potentaten strömen in den Vatikan, um sich den Segen des Papstes abzuholen, die Mächtigen der Welt erweisen ihre Ehrerbietung. Viele scheinen dieses Machtkonstrukt durchschaut zu haben, aber wer will sich denn mit der katholischen Kirchenmacht anlegen? Schwelende Konflikte werden im Keim erstickt, bevor sie offen ausgetragen werden müssten.

Die Potentaten der Historie strömten dem Vatikan und den jeweiligen Päpsten immer schon zu und kooperierten, um letztendlich ihren Nutzen daraus zu ziehen. Die Historie weist aber auch auf brutale Verbrechen im Namen des Herrn hin. Religiöse Kriege wie Kreuzzüge haben den Grundstein zur Entstehung des Osmanischen Reichs gelegt und damit politische Verhältnisse geschaffen, die teilweise noch heute gültig sind. Beziehungsweise gerade im Nahen Osten eine Befriedung verhindern. In den islamischen Ländern werden z.B. amerikanische Soldaten noch heute als Kreuzritter bezeichnet, das geschieht bewusst von mächtigen und extremen religiösen Führern, die damit die eigenen Leute so weit polarisieren, um heute als religiöse Fanatiker ihren Glaubenskrieg in unseren Breiten und Städten zu führen.

Und verstehen Sie mich bitte richtig! Ich zweifle keine Gottheiten an und lasse jedem seinen Glauben, welcher auch immer das ist. Auch ich habe meinen Glauben. Ich stelle lediglich das Machtkonstrukt »Organisation« infrage.

Zweifelsfrei hat die Kirche viele gute Seiten, viele gute Menschen, viel gutes »Personal«. Ich habe in meinem Leben großartige Priester, Pfarrer, Ordensschwestern oder grundsätzlich katholischen Orden angehörige Menschen kennengelernt, die unglaublich viel Gutes taten und tun. Dennoch, es bleibt diese Machtkonstruktion in meinem Mund als bitterer Geschmack zurück. Denn, wo diese Form der Macht ist, kann keine Liebe sein!

Der machtvolle Mensch

Ich habe zwei Arten von Machtmenschen in meinem Leben getroffen. Die, denen man es sofort ansieht, und die, bei denen es subtil erlebt wird. Die – nicht immer grauen – Eminenzen. Machtvolle Menschen scheinen durchsetzungsfähig, sie erreichen Ziele, unterwerfen sich nicht und lassen sich nicht unterwerfen! Sie halten die Fäden in der Hand, sie kennen die Mechanismen der Macht, die Regeln und die Spielregeln, spielen das Spiel und nutzen es für sich.

Machtmenschen und die Ausübung von Macht sind Teile des Lebens. Ohne Macht scheint es nicht zu funktionieren. Machtvolle Menschen sind oft sehr erfolgreiche Menschen, die es genau dadurch – dass sie die Macht leben – zu etwas gebracht haben.

Menschen, die keine Macht ausüben, die anderen die Macht überlassen, sich nicht widersetzen, verlassen oft den Pfad des Erfolges oder erreichen ihn gar nicht. Ich nenne sie die »machtlos Unmächtigen«, die Menge der Gutmenschen, die Macht vollkommen ablehnt oder davor Angst hat. Nun, Machtausübung ist anscheinend keine Tugend, dennoch braucht sie immer zwei. Die »starken Mächtigen«, welche Macht in der Hand haben und sie nutzen, und die Unmächtigen, die sie bei sich anwenden lassen. Und dann gibt es auch noch die dritte Kategorie, die der Ohnmächtigen.

Die Unmächtigen sind der Meinung, dass Macht für sie nicht mach(t)bar ist, dass andere sie zwar besitzen, sie selbst aber keinen Zugriff darauf haben. Doch das stimmt nicht. Jeder Mensch kann sich machtvoll verhalten, jeder Mensch kann lernen, machtvoll zu agieren. Jeder Mensch kann sich Zutritt verschaffen zu seinen eigenen Machtfeldern, diese erkennen und nutzbar machen. Menschen, welche Macht nicht nutzen, sind dem Leben gegenüber oft sehr lahm eingestellt. Wenn ich keine Macht nutzen möchte, brauche ich auch keine Handlung setzen – das erspart mir Arbeit, und schimpfen ist manchmal doch einfacher als agieren. Die unmächtigen und ohnmächtigen Mitarbeiter in Organisationen erkennt man meistens auf den ersten Blick. Regeln, Prozesse und Strukturen sind wichtig. Sie erfüllen eine lebensnotwendige Funktion für den Unmächtigen und Ohnmächtigen – man kann sich hinter all dem verstecken und verkriechen. Der Schraubstock sitzt eng, sie tun und arbeiten den Mächtigen zu, oft behäbig und beharrend auf den Dingen, die »immer schon so waren« und im besten Fall so bleiben sollten. Sie erfüllen ihre Aufträge, sind folgsam in den Anweisungen, beugen sich und ducken sich, verhalten sich oft passiv-aggressiv! Sie würden mal gerne jemandem die Meinung geigen, wenn sie sich trauen würden. Sie gehören zu den Armeen von schwerfälligen und klebrigen Gummibärchen.

Unmächtig sein und ohnmächtig sein, wie lange lässt sich das durchziehen? Muss sich denn nicht jeder einmal im Leben mächtiger positionieren oder durchsetzen? Wer Macht nicht nutzt, zahlt oft einen sehr hohen Preis. Man muss Macht nicht 24 Stunden am Tag durchziehen, aber man sollte machtvoll auftreten, machtvoll agieren *können*, wenn man es braucht. Denn wer soll Ihnen denn den Hintern retten, wenn Sie es nicht selbst tun können? Es ist ziemlich unsexy, permanent von Dauernickern, Alltagsluschen und Jasagern umgeben zu sein. Von spannend, anregend und kreativ ist das so weit entfernt wie der Mars von der Venus. Unmächtige und Ohnmächtige mögen sich ihrer persönlichen Machtfelder besinnen und lernen, diese dort einzusetzen, wo sie sich schützen oder etablieren müssen.

Viele bleiben der Einfachheit halber die Opfer der Mächtigen. Leiden erfordert weniger Aufwand, als machtvoll dagegenzusetzen und Verantwortung zu übernehmen. Sie tun das, was die Mächtigen von ihnen verlangen. Der Jammer dabei ist, dass die eigenen Wünsche und Bedürfnisse vernachlässigt werden und nicht erfüllt werden können. Von unmächtig und ohnmächtig zu Machtmensch kann ein weiter Weg sein. Wie ein bekanntes Sprichwort sagt: »Jede Reise beginnt mit dem ersten Schritt!« Machtvoll aufzutreten, machtvoll zu handeln, ist durchaus erlernbar. Wie bei jeder Veränderung dauert es seine Zeit und erfordert Kontinuität.

Natürlich hat die Veränderungsfähigkeit individuell auch mit Werten, Einstellung und Haltung zu tun. Einstellungen kann man korrigieren, wenn man das möchte und die Entscheidung trifft, es zu tun. Wobei ich Sie hier aber bitte, machtvolles Auftreten nicht mit Diktatur zu verwechseln. Die Wirtschaftswelt ist machtbesiedelt. Wer mithalten will, wer im Strudel der Veränderungen und des steigenden Drucks oben bleiben will oder nach oben kommen will, der muss sich mit schlagenden Themen wie Macht und Einfluss auseinandersetzen und diese beiden starken Wirkungsfaktoren auch aktivieren und anwenden lernen. Dazu benötigen Sie eine Portion gesunden Selbstwerts und ein stabiles Selbstbewusstsein. Macht ist nicht immer pfui, Macht bzw. machtvolles Auftreten ist manchmal ein wichtiger Schutzschild.

Der Code der Macht und mächtig fiese Tricks

Macht 1: Schlüpfen Sie aus dem Kokon der Un- oder Ohnmacht

Entfalten und entwickeln Sie Ihre Macht. Beobachten Sie das Verhalten von machtvollen Menschen und kupfern Sie sich etwas Passendes ab. Denken Sie sich mächtig. Der Mächtigere gewinnt.

Es könnte eine Szene aus einem Film sein. Fünf Führungskräfte sitzen um den Tisch herum. Zwei davon haben die Langhans-Position eingenommen. Arme hinter dem Nacken verschränkt. Etwas hineingerutscht in den Sessel, die Beine lang ausgestreckt. Einer lümmelt am Tisch. Einer erzählt und einer spielt am Handy. Sie sitzen alle auf den gleichen stoffbezogenen Sesseln, von denen es nur die fünf gibt. Sie befinden sich im Meetingraum des Vorstandes, der sie zu einer Sitzung gerufen hat. Der Geschäftsführer kommt, bringt seinen eigenen Lederdrehstuhl mit. Dieser ist größer, breiter und somit mächtiger als alle anderen. Er schiebt den Sessel an den runden Tisch und setzt sich zu den fünf Führungskräften. Die Arme der beiden Langhänse fallen vom Nacken – denn nun ist der Leithammel da. Der sagt ihnen jetzt, wo es langgeht. Somit ist das Recht an dieser Körperhaltung verloren.
Der Lümmler sitzt nun brav und aufmerksam, der Handyspieler hat das Handy sofort beiseitegelegt und der Erzähler beginnt, eiligst aufzuzählen und zusammenzufassen, was schon besprochen worden ist.

Der Mächtige betrat den Raum nach dem Motto des cäsarischen Ausrufs: Veni, vidi, vici – ich kam, sah und siegte. Aber nur für den Moment. Denn nun betritt unangemeldet und überraschend die äußerst attraktive Ehefrau des Geschäftsführers, welche auch die Eigentümerin des Unternehmens ist, den Raum. Nun, Sie wissen, was passiert? Die Machtkarten werden neu gemischt und ausgeteilt. Nicht nur Position und Status rocken – vergessen Sie nicht: Sex sells!

Macht 2: Die Kontrolle

1. *Recherchieren Sie:* Sammeln Sie Informationen und quetschen Sie Geheimnisse von Ihren Zielpersonen heraus. Suchen Sie ihre Fehler und Schwächen. Die benötigen Sie, um diese gegen sie zu verwenden.
2. *Belohnen Sie:* Belohnen Sie Ihre Zielperson für etwas. Machen Sie das sehr machtvoll und gönnerisch. Machen Sie es deutlich von oben nach unten.
3. *Bestrafen Sie:* Verwenden Sie zum Beispiel Arroganz, Geringschätzung, Ignorieren, deutliches Bevorzugen oder Loben einer anderen Person als Strafe. Verhängen Sie Sanktionen und strafen Sie mit Embargos.
4. *Machen Sie »Nach«-druck:* Verlangen Sie alles nachdrücklich! Sprechen Sie Aufträge mit Nachdruck aus. Unterstützen Sie das auch mit Ihrer Körpersprache.

Macht 3: Sorgen Sie gut für Ihre Entourage

Legen Sie sich ein Gefolge zu! Umgeben Sie sich mit Gefolgsleuten! Sorgen Sie dafür, dass Sie ständig mindesten einen von Ihren Gefolgsleuten mithaben. Gefolgsleute halten Ihnen den Rücken frei, erledigen unangenehme Dinge für Sie. Sorgen Sie gut für diese Leute, dann werden sie Ihnen dankbar dienen.

Macht 4: Machtfaktor Zeit

Bei Ihrem Gefolge oder Ihren Untergebenen – bzw. bei jenen, die Sie in Ihre Macht nehmen wollen: Kommen Sie zu spät. Lassen Sie diese Menschen auf Sie warten. Oder lassen Sie jemandem keine Zeit, etwas bei Ihnen zu platzieren. Bauen Sie Zeitdruck auf, indem Sie sagen: »Sie haben eine Minute!«

Macht 5: Die ungleichen Regeln

Es ist sowieso klar. Für alle gelten die gleichen Regeln, nur für Sie nicht! Logisch, oder? Stellen Sie Regeln für Ihr Gefolge von Pseudomächtigen, Unmächtigen und Ohnmächtigen auf. Nur Sie selbst halten sich nicht daran. Bestrafen Sie, wenn ein anderer die Regeln bricht!

Macht 6: Die Körpersprache der Macht

Gehen Sie noch mal zurück zu meinem Kapitel »Körpersprache«. Studieren und probieren Sie die machtvollen Körperhaltungen aus. Lassen Sie das Gefühl in Ihrem Körper wirken.

Nehmen Sie die Körpersprache einer machtvollen Person ein und üben Sie diese. Sie können klein beginnen, indem Sie sich groß und breitmachen. Oder, anstatt wie ein Pinguin dazustehen, die Körperhaltung des Bodyguards oder der Powerwoman einnehmen. Probieren Sie es aus!

Macht 7: Die Sprache der Macht

Eine ausgezeichnete Rhetorik beeinflusst maßgeblich. Der sprachliche Ausdruck ist mächtig. Es muss eines jeden erfolgreichen Menschen oder Erfolgswünschenden Ziel sein, sich mit Sprache und der

Kunst der Rhetorik auseinanderzusetzen, diese zu verbessern und sie im besten Fall zur Exzellenz zu führen.

Macht 8: Nutzen Sie die Macht der Bilder

Der alte Spruch »Ein Bild sagt mehr als tausend Worte« wird dem Anspruch der Absolutheit gerecht. Denn manche Metapher, manche bildhafte Geschichte hat schon eine Wahl entschieden.

Hier ist ein kleiner Exkurs zur Wirkung und Machtentfaltung über Sprache.

1. Lassen Sie in den Köpfen der Menschen Comics entstehen:
   Neutrale Aussage: Martin geht ins Büro.
   Bildwirksame bunte Formulierungen: Martin hetzt ins Büro, Martin latscht ins Büro, Martin schleicht ins Büro, Martin sprintet ins Büro, Martin hirscht ins Büro, Martin schleppt sich ins Büro, Martin flitzt ins Büro, Martin galoppiert ins Büro.
   Ich gebe schon zu, nicht jede Formulierung passt in jeden Kontext. Dennoch: Zu einem Kunden, den ich gut kenne und mit dem ich eine humorvolle Basis habe, kann ich schon mal sagen: »Ich flitze ›Superman like‹ für Sie in die Buchhaltung, damit Sie die Info ganz schnell bekommen.« Bei Vorträgen und Präsentationen sollte man auf die Wirkung von bildwirksamen bunten Formulierungen setzen. Also, trauen Sie sich, bildhaft zu sein, geben Sie jedoch auf Situation und Kontext acht.
2. Die Metapher:
   Die Herkunft des Wortes laut Duden: »Lateinisch metaphora – griechisch metaphorá – zu: metapheréin: anderswohin tragen.« Anderswohin tragen ist eine treffende Beschreibung. Ich trage dich mit meiner Sprache zu etwas hin oder, andersherum formuliert, von etwas weg. Ich trage dich von den Fakten, die du vielleicht gerade nicht verstehen kannst, zu den Bildern, die direkt und sofort wirken und dir das Verständnis für die Fakten bringen.

Metaphern sind alltäglich, beinahe jeder verwendet sie. Warum sie also nicht auch gezielt einsetzen? Metaphern verdeutlichen und veranschaulichen! Ich möchte Paul Watzlawicks pragmatischem Axiom Nr. 1, »Du kannst nicht nicht kommunizieren«, eine meiner Grundregeln hinzufügen: »Du kannst nicht nicht in Bildern denken!« Wir denken in Bildern und in ganzen Filmen, wir stellen uns Zukünftiges in Bildern und ganzen Filmszenen vor. Metaphern gehören in unserem Sprachkreis dazu. Wir sagen: Jemandem das Herz brechen, im siebenten Himmel schweben, mir platzt gleich der Schädel, einer Person nicht das Wasser reichen können usw. Sie sehen, Metaphern sind in unserem Sprachkreis allgegenwärtig. Lassen Sie uns diese also im beruflichen Feld oder dort, wo Sie etwas erreichen wollen, erfolgreich einsetzen.

Eine neue Klientin im Coachinggespräch mit mir. Hier lesen Sie einen kurzen Abriss von einer Coachingarbeit mit Metaphern.

Die Klientin sagt gleich beim Hinsetzen: »Mir gehts schlecht!«
Ich: »Wie sieht das aus, dieses ›Schlecht‹?«
Sie antwortet im metaphoren Stil: »Ich fühle mich wie eine einzelne Blume auf einem ausgetrockneten Wiesenabschnitt.«
Ich: »Was ist da noch um Sie herum?«
Sie: »So rund um mich und meinen vertrockneten Abschnitt ist eine saftige Wiese, auf der die anderen gemeinsam stehen. Bunt zusammengewürfelt stehen sie da und strahlen um die Wette.«
Nun war das Thema ja schon klar! Sie drückte es auf diesem Wege aus.
Ich: »Was wünscht sich diese Blume auf diesem vertrockneten Wiesenabschnitt?«
Sie: »Sie möchte mit den anderen auf der saftigen Wiese stehen, bunt und strahlend.«

Ich: »Was braucht sie dafür?«
Sie: »Sie braucht Wasser!«
Ich: »Was noch?«
Sie: »Sie braucht Dünger und, ja, sie braucht Sonne!«
Ich: »Was noch?«
Sie: »Hmm ... ich glaube, sie braucht frischen Wind.«
Ich: »Was noch?«
Sie: »Ich glaube, das war es. Mehr braucht sie nicht.«
Ich: »Was könnte denn das Wasser sein?«
Sie: »Das Wasser könnte Mut sein und Zuversicht!«
Ich: »Und der Dünger?«
Sie: »Weiterentwicklung, ja, der Dünger könnte Weiterentwicklung sein.«
Ich: »Worin?«
Sie: »In der Art und Weise, auf Menschen zuzugehen.«
Ich: »Was ist die Sonne?«
Sie: »Die Sonne ist die Nachhaltigkeit und Ausdauer, die auf die Blume scheint.«

Manchmal fällt es Menschen leichter, in Form einer Metapher über Herausforderungen, Sorgen und Probleme zu reden. Letztendlich ist es gerade beim Coaching wichtig, keine Metapher vorzugeben, sondern zu nehmen, was vom Klienten kommt. Ich habe diesen Coachingprozess über eine Metapher zu einem positiven Ergebnis navigiert. Als Nachintervention ließ ich der Kundin eine wunderschöne Blüte in einem ganz besonderen Blumentopf liefern.

Macht 9: Wissen ist Macht! Eine alte Wahrheit!

Achten Sie auf eine gute Allgemeinbildung und bilden Sie sich ständig weiter. Im Kapitel »Mit dem Top 12-Navigationsbaukasten Macht und Manipulationsstrategien entschlüsseln« beschreibe ich das Thema ausführlicher!

Macht 10: Kleiden Sie sich machtvoll!

Vor einem Mann im hellrosa Hemd und in hellrosa Hose würden Sie wohl weniger Respekt und Ehrfurcht haben als vor einem, der im dunkelblauen Anzug – natürlich Dreiteiler – vor Ihnen steht. Dazu Hemd und Krawatte, handgefertigte Schuhe, das Handgelenk verwöhnt mit einem Statussymbol und vielleicht einem Pin, der für die Mitgliedschaft in einer Organisation steht. Okay, da haben Sie schon recht. Ich akzeptiere den Einwand, dass so ein Styling wohl nicht ganz so günstig ist. Auch hier können Sie klein anfangen. Achten Sie auf die Farben, die Sie wählen. Wählen Sie den Anzug oder das Businesskostüm in gedeckten oder dunkleren Farben.

Entwickle den Psycho-Instinkt!

Wer schlummert oder ist gar wach? Von Manipulationsopfern über Manipulationsterroristen zu Manipulationspsychos

Jack Unterweger, Josef Fritzl, Anders Behring Breivik, Richard Kuklinski – »The Iceman«, die mordende Eisprinzessin, die Schießerei 2016 vor der Burger-Filiale in München und, und, und ... Die Zahl der Wahnsinnstaten scheint zu steigen. Sie sind unter uns, unscheinbare, unentdeckte, harmlos wirkende, so höfliche, nette, charmante, eigenbrötlerische tickende Zeitbomben. Die irgendwann einmal zuschlagen, niemand hat es geahnt, niemand hat ausreichende Vorzeichen bemerkt. Danach heißt es meist: »Na ja, ein bisschen komisch war er schon, ein bisschen anders. Aber, dass der ..., nein, das hätten wir nicht gedacht!« Aber sie sind unter uns. Meist sind ihre Opfer ahnungslos, wissen nicht, warum sie gestalkt werden, wissen nicht, warum sie getötet werden, wissen nicht, warum gerade sie.

Im Nachhinein wissen es die Menschen besser. Vorher sehen wir die Schatten nicht, die auf einer Seele liegen. Wir sehen nicht den kranken Wurm, der sich seinen zerstörerischen Weg durch dessen Gehirn bahnt. Der sich nährt vom Blut des Bösen. Die Hoffnung ist, dass wir nicht auf der Watchlist stehen und nicht diejenigen sind, in die sich diese negative Spirale hineindreht, um sich durch unseren Geist und Körper zu schrauben, uns die Luft zum Atmen und die Kraft, zu leben, nehmen kann – in voller Konsequenz. Ich schreibe das nicht, um Angst zu machen, ich schreibe es aber auch nicht, um zu beruhigen. Ich möchte nur, dass Sie vorsichtig und wachsam sind und davon ausgehen, dass Ehrlichkeit genauso eine Illusion sein kann wie Harmonie. Wer ist um Sie? Wer ist hierarchisch über Ihnen, wer ist unter Ihnen? Das rein Gute hat weniger Auftrieb. Die sich oben tummeln, an den Spitzen von Unternehmen, an den Spitzen von Wirtschaftsorganisationen und an den Spitzen des organisierten Verbrechens, sind nicht unbedingt die Guten, oft ist es die »Elite« oder die schmierige, ölige über den Erdball verbreitete Masse von Manipulations- und Machtpsychos, der mörderische, vernichtende gesellschaftliche Plebs der Menschheit.

Abgesehen von kriminellen Ausprägungen aber, gibt es überall »Alltagspsychopathen«, die ständig um uns sind. Deshalb beschäftige ich mich in diesem Kapitel mit den Anteilen der Persönlichkeiten, mit denen Sie auch am Arbeitsplatz und im Privatleben konfrontiert sein können.

Um sich gegen solche Personen zur Wehr zu setzen, bauen Sie Ihre Position aus, arbeiten Sie an einem sympathischen und machtvollen Auftritt, der es Ihnen erlaubt, sofort das Schwert der Abgrenzung zu schwingen und dem Manipulationstäter oder -psycho, der oft selbst ernannten Elite und dem Plebs den Riegel vorzuschieben, um all jenen gewaltig in den Hintern zu treten.

Wenn jemand Ihre Grenzen antastet, dann verteidigen Sie diese, seien Sie Ihre eigene Burg, die jederzeit bereit ist, ihre schweren Tore zu schließen, den Balken vorzuschieben, um sich vom Turm her, gesichert durch den Wassergraben und die Ritterrüstung, zur Wehr zu setzen.

Die Persönlichkeit eines Menschen kann vielerlei Störungen vorweisen bzw. auch eine Vielzahl von Persönlichkeitsstilen, die den Störungen in der Symptomatik ähnlich sind. Ich möchte diese Persönlichkeitsstörungen oder -stile als einzelne Einheiten betrachten, weil dies das Verstehen sowie das Wahrnehmen einzelner Marker (Anzeichen) für den Laien erleichtern kann. Die unterschiedlichen Störungen und Stile, die ich anführe, stellen keinen Anspruch auf Vollständigkeit. Ich habe daraus einen Auszug gewählt, von Typen, die mir in unterschiedlichsten Formen und Ausprägungen in meinem Arbeitsalltag immer wieder begegnet sind. Und natürlich sind alle bekannten Störungen und Stile in unterschiedlichen Mischformen und in genauso unterschiedlichen Intensitäten möglich.

Obwohl ich weder Psychiaterin, Therapeutin noch Medizinerin bin, beschäftige ich mich selbstverständlich als Expertin für das Verhalten des Menschen auch mit dieser Thematik. In diesem Bereich natürlich nicht aus der medizinischen, diagnostischen und therapeutischen Sicht. Ich kann weder heilen noch therapieren. Ich beschreibe hier, was ich in den vielen Jahren meiner Arbeit über Menschen gelernt habe, was ich erlebt habe und wie ich es erlebt habe. Ich wünsche mir, dass Sie durchaus offen und positiv, aber dennoch stets aufmerksam und auch argwöhnisch durchs Leben gehen.

Immer, wenn ich in meinen Seminaren »Marker« aufzähle, die auf Narzissmus und Psychopathie hinweisen könnten, kennt irgendein Teilnehmer irgendjemanden, der so ist. Vor Kurzem war ich zu einer Podiumsdiskussion einer Wissenschaftsgruppe zum Thema »Psychopathie« eingeladen. Es waren hier nicht nur Wissenschaftler anwesend, sondern auch Menschen, die meinten, von Psychopathen Betroffene zu sein.

Als einer der Wissenschaftler aufzählte, woran Psychopathen erkennbar sind, beobachtete ich das Publikum. Ich erlebte nachdenkliche und sehr beunruhigte Gesichter. Es gab letztendlich nicht nur die Diskussion am Podium, sondern anschließend eine unglaublich lange andauernde Fragerunde. Vermutungen, von »Ich glaube, mein Chef ist ein hochgradiger Narzisst!« bis »Mein Vater ist definitiv einer!«, sowie eine Vielzahl von ängstlichen Fragen wurden formuliert. Dies war für mich ein Zeichen, wie viele Menschen Erfahrungen mit Narzissmus oder auch Psychopathie zu haben scheinen.

Apropos Angst, ich möchte mit diesem Kapitel niemandem Angst machen, ich möchte Ihre Aufmerksamkeit für die Auseinandersetzung mit diesem Thema wecken, ich möchte Ihre Aufmerksamkeit steigern.

Part 1: Die Psychopathen

Psychopathen sind, wie der amerikanischen Psychologe Robert D. Hare in seinem Buch »Gewissenlos – Die Psychopathen sind unter uns« schrieb, nicht wie herkömmlich verstanden »wahnsinnig«. Sie sind oft sehr intelligent, der Verstand funktioniert tadellos. Sie wissen, was richtig oder falsch ist. Rein rational verstehen sie auch die Denke und das Fühlen des Gesprächspartners oder der Zielperson. Das, was ihnen schlichtweg fehlt, ist der empathische Zugang zu Menschen. Ihr eigenes Erleben von Liebe, Angst, Mitgefühl, Schuld oder Reue scheint laut Hare eingeschränkt zu sein.  Hare bezeichnet sie als eine Form von Raubtier – perfekt angepasst an das, was sie wollen, instinktiv erkennen sie die Schwächen von Menschen und nutzen diese, um sie auszubeuten.

Wo kein Gefühl bzw. keine Empathie für Menschen vorhanden ist, ist es leicht, einen Menschen zur Zielperson zu »nominieren« und diese dann skrupellos zu benutzen, zu verfolgen, auszubeuten oder sogar zu töten! Psychopathen halten uns, die »Normalos«, oft für gestört. Wie können wir bloß Emotionen haben? Emotionen sind das Mittel, das uns angreifbar macht. Für uns sind Gefühl, Mitgefühl und Empathie wichtige Faktoren beim Zusammenleben. Psychopathen sind oft charmant, schauen einem in die Augen mit einem herzerwärmenden Lächeln und wissen, dass sie ihre Zielperson vollkommen kalt und emotionslos hintergehen werden. Nicht jeder Psychopath agiert oder wird böse. Viele Narzissten oder Psychopathen nutzen ihre Eigenschaften, um erfolgreich im Business zu werden. Ihr Charme, ihre Intelligenz, ihre Geltungssucht und der meist übersteigerte Selbstwert helfen ihnen dabei.

Ob Psychopathen kriminell werden, hängt von vielen Faktoren ab. Ob sie ihren Lebensunterhalt als Vorstandsdirektor oder Killer bestreiten werden, ist abhängig von einer Vielzahl von psychosozialen Faktoren. Narzisstische Persönlichkeiten bzw. Psychopathen finden sich in allen Lebensbereichen, privat, hinter verschlossenen Türen, oder in Unternehmen. Wenn in Unternehmen, dann oft in der Führungsliga oder an der absoluten Spitze. Wie Hare vermutet, ist von hundert Männern über achtzehn Jahren einer ein Psychopath. In sozialen Berufen finden Psychopathen leicht ihre Opfer, in den Medien einen enormen Spielplatz für ihren übersteigerten Selbstwert, in der Welt der Unternehmen und Politik befriedigen sie ihre Gier nach Macht, Geld und Status.

Nach einer Studie von 2010, welche von Hare, Craig Neumann und Paul Babiak veröffentlicht wurde, beträgt der Psychopathenanteil unter Topmanagern fünf Prozent. Für Sie, als Leserin und Leser meines Buches, scheint es mir nicht relevant zu sein, hier einige Seiten dafür zu opfern, um zu beschreiben, warum jemand ein Psychopath wird. Es geht mir darum, Ihnen einfach ein paar Marker aufzuzeigen, die Ihnen relevante Hinweise liefern.

Der Psychopathen-Check – Das sind einige der Marker

- [ ] Das Selbstwertgefühl ist meist übersteigert.
- [ ] Ist sehr sensitiv dafür, wie andere ihn wahrnehmen und beurteilen.
- [ ] Liebt es, sich in der Bewunderung von anderen zu suhlen.
- [ ] Denkt, alles Gute auf der Welt steht nur ihm allein zu.
- [ ] Andere haben keinen Wert, nur er ist etwas Besonderes.
- [ ] Hat wenig Empathie – wenn Empathie, dann meist gespielt.
- [ ] Ist neidisch, glaubt aber auch, ständig beneidet zu werden.
- [ ] Verhält sich oft arrogant, zeigt Geringschätzung anderen gegenüber.
- [ ] Es geht immer nur um ihn – der Rest der Welt wird ausgeblendet.
- [ ] Hat eine abnorme übersteigerte Vorstellung, wer er ist und wer er einmal sein wird.
- [ ] Gute Optik, Markenartikel gehören dazu – nur das Beste ist gut genug.
- [ ] Übertreibt bei allem – Namedropping, Lokale, Leistungen …
- [ ] Erwartet Zuwendung und Mitgefühl, gibt es aber selbst nicht.
- [ ] Verhält sich wie ein Tyrann.
- [ ] Es interessiert ihn nur, was er spricht, seine Worte haben Gewicht.
- [ ] Fürchtet Strafe nicht.
- [ ] Hoher Erlebnishunger, liebt hohes Risiko.
- [ ] Ihr Lebensstil ist parasitär – sie saugen andere richtig aus.
- [ ] Viele waren schon als Kind (bis zum 13. Lebensjahr) verhaltensauffällig.
- [ ] Wut- und Aggressionskontrolle fallen ihnen oft schwer.
- [ ] Viele von ihnen laufen ziellos und planlos durch ihr Leben.
- [ ] Übernehmen keine Verantwortung, wenn, dann nur zum Schein.
- [ ] Beziehungen sind eher kurz.
- [ ] Hinterhältige Provokation gehört zum Spiel.
- [ ] Wenn Sie ihn nicht so super finden wie er sich selbst, ist er fassungslos und geschockt.
- [ ] Ist ein Kontrollfreak.
- [ ] Verlangt die totale Loyalität.
- [ ] Beutet Menschen aus.
- [ ] Manipuliert Menschen.
- [ ] Will im Mittelpunkt stehen.

- [ ] Ignoriert die Bedürfnisse anderer – gibt sie ihnen nur, wenn es ihm etwas nutzt (gespielt).
- [ ] Gönnt anderen keinen Erfolg.
- [ ] Redet nicht mit Ihnen, sondern quatscht Sie voll.
- [ ] Bricht Regeln.
- [ ] Privatsphäre von anderen interessiert ihn nicht – überschreitet Grenzen.
- [ ] Kritik wirft ihn vollkommen aus der Bahn – verunsichert ihn oder macht ihn aggressiv.
- [ ] Gefühle versteht er nicht.
- [ ] Hält sich für den lieben Gott.
- [ ] Will, dass Sie sich um ihn kümmern, auch wenn es Ihnen schlecht geht.
- [ ] Macht andere Menschen schlecht, denn nur er ist gut.
- [ ] Ist ein Energieräuber.
- [ ] Möchte Dinge über Manipulation erreichen (eigene Anstrengung wird meistens vermieden).
- [ ] Kann aufgrund von Kritik zu Rachefeldzügen neigen.
- [ ] Sieht sich selbst nur in den besten Positionen.
- [ ] Hat keine Neugierde an anderen Personen an sich.
- [ ] Findet rasch heraus, wie Sie ticken.
- [ ] Nur jene Menschen, die für ihn sind, sind wichtig.
- [ ] ICH ist sein Lieblingswort.
- [ ] Rangniedrige sind der »letzte Dreck«.
- [ ] Er ist selbstgerecht.
- [ ] Kann sehr kalt und distanziert sein.
- [ ] Natürlich ist er der beste Liebhaber.
- [ ] Kennt keine Schuld und entschuldigt sich nie.
- [ ] Mitgefühl zeigt er nur, wenn es ihm etwas nützt.
- [ ] Ist stur, unnachgiebig, unsensibel.
- [ ] Kennt für alles eine Lösung und weiß immer besser, wie es geht.
- [ ] Versucht, Nebenbuhler, Konkurrenten zu vernichten.
- [ ] Scheitern geht gar nicht und öffentlich scheitern überhaupt nicht.
- [ ] Betrügt, lügt perfekt, stapelt hoch.
- [ ] Alles ist seins – er ist besitzergreifend.
- [ ] Beleidigt und kritisiert andere.
- [ ] Ist nie mit etwas zufrieden.
- [ ] Kann sich z.B. den Porsche nicht leisten, fährt ihn aber.
- [ ] Lässt Sie warten, bis Sie sprichwörtlich blau sind.
- [ ] Zwingt Ihnen Arbeit auf, die nicht Ihre ist.
- [ ] Behandelt andere schlecht.

- [ ] Er arbeitet nicht gerne: Er macht lieber große Pläne und hängt seinen Visionen nach.
- [ ] Fehler und Schwächen von anderen scannt er heraus und benutzt diese.
- [ ] Braucht massive Anerkennung.
- [ ] Hört nur zu, wenn es um Gutes von ihm geht.
- [ ] Manchmal schüchtern und trotzdem arrogant.
- [ ] Manchmal einsamer Wolf und trotzdem arrogant.
- [ ] Ist oft sexsüchtig oder hat zumindest viele Affären.
- [ ] Hasst Beziehungsmist.
- [ ] Will, dass andere sich an ihn anpassen.
- [ ] Hält andere klein und diskriminiert.
- [ ] Täuscht Eltern, Freunde, Arbeitskollegen, Chefs.
- [ ] Plant alles so, dass er besonders gut dasteht.
- [ ] Macht sich über korrekte Menschen lustig.
- [ ] Ärgert sich über Glück und Erfolg von anderen.
- [ ] Beendet Freundschaften und Beziehungen, wenn sie nicht mehr hilfreich und von Nutzen sind.
- [ ] Arbeitet nach dem Prinzip: mein Haus, Boot, Auto, Freundin.
- [ ] Verletzt andere ständig.
- [ ] Spannt andere ein, um für ihn zu lügen und zu betrügen.

Part 2: Der Soziopath

Oft zeigen Soziopathen das gleiche oder ähnliche Verhalten wie Psychopathen. Sie respektieren keine Grenzen, keine Werte, haben Schwierigkeiten, Gesetze zu akzeptieren und einzuhalten. Sie tendieren zu Manipulation und gewalttätigem Verhalten. Der andere wird zum Eigentum, das Recht auf Selbstbestimmung wird anderen aberkannt!

Sie zeigen keine Reue und auch keine Schuld. Dabei unterscheiden sie sich in einigen Punkten von Psychopathen. Soziopathen haben eine ausgeprägte Gefühlswelt. Manche ihrer Emotionen, wie Wut und Angst, kriegen Soziopathen schwer oder gar nicht unter Kontrolle.

Ihr Verhalten ist oft sehr impulsiv und aggressiv. Meist schaffen sie es nicht, längerfristige Beziehungen zu haben. Vor allen Dingen sind sie zu »normaler« Liebe kaum oder gar nicht fähig. Viele von ihnen haben keinen festen Job, weil sie sich nicht eingliedern oder einordnen können! Wenn man sie bei Fehlern erwischt oder bei etwas ertappt, streiten sie alles ab, werden aggressiv und konstruieren die wildesten Geschichten. So, wie es viele narzisstische Persönlichkeiten und eventuell auch Psychopathen in Unternehmen an der Führungsspitze gibt, findet man Soziopathen verstärkt u.a. im Bereich von Kunst, Kultur, aber auch in der Schauspielerei und in der Modeszene.

Dabei wünschen sich Soziopathen oft enge Beziehungen, sie schaffen es nur aufgrund ihrer Aggression und Reizbarkeit nicht, diese Beziehungen zu erhalten. Die Partnerinnen oder Partner können diesen Typus schwer oder gar nicht aushalten. Nicht jeder Soziopath wird straffällig. Da sie aber schwer Regeln, Grenzen und Gesetze akzeptieren, ist der Weg in die Kriminalität oft ein kurzer! Sie fürchten sich anscheinend nicht vor Konsequenzen, noch verspüren sie Schuld oder Reue. Wobei mancher Wissenschaftler davon ausgeht, dass Soziopathie oft das Resultat von gewalttätiger und sozial verarmter Familienbeziehung in der frühesten Kindheit ist. Dagegen meinen dieselben Wissenschaftler, dass die Psychopathie genetische Ursachen hat.

Viele Soziopathen haben Charisma. Menschen suhlen und scharen sich deshalb in manches Soziopathen Nähe. Irgendetwas macht sie anziehend. Soziopathen geben die Richtung vor, sagen, wo es langgeht. Sie wirken auf viele Personen erotisch anziehend. Ich will nicht schubladisieren, dennoch bestätigten mir Spezialisten, dass Soziopathen eine hohe sexuelle Aktivität haben, die eher nicht 08/15- oder blümchensexmäßig abgeht. Im Reich der Soziopathen ist der Sex tendenziell oft gewaltvoll, und es findet sich häufig eine Vorliebe für merkwürdige Fetische. Da dieser Typus weder Reue noch Schuld und Scham kennt, kann er bedenkenlos betrügen und Menschen Gewalt oder Seelenleid zufügen!

Sie spielen anderen sehr oft vor, dass diese in ihrem Leben wichtig sind, machen unglaublich aufwendige Aktionen, um – meist Partnern – zu zeigen, was sie alles für sie tun. Dieses »Tun« nutzen sie ganz für sich aus. Denn der Partner hört immer wieder, was er nicht alles für sie oder ihn getan hat. Der andere würde dies nicht schätzen!

Was sie tun, tun sie nur aus Eigenliebe und Selbstinteresse. Und sie schaden anderen vollkommen gnadenlos. Sie wollen dominieren, recht behalten und letztendlich gewinnen. Einen Streit zu verlieren, das geht nicht! Sie verteidigen ihre Aktionen und Streitereien mit den absurdesten Argumenten und nutzen ihre oft sehr hohe Intelligenz, um andere Menschen in die Irre zu führen. Und dieser hohe Intelligenzquotient stellt bei vielen eine hochgradige Gefahrenquelle dar. Ein typisches Beispiel für einen hochgradigen Soziopathen ist Charles Manson! Viele dieser hochgradigen Soziopathen entzogen sich durch Selbstmord der Justiz.

Was bewundernswert erscheint, ist der intensive Lebensstil.

Nichts ist zu schnell, zu hoch oder zu weit. Sie lieben das Risiko und machen die verrücktesten und riskantesten Aktionen. Meist sind sie unberechenbar, man weiß nie, was ihnen einfällt und welche irrationalen oder gefahrvollen Dinge als Nächstes auf der Liste stehen. Auch die Sprachmuster eines Soziopathen sind auffällig, denn der ausgeprägte Soziopath neigt zu heroischen Aussagen und übertreibt. Dort, wo Sie sagen würden: »Ich bin in einen Fischschwarm geraten«, würde er gegen Haifische gekämpft haben!

Ich habe durch meine Tätigkeit Soziopathen kennengelernt, die durchaus poetische Bücher hätten schreiben oder poetische Lieder singen könnten. Viele davon sind einer poetischen Sprache mächtig und schaffen es so, Menschen zu faszinieren. Ihre Art und Weise zu sprechen, ihre Körpersprache einzusetzen, wirkt auf viele Menschen unglaublich anziehend und oft hypnotisch. Wenn Sie einen Soziopathen auf frischer Tat ertappen, wie er einen Diamanten in einem Schmuckgeschäft stiehlt, wird er Ihnen vermutlich erzählen, dass er diesen vor einem geplanten Diebstahl durch russische KGB-Mitarbeiter beschützen und somit wegbringen muss. Er stellt sich gerne als der Hero, als der Superman, Batman oder der Edelste von allen dar. Verzweifelt wird er Sie anschreien, warum Sie ihm nicht glauben, er sei doch immer ehrlich und aufrichtig zu Ihnen gewesen, und Sie misstrauen ihm nun.

Was tun, um sich zu schützen oder dagegen vorzugehen?
Ich kann und möchte Ihnen keine therapeutischen Tipps oder psychologischen Ratschläge geben. Sollten Sie mit so einem Typus zu tun haben, so empfehle ich Ihnen, auf professionelle Unterstützung zurückzugreifen.

Aber, Achtung!

Ausgeprägte Soziopathen können gefährlich sein! Denn viele Soziopathen werden sofort aggressiv, wenn sie sich durch Sie bedroht oder in die Ecke gedrängt fühlen. Sollten Sie in einem Naheverhältnis mit einem Soziopathen sein, sogar vielleicht mit ihm zusammenleben, dann seien Sie bitte vorsichtig. Denn Grenzen – psychische wie physische – werden leicht überschritten! In so einem Fall ist Hilfe von außen ein wichtiger Faktor, um sich aus den Fängen solch einer Person zu befreien.

Grundsätzlich können Sie aber seine Geschichten überprüfen, vielleicht nur, um Gewissheit zu bekommen. Seien Sie auch da vorsichtig und recherchieren Sie im Hintergrund. Da viele Soziopathen Fangemeinden um sich scharen, die auf sie eingeschworen sind, fragen Sie bei solchen Personen nicht nach. Denn es kann sein, dass sich Ihr Soziopath als »Meister« seiner Fans sieht oder so etwas wie »Guru-Status« genießt.

Sollten Sie ihn mit Fakten oder Tatsachen konfrontieren, kann es sein, dass er Sie sofort beschimpft und Sie als Verschwörungstheoretiker oder Lügner hinstellt. Wenn Sie also einen Soziopathen mit Fakten konfrontieren, wird er vermutlich mit Aggression reagieren. Deshalb sollten Sie »just in case« einen Experten zurate ziehen, der Ihnen sagen kann, ob Sie es wirklich mit diesem Typus zu tun haben, und der Ihnen dann auf dem Weg aus einem möglichen Dilemma helfen kann!

Der Soziopathen-Check – das sind einige der Marker

- [ ] Geringfügiger Anlass – heftige Wutausbrüche.
- [ ] Rascher Wechsel zwischen Trauer, Panik, Wut …
- [ ] Nur Höhen und Tiefen – keine Balance.
- [ ] Stress lässt ihn ausrasten.
- [ ] Zieht Streitigkeiten und Kleinigkeiten tagelang raus.
- [ ] Verhält sich wie ein Scheusal.
- [ ] Braucht ständig jemanden, will nicht allein sein.
- [ ] Genießt verbale Auseinandersetzungen.
- [ ] Rastet vor Leuten aus.
- [ ] Kann seine Wirkung auf andere nicht abschätzen.
- [ ] Droht mit Selbstmord, mit Amok.
- [ ] Eskaliert ständig und eckt ständig an.
- [ ] Wenn er da ist, gibt es Stress.
- [ ] Die ganze Familie um ihn herum verhält sich angepasst.
- [ ] Streit und Konflikt sind seine Nahrung.
- [ ] Wirft mit Dingen und macht Dinge kaputt.
- [ ] Ist extrem nachtragend.
- [ ] Um sich zu spüren, lassen sich viele gerne tätowieren.
- [ ] Erniedrigt andere, beschimpft und demütigt sie.
- [ ] Stürzt sich schnell in neue Beziehungen.
- [ ] Wehrt sich gegen reale Verlassensversuche.
- [ ] Benimmt sich manchmal sehr melodramatisch.
- [ ] Flucht und beleidigt.
- [ ] Wird schnell wütend.
- [ ] Hat eine niedrige Frustrationsschwelle.
- [ ] Lügt, wenn es ihm nützt.
- [ ] Fühlt sich eigentlich in seiner Haut nicht wohl, wünscht sich, er wäre jemand anderer.
- [ ] Verletzt sich absichtlich selbst.
- [ ] Wenn er nicht verstanden wird, wird er zornig.
- [ ] Muss der Mittelpunkt sein.
- [ ] Beziehungen sind durchzogen von Gewalt, Streit und Demütigung.
- [ ] Fühlt sich zu Gaunern, Prostituierten, Drogensüchtigen, Gefahrsüchtigen oder Verantwortungslosen hingezogen.

- ☐ Kritik kann er nur von wenigen entgegennehmen, meist wird er wütend und beschimpft andere.
- ☐ Kontinuierliche Empathie ist nicht möglich.
- ☐ Ihm geht es immer schlechter als den anderen.
- ☐ Manipuliert durch drohen, schimpfen und demütigen.
- ☐ Erwartet für alles eine Gegenleistung.
- ☐ Kann in Wirklichkeit nicht lieben, sondern besitzt.
- ☐ Lernt nicht aus früheren Erfahrungen, Beziehungen oder Freundschaften.
- ☐ Verhält sich extrem unverhältnismäßig.
- ☐ Machtkämpfe sind an der Tagesordnung.
- ☐ Behauptet ständig, unter Krankheiten zu leiden.
- ☐ Schiebt anderen die Schuld zu.
- ☐ Will etwas erreichen, kann aber nicht planen und handeln, scheitert immer wieder.
- ☐ Antwortet auf Kritik mit Gegenkritik.
- ☐ Exfrauen oder Kinder brechen oft den Kontakt zu diesem Typus ab.
- ☐ Hat Affären – meist One-Night-Stands oder Extreme-Erotik.
- ☐ Hat eine Tendenz zu Drogen.
- ☐ Will von seiner Zielperson geliebt werden (will es erzwingen).
- ☐ Leidet oft unter Spielsucht, Fressanfällen und Alkoholmissbrauch.
- ☐ Verfolgt Menschen oder bedrängt diese.
- ☐ Er hat ein Leben voll mit Spannungen.
- ☐ Rülpst, würgt, kotzt in der Öffentlichkeit, lässt seinen Flatulenzen oft freien Lauf.
- ☐ Pflichten vergisst er gerne, aber Rechte fordert er vehement ein.
- ☐ Schafft es, Menschen emotional zu machen.
- ☐ Er hat ein Leben voll mit Spannungen.
- ☐ Pflichten vergisst er gerne, aber Rechte fordert er vehement ein.
- ☐ Schafft es Menschen emotional zu machen.
- ☐ Macht theatralische Aktionen, um die scheinbar geliebte Zielperson zu bekommen.
- ☐ Kontrolliert Menschen und manipuliert sie.

Part 3: Die Dramaqueen

Das Seminar, Tag eins begann. Bis auf einen Teilnehmer waren alle da und schauten mich mit interessierten Gesichtern an. Ich erzählte eine zum Thema passende Geschichte, und gerade eine Sekunde vor der Pointe läutete es an der Tür.

Das Läuten hatte sich in den Mittelpunkt gesetzt, und jeder war kurz irritiert. Okay, Pointe angebracht. Alle hatten verstanden. Aber irgendwie, so hundert Prozent pointiert hingeknallt, nein, das war es nicht. Wie auch? Irgendwie war das Läuten der Glocke schon ein Vorbote. Meine Assistentin öffnete die Tür, was wir nicht sehen konnten, da wir im Seminarraum waren. Plötzlich tönte eine etwas schrille Männerstimme aus dem Vorzimmer: »Huhuhuhu, ich bin dahahhh!« Man muss dazusagen, dass keiner von uns diesen Teilnehmer vorher gekannt hatte. Mit leicht erschöpftem Gesichtsausdruck und Leidensmiene stand er plötzlich, dramatisch inszeniert, mitten im Seminarraum – ohne Rücksicht darauf, dass wir bereits mit Lernen beschäftigt waren. Dramatisch begann Ronaldo, zu erzählen. So, ging es durch meinen Kopf, so nicht! Alle Teilnehmer hatten bezahlt, aber nicht für Ronaldos Show, sondern, um von mir zu lernen. Ich stand auf, schaute Ronaldo direkt an und sagte: »Schön, dass Sie da sind – HINSETZEN!« Mit einer aufwendig inszenierten Schritttechnik marschierte Ronaldo zum Sessel. Leicht konfus und irritiert, nicht glaubend, dass ich die Show unterbrochen hatte. Sein Körper drückte aus, was er fühlte. Er schmollte. Dabei kam sein Körper irgendwie nicht zur Ruhe und wollte sich noch immer inszenieren. Er wusste nicht, was er tun sollte. Ich ignorierte es, und die Teilnehmer, die gecheckt hatten, was ich wollte, taten dies auch. Er fischte noch ein Taschentuch aus seiner auffälligen Laptoptasche und performte damit im Gesicht – oder sollte ich besser sagen, wedelte irgendwie aufmerksamkeitsheischend herum.

Es entstand aber eher der Eindruck, es wäre eine misslungene Notfallchoreografie, um, nach der von mir beendeten Auftrittsshow, nun doch noch in Erscheinung treten zu können. Auch das wurde ignoriert. Als er später ganz ruhig wurde und unsicher durch die Runde sah, holte ich ihn offiziell ins Seminar hinein. Ich stellte ihm ein paar Fragen, die er nur kurz beantworten konnte. Jedes Mal, wenn er begann, ausschweifend und theatralisch zu werden, unterbrach ich ihn und stellte ihm eine Frage, die nur mit »Ja«, »Nein« oder »Vielleicht« zu beantworten war.

Dies geschah meinerseits sehr klar und dennoch möglichst wertschätzend. Nach kurzer Zeit hatte er, ohne dass ich etwas sagen musste, begriffen, dass ich nur ein für dieses Seminar kompatibles Verhalten zulassen konnte und wollte. Immer wieder versuchte er, sich in den Pausen bei den anderen Teilnehmern durch sein Verhalten hervorzuheben. Doch die hatten gut aufgepasst und begriffen, dass sie dieses Verhalten ignorieren mussten und ihm erst dann Aufmerksamkeit schenkten, wenn er sich »normal« verhielt. Das Seminar, in dem es um Erfolg und Karriere ging, hat Ronaldo geholfen, sich persönlich »von außen« kennenzulernen. Dabei nahm er sich in seiner ganzen Dramatik selbst war.

Am Ende dieser vier Tage kam er zu mir und bat mich um ein Coaching. Das Coaching lehnte ich ab und vermittelte ihn an einen ausgezeichneten Therapeuten. Dort startete er zuerst eine Einzeltherapie und arbeitet nun in einer Gruppentherapie an seinem neuen Leben. Ronaldo ist nach wie vor immer wieder bei verschiedenen Ausbildungen dabei. Er hat mir erlaubt, die Ronaldo-Story unter Angabe seines echten Vornamens hier wiederzugeben und sagte mit einem breiten und ganz sympathischen Grinsen: »Wieder mal eine Chance für mich, im Mittelpunkt zu stehen!« So einfach wie mit Ronaldo geht es nicht oft. Ich freue mich für ihn, dass er auf einem neuen Weg ist, der ihm Anerkennung und Zufriedenheit bringen wird.

Part 3: Die Dramaqueen

Sie sind leicht zu erkennen! Sie schwelgen in ihren Gefühlen und leben in einer bunten Welt. Ihre Gefühle liegen vor einem wie ein offenes Buch. Sie wechseln ihre Stimmung schneller, als man mit einer Fernsteuerung switchen könnte. Sie wirken niemals langweilig, sind sehr fantasievoll, und die ganze Welt ist ihr emotionaler Catwalk. Alles, was sie erleben oder spüren, hat einen enorm hohen Emotionslevel. Sie wollen die Aufmerksamkeit, präsentieren sich der Öffentlichkeit wie ein emotionaler und bunter Pfau! Sie brauchen die Zustimmung, sie brauchen die Momente des großen Auftritts, sie genießen den Applaus. Ihre Emotionen scheinen wie Milch, die in einem erhitzten Topf ständig überzukochen droht und die sich schließlich in einem großen Schwall über die Bühne der Öffentlichkeit ergießt.

Dramaqueens lieben die Theatralik, die großen Auftritte und Inszenierungen. Die Sprachmuster der dramatischen Persönlichkeit sind selbstbezogen, bieten wenige Fakten oder Details und wirken deshalb sehr oft oberflächlich! Meist haben sie keine oder nur eine vage Meinung! Sie nehmen Beziehungen zu Menschen oft näher war, als diese Menschen es selbst sehen würden. Sie klammern sich an diese Beziehungen, wobei die volle Emotionspalette abgespielt wird. Heulen, echte Weinkrämpfe, Wutausbrüche, volle Begeisterungsstürme und Selbstmorddrohungen sind auf der dramatischen Tagesordnung! Mit diesen Szenerien versuchen sie, sich in den Mittelpunkt zu stellen und die volle Aufmerksamkeit zu bekommen. Die Stärke ihrer emotionalen Ausbrüche ist im Verhältnis zum Anlass oft vollkommen unangemessen und überzogen. Aufmerksamkeit, kapriziöses Auftreten und eine Vorliebe für extravagante Bekleidung sind ebenso Marker für diese Persönlichkeitsstörung, wie Provokationen aller Art, natürlich inklusive der sexuellen Provokation!

Laut meiner Recherche und Gesprächen mit einschlägigen Experten geht diese Störung von einer Koppelung von biologischen und psychologischen Umweltfaktoren aus. Ein sehr bekannten Wiener Psychoanalytiker, mit dem ich sprach, meinte, dass bei solchen dramatischen Persönlichkeiten die Eltern-Kind-Beziehung massiv gestört ist.

Die Verhaltensweisen von Eltern seien demnach sehr kalt, distanziert und kontrollierend gewesen. Das Kind hat sich als »nicht geliebt« wahrgenommen, lebte ständig in Verlustängsten, hatte Angst, verlassen zu werden. Das führte natürlich zu einem sehr geringen Selbstwertgefühl. Deshalb verhalten sie sich auch so schrill und emotional, weil sie es damit schaffen, die Aufmerksamkeit zu erheischen, die sie sich wünschen. Wobei ich auch Dramaqueens erlebt habe, die aus einem glücklichen Umfeld kamen und nicht in diese Schublade passen.

Was tun, wenn sich diese Person in Ihrem Umfeld befindet?

Zeigen Sie sehr wertschätzend und aber klar auf, dass Sie dieses Verhalten nicht akzeptieren. Geben Sie der Person dennoch viel Sicherheit.

Für diese Personen ist es wichtig, Selbstkontrolle zu lernen und sich Selbstwert und somit Selbstsicherheit zu erarbeiten. Damit können sie es schaffen, haltbare Beziehungen aufzubauen.

Ein wichtiges Lernfeld für die dramatische Persönlichkeit ist es auch, zu lernen, allein zu sein und sich mit sich selbst und ihrem Leben sinnvoll zu beschäftigen. Eine Therapie macht Sinn. Dennoch ist eine Therapie relativ schnell wirksam bei Personen, die erkennen, dass ihr Verhalten problematisch ist. Bei Personen, die dies nicht erkennen, kann es ein langer Weg sein. Die Schwierigkeit der dramatischen Persönlichkeit für Therapeuten ist, dass manche ein bestimmtes Verhalten entwickeln, um dem Therapeuten zu gefallen, um infolge Aufmerksamkeit zu haben.

Wie in Ronaldos Fall brauchen diese Menschen Grenzen, klare

Regeln und möglichst viel Struktur. Behutsam muss ihnen bewusstgemacht werden, dass sie manipulativ sind und sich nur so verhalten, wie sie sich verhalten, um ein bestimmtes Ziel zu erreichen. Eine sanfte Aufklärung kann helfen, diesen Menschen die psychischen Hintergründe bewusst und erkennbar zu machen. Ein wichtiger Punkt in der Therapie sollte sein, dass man dem Klienten keinesfalls zu viel Hilfestellung gibt oder ihm Entscheidungen abnimmt. Wenn man das tut, wird das Bedürfnis nach ständiger Aufmerksamkeit und Unterstützung noch gestärkt. Wenn aber aus Sicht der dramatischen Persönlichkeit zu wenig Hilfe kommt, kann dies einen Abbruch der Therapie zur Folge haben.

Deshalb ist es für den Therapeuten ein Balanceakt, einen Weg der Mitte zu finden und durch die Therapiearbeit zu zeigen, wie sich eine positive »Beziehung« gestalten kann. Ein guter Therapeut wird seinen Klienten dazu hinführen, die Problematik seines Verhaltens zu erkennen und zu hinterfragen. Damit kann die dramatische Persönlichkeit lernen, echte von inszenierten Gefühlen zu unterscheiden und ein an die Erfordernisse des Lebens angepasstes Verhalten lernen.

Der Dramaqueen-Check – Das sind einige der Marker

- [ ] Sie schwelgen in Gefühlen.
- [ ] Inszenieren sich mit dramatischen Auftritten in den Mittelpunkt.
- [ ] Die Sprachmuster bzw. der Sprachstil ist oberflächlich und zeigt wenige Fakten und Details auf.
- [ ] Treten oft kapriziös und theatralisch auf.
- [ ] Der emotionale Auftritt ist meist unangemessen.
- [ ] Sind meist sehr unsicher in der Meinungsäußerung bzw. haben oft keine.
- [ ] Die Vorliebe für extravagante Kleidung ist meist nicht zu übersehen.
- [ ] Provozieren gerne grundsätzlich und natürlich auch sexuell.
- [ ] Bringen eine Menge an Energie in den Raum.
- [ ] Können ziemlich anstrengend sein.
- [ ] Die Frustrationstoleranz ist sehr gering.
- [ ] Die Palette reicht von Verzweiflung bis hin zu den unglaublichsten Glücksmomenten.
- [ ] Fühlen sich nicht »ganz«, wenn sie nicht im Mittelpunkt stehen.
- [ ] Sind sehr leicht beeinflussbar.
- [ ] Brauchen ständig andere für die Befriedigung ihrer Bedürfnisse.

Part 4: Die passiv-aggressive Persönlichkeit

Ein Coachingklient erzählt mir von einem Freund. Er kann dessen Verhalten nicht verstehen. Sein Freund verliert einen Job nach dem anderen, und schuld sind stets die anderen. Dessen Kollegen – alles Volltrottel, und seine Chefs – alles hirnverbrannte und unfähige Vollpfosten. Er musste immer alles machen, er war der Einzige, der gearbeitet hat, er war der Einzige, der fähig war. Er war derjenige, der durch die Blödheit der anderen stets blockiert war. Meinen Klienten kritisiert er ständig. Ständig versucht er, andere abzuwerten. Mein Klient denkt daran, den Kontakt abzubrechen, weil er diese negative Art und Weise nicht ertragen kann.

Menschen dieses Typus fühlen sich stets missverstanden und oft von ihrer Umwelt ungerecht behandelt. Haltung und Einstellung sind sehr negativ. Abgesehen davon geben diese Persönlichkeitstypen an allen eingetroffenen Umständen gerne anderen die Schuld. Meist fühlen sie

sich von »Gott und der Welt« missverstanden, ungerecht und schlecht behandelt. Oft sind sie grantig und streitsüchtig und verhalten sich sehr widersprüchlich. Sie geben für etwas ihre Zustimmung und boykottieren danach durch Verweigerung! Wie mir ein Therapeut erzählte, ist dieser Persönlichkeitstypus noch nicht ausreichend erforscht und wird eher selten diagnostiziert.

Es gibt auch Menschen, die einen passiv-aggressiven Persönlichkeitsstil haben, welcher der passiv-aggressiven Persönlichkeitsstörung sehr ähnlich ist. Diese Menschen sind grundsätzlich sehr skeptisch.

Gerne unterstützen sie das, was an Anforderungen an andere gestellt wird, aber wenn sie selbst etwas tun müssen, passt das nicht so ganz in ihr Konzept. Ständig platzieren sie Kritik und Skepsis, welche nicht immer nur von den Mitmenschen negativ aufgefasst werden.

Der Trigger liegt vermutlich bei psychischen, biologischen und umweltbezogenen Faktoren. Dieser Typus will »eigentlich« in Beziehungen seinen Ärger kundtun, hat aber noch keinen aktiven Weg gefunden, dies zu tun. Deshalb kann es zu einer passiven Verweigerung kommen, welche zu weiteren Problemstellungen in der Kommunikation und somit zu Konflikten führt.

Was tun, wenn Sie diesen Persönlichkeitstyp in Ihrem Umfeld haben?

Dieser Typus braucht Vertrauen in Beziehungen, und betroffene Menschen dürfen lernen, auch auf die positiven Seiten des Lebens zu schauen.

Ein wichtiges Ziel z.B. in einer Psychotherapie kann sein, dass sie mehr Vertrauen in zwischenmenschliche Beziehungen entwickeln. Sie können allmählich lernen, dass in privaten und beruflichen Beziehungen nicht nur negative Aspekte eine Rolle spielen, sondern auch positive Aspekte wie gegenseitige Unterstützung. Auf der anderen Seite wird ihnen deutlich gemacht, dass es im Beruf und in Partnerschaften auch Verpflichtungen gibt. Anschließend wird daran gearbeitet, ihre Loyalität in zwischenmenschlichen Beziehungen zu verbessern.

Oft werden über lange Zeit von solchen Menschen Anforderungen vermieden. Dies kann natürlich dazu führen, dass gerade dort, wo andere Kompetenzen erwarten – seien es soziale oder berufliche –, Defizite entstehen.

Dabei begleitet sie stets die Angst, diese Anforderungen nicht zu erreichen. Und Angst ist, wie man weiß, ein schlechter Begleiter. Für diese Personen ist es wichtig, an ihrer Offenheit zu arbeiten, an der Freude, neue Erfahrungen zu machen, und zu lernen, sich neuen Erfahrungen und Anforderungen zu stellen. Wobei ein wichtiger Aspekt ist, dass die Personen beginnen, ihre Gefühle zuzulassen und diese zu artikulieren. Ich erlebe solche Personen oft als nicht spontan.

Spontan etwas zu sollen, wirft sie vollkommen aus der Bahn, dadurch verlieren sie in vielen Fällen auch die Freude am Leben, die Freude am Abenteuer, am Lernen und Entwickeln. Sie vermeiden, was geht, und genau dieses Vermeiden führt zum Leiden. Deshalb ist für diesen Menschentypus wichtig, aus Erfahrungen zu lernen und sich in neue Handlungen zu begeben, welche die Risikobereitschaft erhöhen. Wobei sich »sicher zu fühlen« wichtig ist.

Bekommt dieser Menschentypus zum Beispiel in einer Therapie zu viel Druck, kann es sein, dass er wieder in für ihn bekannte Muster zurückfällt. Und sich damit Abwehr, Widerstand und offene Aggression regen. Ist er zu viel Vorsicht des Therapeuten ausgesetzt, kann sein Verhalten dadurch wieder kippen. Was so ein Mensch braucht, um Veränderung zu erzielen, ist eine stabile und sichere Vertrauensbasis zu einem Therapeuten oder einem anderen Wegbegleiter, der ihm die Möglichkeit der freien Entscheidung lässt, ihn nicht manipuliert und ihm mit kleinen Schritten, step by step dazu verhilft, neue Verhaltensweisen auszuprobieren. Ein Weg kann sein, dass man z.B. mehrere Wege oder Alternativen vorschlägt, aus denen unsere passiv-aggressive Persönlichkeit wählen kann.

Der Passiv-Aggressiv-Check – Das sind einige der Marker

- [ ] Sind oft grantig und streitsüchtig.
- [ ] Widersetzen sich oft passiv.
- [ ] Geben allem und jedem die Schuld.
- [ ] Beklagen sich über »die ganzen Idioten«, die ihren Weg säumen.
- [ ] Sind oft sehr skeptisch, kritisierend und abwertend (meist unangemessen).
- [ ] Sind oft sehr neidisch.
- [ ] Sprechen geringschätzig über Autoritätspersonen.
- [ ] Sind manchmal trotzig.
- [ ] Werden bei Druck aggressiv oder gehen auf Rückzug.

Part 5: Die paranoide Persönlichkeit

Vielleicht kennen Sie Menschen, die besonders misstrauisch sind? Nicht nur in normalem Maß, sondern übertrieben. Ständig sehen und erleben sie Verschwörungen. Jede Zurückweisung, und sei sie auch nur eine geschäftliche und keine private, lässt sie höchst empfindlich reagieren. Sie verhalten sich sehr nachtragend, und wir bekommen von ihnen stets Themen oder Aussagen präsentiert, die vor über zehn Jahren einmal gesagt wurden, aber an die sich die meisten Menschen gar nicht mehr erinnern könnten. Vertreter dieses Persönlichkeitstypus beziehen ständig alles auf sich, dabei ist alles feindlich, hinterhältig und gegen sie. Auch vollkommen unbeschwertes, neutrales oder nur freundliches Verhalten wird als negativ missinterpretiert. Eifersucht ist an der Tagesordnung, und zwar auch dann, wenn es keinen wahrnehmbaren Grund gibt. Im Privaten beschuldigen sie die Partner der sexuellen Untreue, ohne eine Veranlassung dafür zu haben. Sie durchwühlen Schränke und Kleidungsstücke und suchen Hinweise nach Verschwörungen oder sexuellem Betrug in Handys, im Computer oder in den E-Mail-Accounts. Sie inspizieren akribisch, ähnlich einem forensischen Fallanalytiker, Autos oder vermeintliche andere sexuelle Schauplätze ihres Partners. Sie inspizieren sogar die in der Waschtonne befindliche Unterwäsche ihres Partners, begutachten Hemden oder Sakkos mit der Lupe, um Haare zu identifizieren, die nicht vom Kopf ihres Partners stammen.

Wenn der Partner sie zum Dinner einlädt, unterstellen sie ihm schon vorab die Absicht, dass er das nur tut, weil er andere Frauen sehen will oder um sie dort in der Öffentlichkeit wieder bloßzustellen.

Manchmal hast du einfach Pech. Du betrittst das Flugzeug, suchst deine Sitzreihe, freust dich über deinen Fensterplatz, und dann platzt sie in dein für die nächsten viereinhalb Stunden auf einen Quadratmeter reduziertes, von jeglicher Privatsphäre befreites Leben.

Diese schon vorher im Flughafengebäude als verhaltensoriginelle, paranoide Persönlichkeit erkannte Frau, zu der das Universum deinen Wunsch, »Bitte, lass jeden neben mir sitzen, nur nicht sie!«, nun endgültig ignorierte. Eine Flucht war ausgeschlossen, und ich hatte zu einem wichtigen Seminar ein paar Stunden Flugzeit vor mir, die ich nutzen wollte, um mich darauf vorzubereiten. Warum wählte das Schicksal mich aus und nicht den Mann am Gangplatz? Wahrscheinlich war ihr dieser verdächtiger als eine Frau wie ich. Kaum hatte sie Platz genommen, sagte sie leise: »Der Steward sieht gefährlich aus!« Etwas irritiert, weil ich gerade begonnen hatte, in meinen Unterlagen zu lesen, blickte ich hoch und sah sie nur mit einem Fragezeichen in meinem Gesicht an.

Bereits kurz später ergänzte sie: »Der Steward sieht sehr gefährlich aus! Der ist wahrscheinlich gar nicht echt. Wahrscheinlich ein Terrorist. Sicher sogar! Schauen Sie nur, wie der hinter seinem Bart hervorgrinst.« In meinem Kopf ging es rund, totales Synapsenfeuerwerk! »Nein, bitte nicht. Bitte nicht mir. Nein, ich will jetzt nicht. Nicht jetzt, nicht hier. Du brauchst das jetzt nicht! Tu was, Staniek! Rette dich für diese restlichen vier Stunden. Werde sie los, versuch den ›Entschuldigung, könnte ich Ihre Sickbag auch haben, mir wird immer richtig schlecht‹-Trick!«

Aber plötzlich merkte ich, dass ich sie mit zusammengekniffenen, dunklen, gefährlichen Profileraugen ansah, meine Stimme mit gepresster Tonfallwirkung wie der Pate im gleichnamigen Film einsetzte und ihr bedrohlich zuflüsterte: »Die Gefährlichen sind nie die Stewards, die wirklich Gefährlichen sind immer die kleinen schwarzhaarigen Frauen, die im Flieger beim

Fenster sitzen!« Und – hurra – plötzlich sah ich es aufblitzen, dieses mich in diesem Moment auf die Gewinnerstraße zurückbringende Augenweiß über ihrer Pupille, ein Hinweis auf ihren emotionalen Angstzustand. Sie drehte sich weg, versuchte auf die Lehne des Vordersitzes zu starren. Ich merkte, wie sie in eine Starre verfiel und ihre Hände im Schoß so fest zusammenpresste, dass die Knöchel der Finger weiß hervortraten. Sie beobachtete mich stets aus ihren Augenwinkeln. Die einzig erkennbare Bewegung war die des Tisches vor ihr, von wo sie mit starrem Blick das obligate Butterschnitzel dieser Fluglinie rein mechanisch, mit keiner Bewegung zu viel verspeiste, ihre Strategie war: »Totstellen!«

Das war unverschämt, sogar böse? Nun gut, ja, Sie haben teilweise recht, ich war gerade ein böses Mädchen! Aber es heißt ja: »Gute Mädchen kommen in den Himmel – die bösen überall hin.« Und ich wollte eben schnellstmöglich und ungestört an mein Reiseziel. Vor allem wollte ich einfach meine Ruhe haben und ich habe sie gekriegt. Mein Ansatz war therapeutisch nicht hilfreich, meinen Sie? Da haben Sie recht, aber ich bin ja kein Therapeut, sondern Consulter, Profiler, Coach und Speaker. Und manchmal vielleicht eine kleine Profilerratte! Glück gehabt!

Eine Coachingklientin erzählte mir von ihrer Lebenspartnerin. Sie sei grundsätzlich sehr lieb, großzügig und warmherzig. Doch das kann sich von einer Minute zur anderen ändern. Dann glaubt diese wieder, meine Klientin habe eine andere Frau aus sexueller Sicht betrachtet, und dreht vollkommen und ohne Grund durch. Sie goss meiner Klientin in einem Straßencafé ein Glas Wasser über den Kopf, warf die Gläser vom Tisch und rannte weg, weil sie ihr wieder einen Blick auf eine andere Frau unterstellte. Meine Klientin sprach am nächsten Tag in Ruhe mit ihr über den Vorfall, und da sie solche Ausbrüche ständig hatte, schlug

sie ihr eine Therapie vor. Sie sagte zu, eine Stunde zu probieren, brach jedoch auf der Hinfahrt ab und kehrte um. Danach warf sie meiner Klientin vor, sie in die »Klapsmühle« bringen zu wollen, um danach frei von ihr zu sein. Ein halbes Jahr später trennte sich meine Kundin von ihrer Lebenspartnerin, da dieses Verhalten für sie nicht mehr tragbar war.

Scharfsinnigkeit als Eigenschaft

Es gibt Menschen, die haben eine paranoide Persönlichkeitsstörung, so wie ich sie in den obigen Fällen beschrieben habe, und es gibt Menschen, die Eigenschaften besitzen, die einer paranoiden Persönlichkeitsstörung ähneln. In so einem Fall spricht man von einem paranoiden Persönlichkeitsstil. Die Eigenschaften, die so eine Person hat, sind ähnlich, allerdings in wesentlich geringerer Intensität. Diese Menschen sind oft sehr scharfsinnig, aber auch skeptisch und misstrauisch, und haben, was ihre eigenen Vorstellungen betrifft, ein Beharrersyndrom. Sie versuchen, die Absichten und Handlungen von anderen zu diagnostizieren, nehmen diese aber auch oft verzerrt oder verschoben war.

Menschen mit einem paranoiden Persönlichkeitsstil – also Eigenschaften, die einer paranoiden Persönlichkeitsstörung ähneln, aber weniger stark ausgeprägt sind – sind scharfsinnig, aber auch misstrauisch. Sie neigen dazu, die Absichten anderer ausgiebig zu ergründen, nehmen sie häufig jedoch verzerrt wahr. Dieser Menschentypus ist mir schon des Öfteren im kriminalistischen Kontext als Polizist, Richter, Staatsanwalt, Anwalt begegnet und ist dort ganz gut aufgehoben.

Wie bei anderen Persönlichkeitsstörungen wird auch hier eine Kombination von psychischen und umweltbezogenen Faktoren als Grund in Betrachtung gezogen. Dennoch geht man davon aus, dass dieses stark ausgeprägte Misstrauen eventuell genetisch bedingt sein kann.

Traumatische Erfahrungen, soziale Vernachlässigung, Gewalt oder Misshandlung können ebenso einzubeziehende Faktoren sein. Ein Psychologe, mit dem ich mich darüber unterhielt, meinte, dass seine Klienten mit dieser Persönlichkeitsstörung sehr oft in ihrer Kindheit Zurückweisung oder Liebesentzug erlebt haben. Oftmals hatten sie sehr fordernde Eltern. Sie tragen dadurch eine Feindseligkeit in sich, die sie stets auf andere übertragen. Natürlich bekommen sie durch dieses Verhalten immer wieder Konflikte und haben auch starke Probleme in Beziehungen. Sie schlagen die Partner oft durch ihr streitsüchtiges, eifersüchtiges Verhalten in die Flucht, was wieder dazu führen kann, dass sich die Symptomatik verstärkt und sich somit die Lebenssituationen der Betroffenen weiter verschlimmern.

In Therapien kann man zum Beispiel auf große Erfolge verweisen, wenn diese Menschen dabei begleitet werden, ihr Vertrauen in andere Menschen zu erhöhen und ihre sozialen Bindungen zu stabilisieren und zu fördern. Diese Menschen müssen in ihren Krisen und Konflikten kontinuierlich unterstützt werden, um aus dieser Falle herauszukommen. Viele dieser Persönlichkeiten würden niemals freiwillig in eine Therapie gehen, weil sie auch den Therapeuten misstrauen. Der Therapeut wird ständig beobachtet und infrage gestellt, bzw. verhalten sich diese Persönlichkeiten abweisend und proben den Widerstand. Die Folge ist oft ein Therapieabbruch. Transparenz in der Behandlung, Transparenz in allen Lebenslagen kann ein wichtiger Aspekt sein. Verschleiern Sie nichts, wenn Sie mit so einer Persönlichkeit in einer Beziehung stehen. Vermutlich stehen große Ängste hinter dem Verhalten, die nicht kontrollierbar scheinen. Das Selbstwertgefühl und die Selbstsicherheit sind ebenfalls Themen, weil der Selbstwert zu gering und die Selbstsicherheit nicht vorhanden ist.

Der Paranoiden-Check – Das sind einige der Marker

- [ ] Eifersucht.
- [ ] Durchsuchen die Sachen von anderen auf Hinweise.
- [ ] Schwelgen in Verschwörungstheorien.
- [ ] Sind sehr misstrauisch.
- [ ] Verdächtigen andere ständig.
- [ ] Haben oft Zweifel, die nicht gerechtfertigt sind.
- [ ] Unterstellen ihren Lebenspartnern ständig etwas.
- [ ] Sie vertrauen sich wenigen Menschen an und wenn, dann sehr zögerlich.
- [ ] Sie sind nachtragend.
- [ ] Verzeihen schwer bis gar nicht und halten einem ständig etwas vor.
- [ ] Sehen ständig Bedrohungen.
- [ ] Werten alles als Angriff.
- [ ] Verdächtigen stets andere des Betrugs und nicht vorhandener Loyalität.

Part 6: Schizoide Persönlichkeitsstörung

Winter 2016, ich war in Malta im wunderschönen Ursolino-Hotel in Valletta und bereitete in meiner leitenden Funktion unser Halbjahresmeeting für die internationale Forschungsgruppe »International scientific council for research on emotions and bodylanguage« vor. Ich traf mich vorab im Hotel mit den zwei Assistentinnen, um die Organisation und die Abläufe zu besprechen. Die zwei Frauen und ich waren auf einer humorvollen Gesprächswelle unterwegs und wir diskutierten lebhaft, wie wir mein Treffen mit den Forschungskollegen auf angenehmste und professionellste Weise gestalten könnten. Eine der Frauen bat den Oberkellner, den EDV- und somit auch Haustechniker zu uns zu schicken. Er, Mann mit Zopf, kleiner Brille, schwarzem Hemd, schwarzer Jeans und Biowalkern, betrat den Meetingraum. Wobei, das stimmt nicht ganz: Er betrat den Meetingraum nicht, er schlich wie ein geprügelter Hund in den Raum und versuchte, unseren Blicken auszuweichen. Er stand da, als würde er eine Tirade an Beschimpfungen erwarten. Opferhaltung gemischt mit »Ich bin überhaupt nicht da! Keiner kann mich sehen!«. Eine der Assistentinnen rief ihn heran, und er näherte sich uns so, als müsste er in ein Gehege zu einem hungrigen Wolfsrudel. Wobei, ich gebe schon zu, unsere Lebhaftigkeit und der Spaß, den wir hatten, wird ungefähr so auf den armen Kerl gewirkt haben. Und die Aussage einer Assistentin: »Na, kommen Sie, setzen Sie sich zu uns, Sie brauchen sich vor uns nicht zu fürchten!«, war nicht gerade förderlich! Versuchen Sie einmal, ohne Werkzeug an die Perle in einer Auster zu kommen. Verdammt schwierig! Er war total verschlossen, hatte vollkommen dichtgemacht und wirkte wie mit Silikonmasse zugepappt.

Er antwortete leise, fachlich kompetent und einsilbig, war in seinen Sessel irgendwie hineingekrümelt und hob kaum seinen Kopf. Als er dann »endlich wegdurfte«, zeigte er eine »Davonschleichenergie«, die ich nie vermutet hätte. Am nächsten Morgen, etwa eineinhalb Stunden vor Beginn meines Meetings, war ich mit ihm allein im Meetingraum. Behutsam gelang es mir, sein Vertrauen mir gegenüber zu fördern, und er fühlte sich sichtbar wohler als am Tag zuvor. Er lächelte sogar einmal. Das war für mich wieder ein unbezahlbar schöner Moment!

Schizoide Persönlichkeiten haben Probleme, in Kontakt mit Menschen zu kommen und haben »Kontaktstörungen«. Ihr Verhalten wirkt starr und oft sogar hölzern. Bei den Begrüßungen, die ihnen ohnehin schon unangenehm sind, bleiben ihre Arme meist knapp am Körper und werden dem Begrüßenden nicht entgegengestreckt. Sie haben sehr wenige bis gar keine sozialen Kontakte. Gefühle zu zeigen, wie z.B. Freude, fällt ihnen schwer. Sie sind sehr zurückgezogen und geben sich ihren Gedanken und Fantasien hin.

Es gibt Menschen, die mit dieser Persönlichkeitsstörung in depressive Stimmungen fallen. Auch starke Ängste beschäftigen diese Menschen sehr. Speziell dann, wenn sie begreifen, dass sie sich am Rande der Gesellschaft befinden. Sie sind allein und sehr einsam, haben aber für sich keine Möglichkeit gefunden, dies zu korrigieren. In ihrem Beruf sind sie oft in Positionen zu finden, die ihnen erlauben, allein zu arbeiten. In so einer für sie ertragbaren Situation können sie oft sogar sehr gute Leistungen an den Tag legen.

Im Berufsleben wählen sie gerne Aufgaben, in denen sie nicht mit anderen zusammenarbeiten müssen – dort können sie zum Teil sehr gute Leistungen erzielen. Engere soziale Kontakte oder Veränderungen, die ihnen von außen auferlegt werden, empfinden sie als bedrohlich und reagieren darauf oft mit abruptem Rückzug, so, als würde sich die Auster momentan schließen. Unter bestimmten Voraussetzungen bzw. wenn der Rahmen und die Gegebenheiten passen, schaffen es manche von ihnen, Vertrauen zu gewinnen.

Genauso, wie es diese Persönlichkeitsstörung gibt, gibt es tendenzielle Verhaltensweisen oder Persönlichkeitsstile. In Seminargruppen erkennt man sie am Randverhalten, also am einzelgängerischen Wirken, die soziale Kontakte nicht bewusst suchen, sondern sich sehr zurückhaltend zeigen. Viele von ihnen reagieren nicht offensichtlich auf Feedback, Kritik oder Lob und agieren – wenn sie müssen – ausgesprochen sachlich und emotionsfrei. Immer wieder begegne ich solchen Menschen in der IT-Branche oder in Berufen, wo sie ein alleiniges Wirkungsfeld haben und an keine Teams andocken müssen. Viele machen gerne Überstunden, da sie oft allein leben.

Bei der Entstehung dieser Persönlichkeitsstörung ist wieder eine Fülle von Faktoren zu berücksichtigen. Grundsätzlich nehmen Experten an, dass es sich um eine genetische Störung handelt. Ist in der Familie jemand von der schizoiden Verhaltensstörung betroffen oder von Schizophrenie, dann ist so ein Auftreten dieser Persönlichkeitsstörung oder des Persönlichkeitsstils auffälliger. Traumata in der Kindheit können das Auftreten von solchen Störungen zur Folge haben, sind aber keine Voraussetzungen dafür.

Eine befreundete, auf solche Fälle spezialisierte Psychoanalytikerin erzählte mir bei meiner Recherche, dass diese Krankheit oder Störung oft durch Ablehnung, Ignoranz oder Misshandlungen in der Kindheit zum Ausbruch kommt oder begünstigt wird. Sie fand heraus, dass viele dieser Menschen Kontaktversuche zu anderen Kindern oder Erwachsenen in der Kindheit oder Jugend unternommen haben und diese Versuche aufgrund von sehr strikter Zurückweisung einen Einfluss darauf zu haben scheinen, dass sich diese Menschen ihre Austernschale zugelegt und verschlossen haben. Helfen kann ein vertrautes Umfeld und Veränderungen in kleinen Schritten – gleich einem quantensprungmäßigen Wandel des Verhaltens. Die Menschen lernen wirklich in Babysteps, wie man sich verhalten muss, um eine positive Kontaktaufnahme zu anderen zu bekommen und dabei die Stress- und infolge Angstfaktoren zu reduzieren.

Der Schizoiden-Check – Das sind einige der Marker

- [ ] Sie sind sozial distanziert.
- [ ] Zeigen eine verschlossene Körpersprache.
- [ ] Vermeiden direkten Blickkontakt.
- [ ] Suchen keinen Kontakt zu Menschen.
- [ ] Ziehen sich auch oft im eigenen Familiensystem zurück.
- [ ] Bevorzugen auf allen Ebenen das Einzelgängertum.
- [ ] Sind wenig an Sexualpartnern und auch an Beziehungen interessiert.
- [ ] Tätigkeiten und Interessen sind sehr reduziert.
- [ ] Feedback, Kritik, Lob und Tadel scheinen sie nicht zu berühren.
- [ ] Verhalten sich »gefühlsreduziert«!

Part 7: Wie Sie sich vor gefährlichen Persönlichkeiten schützen – das Notfall-Carepaket

Viele der beschriebenen Persönlichkeiten sind im medizinischen Sinne krank und psychisch gestört, einige werden nie gefährlich, andere schon. Manche davon werden nicht nur gefährlich, sondern eskalieren in ihrem Verhalten. Deshalb war es mir ein Anliegen, Sie auf meine Art und Weise auf diese Störungen aufmerksam zu machen, Ihre Sinne dafür zu schärfen, stets offen, aber auch argwöhnisch zu sein. Der wichtigste meiner Tipps: Spielen Sie nicht Hobbypsychologe! Sondern konsultieren Sie im Zweifels- oder Ernstfall einen Experten.

Ich möchte mit meinen Schilderungen und meinen Beiträgen keine Ängstlichkeit hervorrufen, sondern Sie einfach zu etwas mehr sensibler Aufmerksamkeit aufrufen. Zu Ihrem Schutz und zum Schutze Ihres Umfeldes. Meine Beiträge sollen dazu dienen, Ihre Sinne zu schärfen, Ihre Beobachtung zu fördern, Ihre Aufmerksamkeit zu steigern. Denn die meisten dieser Störungen können äußerst gefährlich werden.

1. *Ziehen Sie Ihren Grenzzaun um sich:* Achten Sie auf Ihre Grenzen. Besonders die narzisstische Persönlichkeit, der Psychopath, der Soziopath wie auch die paranoide Persönlichkeit sind Meister darin, Grenzen zu überschreiten und zu ignorieren. Wichtig ist, dass Sie bei der ersten Grenzüberschreitung sofort reagieren und deutlich sagen und zeigen, dass Sie so ein Verhalten Ihnen gegenüber nicht dulden. Je mehr Sie zulassen, umso schwieriger wird es für Sie. Denn was Hänschen nicht lernt, akzeptiert Hans nimmermehr!

Bauen Sie Ihren Grenzzaun stabil und engmaschig und vergessen Sie im Fall des Falles nicht darauf, auch das Eingangstor abzuschließen. Zeigen Sie deutlich, dass Sie Ihren Grenzzaun gegebenenfalls als Festung herrichten werden. Achten Sie dabei auf entsprechenden Distanzabstand. Manche Menschen akzeptieren keine räumlichen Grenzen. Erobern Sie Ihre räumlichen

Grenzen zurück. Wenn es sich um einen Fall handelt, den Sie allein nicht mehr bewältigen können, bitten Sie einen Experten oder im eskalierenden Ernstfall die Polizei um Hilfe.

2. *Führen Sie einen Manipulationsschranken ein*: Sie finden in diesem Buch nicht nur die angeführten Manipulationstools, sondern viel Hintergrundwissen über Manipulationsmöglichkeiten. Setzen Sie sich mit diesem Thema auseinander, denn Menschen, die merken, dass ihre Manipulationen auf fruchtbaren Boden fallen, werden immer noch einen oben drauflegen. Sie werden mehr und mehr manipulieren, noch mehr von Ihnen fordern und noch mehr von Ihnen bekommen. Steigen Sie sofort auf die Bremse und legen Sie eine Notbremsung hin, die der andere unmissverständlich versteht. Hüten Sie sich vor Zugeständnissen und weisen Sie schlechtes Benehmen, Manipulationen und Angriffe sofort zurück. Jeder Mensch hat ein Recht auf Respekt und Wertschätzung, und dieses Recht muss verteidigt werden.

3. *Stopptafel für unerwünschte Emotions-Kontrollore*: Nicht grundlos ist die Marionette oft ein Symbol für Manipulation. Jemand steht da und hält die emotionalen Fäden in der Hand, um mit dem Püppchen sein Puppenspiel zu betreiben. Und viele dieser Puppenspieler verstehen es ausgezeichnet, mit ihren Opfern oder Zielpersonen ihr eigenes Puppenspiel zu inszenieren. Sie wissen genau, was notwendig ist, um Sie emotional gerührt und geschüttelt zu kriegen, welche Schieberegler dabei hochzuziehen und welche Emotionsbuttons zu drücken sind. Dies geschieht mit allen Mitteln. Mit Intrigen, Wutausbrüchen, Tränen, Eifersucht, Drohungen, Stalking, aber auch durch Mobbing.
Meisten fühlt man sich nach solchen Puppenspielen emotional ausgelaugt, zerquetscht, runtergedrückt bzw. energielos, also einfach mies. Beobachten Sie den Puppenspieler, wie oft er dieses Verhalten an den Tag legt. Je öfter Sie es in einer Zeitlinie feststellen können, umso mehr können Sie annehmen, dass das Verhalten des Puppenspielers eine Persönlichkeitsstörung ist, die für Sie gefährlich werden könnte. Jeder kann einmal ausflippen,

jeder kann einmal einen Heulkrampf bekommen, jeder manipuliert so oder so, das eine oder andere Mal. Wenn die Häufigkeit steigt – tun Sie etwas für Ihre emotionale Freiheit respektive für die Freiheit. Lassen Sie niemals zu, dass jemand Ihr Leben steuert und Sie einschränkt! Sie wissen schon, wenn Sie in die Fänge eines Puppenspielers geraten sind und nicht mehr allein herauskommen. Bitte organisieren Sie sich in diesem Fall umgehend professionelle Hilfe.

4. *Selbstbewusstes Verhalten in der freien Wildbahn:* Polizeistatistiken belegen, dass Menschen mit selbstsicherem Auftreten viel weniger überfallen, viel seltener beraubt werden und nicht so oft in brenzlige Situationen kommen. Falls Sie es noch nicht beherrschen, dann lernen Sie einen selbstbewussten Gang bzw. ein selbstbewusstes Auftreten. Wenn Sie Ihre äußere Haltung verändern, wird das auch Ihre innere Haltung beeinflussen. Wenn Sie an unübersichtlichen Plätzen oder zu später Stunde unterwegs sind, beobachten Sie aufmerksam Ihre Umgebung. Starren Sie nicht permanent auf Ihr Handy, um Messages zu lesen, lassen Sie Ihre Ohren frei von Kopfhörern, bleiben Sie entspannt selbstbewusst und bewegen Sie sich immer in einem hohen Aufmerksamkeitsstatus.

Ich will Ihnen keine Angst machen. Dennoch, die Aufmerksamkeit lohnt sich. Und sie lohnt sich noch mehr, wenn man auf die eine oder andere Art zur Zielperson geworden ist. Um sich auf solche Eventualitäten vorzubereiten, empfehle ich Frauen, auf jeden Fall, einen spezifischen Selbstverteidigungskurs zu besuchen. Frau weiß nie, wozu frau das braucht.

5. *Was tun, wenn man schon der zappelnde Fisch im Netz ist?* Nicht immer ist es möglich, solchen manipulativen oder auch gestörten Persönlichkeiten aus dem zu Weg gehen. Wobei das die angenehmste Lösung wäre. Leider funktioniert die Tarnkappe oder der Hilferuf »Scotty, beam me up!« nicht. Wie auch immer Sie zur Zielperson, zum Spielball oder zur Marionette geworden sind – es ist notwendig, dass Sie sich in Sicherheit brin-

gen. Tun Sie alles dafür, um wieder sicher sein zu können. Wenn Sie die Kontrolle verloren haben, vielleicht keinen Ausweg mehr sehen oder bei Verdacht prophylaktisch – holen Sie sich Hilfe!

6. *Welche Persönlichkeitsstörung könnte hinter einem verbalen oder tätlichen Angriff stehen?* Überlegen Sie aufgrund meiner Ausführungen, welcher Persönlichkeitsstil oder welche Persönlichkeitsstörung dahinterstehen könnte. Das hilft Ihnen, sich in der Situation zu orientieren, um die richtigen und notwendigen Schritte einzuleiten. Es gibt Situationen, denen man sich nicht sofort entziehen kann oder will. Ein Beispiel: Sie haben einen neuen Job, den Sie dringend brauchen. Sie müssen Ihren Lebensunterhalt finanzieren. Nach ein paar Wochen stellen Sie fest, dass Ihr Kollege ein hochgradiger Narzisst mit Soziopathieanteil ist. Sie stellen es nicht nur fest, sondern Sie sind zur Zielperson von Attacken geworden.

Der Job finanziert Ihren Lebensunterhalt. Dennoch: Beschäftigen Sie sich, mit den Punkten 1 bis 3, und planen Sie weitere Sicherheitsstufen. Ganz wichtig ist dabei, dass Sie das Verhalten des Kollegen schriftlich dokumentieren. Legen Sie sich ein Tagebuch zu, in dem Sie die Art der Attacke oder des Ausbruches, Uhrzeit, Zeugen und Auswirkungen genau dokumentieren.

Nicht immer ist die Gefahr auf der Straße oder im Beruf. Oftmals lauert sie im eigenen Heim. Die Person, die man liebt, verändert das Verhalten nach der Hochzeit oder dem Zusammenziehen radikal. Plötzlich ist die Zielperson physischer und/oder psychischer Gewalt ausgesetzt. Oder wird von Familie, Freunden und Bekannten isoliert.

Die Zielperson sollte nun einen klaren und fokussierten Blick auf die Situation werfen. Oft haben die Opfer keinen realistischen Blick mehr, bringen haltlose Einwände gegen einen Ausstieg aus der Situation vor und verteidigen letztendlich sogar den Täter.

Achten Sie bitte nicht nur auf sich, damit Sie nicht in die Fänge von Tätern geraten, sondern seien Sie auch im Job und im privaten Umfeld aufmerksam. Aufmerksamkeit kann andere Menschen vor Unheil bewahren! Sie sollten dies nicht alles allein auf sich nehmen, suchen Sie sich vertraute Personen als Helfer und Unterstützer.

7. *Raus und weg, wenn es brenzlig erscheint:* Verlassen Sie Krisenherde, verlassen Sie bedrohliche Situationen! Auch wenn Sie eine Situation nicht zu hundert Prozent als Gefahrensituation einschätzen können – im Zweifelsfall nehmen Sie Ihre Beine in die Hand und hauen Sie ab. Ich habe genug Fälle erlebt, wo Kinder mitbetroffen waren. Nicht allein durch physische, sondern auch durch psychische Gewaltformen. Da muss es bei jedem Elternteil, egal ob bei Mutter oder Vater, klingeln – nicht nur klingeln, da muss jede Alarmglocke läuten und umgehend gehandelt werden. Kinder müssen von solchen Situationen weg und in Sicherheit gebracht werden. Kinder brauchen einen liebevollen und sicheren Rahmen, in dem sie aufwachsen können.

Und vermeiden Sie es, einem von Ihnen vermuteten Psychopathen, Soziopathen oder anderen für Sie erkannten Typus Ihre Diagnose an den Kopf zu werfen. Denn damit könnten Sie eine Eskalation provozieren. Bleiben Sie besonnen und Sie wissen schon … Hilfe suchen und annehmen!

Achten Sie immer auf Ihre Sicherheit und die Sicherheit Ihres Umfeldes. Wenn Sie einer gefährlichen Person ausgesetzt sind, sichern Sie Ihre Dokumente, halten Sie Bargeld bereit, welches Sie sicher aufbewahren und bei spontaner Flucht sofort zur Hand haben.

Eine ganz besondere Begegnung

Eine Coachingklientin schüttete mir ihr Herz aus. Sie hatte zwei Coachingstunden mit mir gewonnen. Sie sagte mir, dass sie sich ohne den Gewinn kein Coaching und keine Therapie leisten könnte. Eigentlich konnte sie sich gar nichts leisten. Denn sie musste zu Hause über jeden Cent Bericht erstatten.

Wenn sie einen fehlenden Betrag, und sei er noch so klein, nicht erklären konnte, gab es Prügel, und danach musste sie in der Speisekammer eingesperrt sitzen und hören, wie er mit den Kindern schrie und diese fertigmachte. Sie hatte einige Krankenhausbesuche hinter sich, weil er sie halb totgeprügelt hatte. Ihr Mann wurde aufgrund dessen verhaftet und verurteilt. Und was geschah, als er seine Strafe abgesessen hatte? Sie ließ ihn wieder in die Wohnung, und das Dilemma begann von vorne. Meine Klientin stand völlig unter der Macht und Kontrolle ihres Ehemannes.

Da saß sie mir nun mit leerem Blick gegenüber, und ich wunderte mich, dass sie es in diesem Zustand zu mir geschafft hatte. Es war der Zeitpunkt gekommen, sie wollte nun endlich von ihrem Mann weg. Sie sah aber keinen Ausweg aus dieser Situation. Ich sah auch gleich, dass dies kein Thema für Coaching ist. Ich konnte sie stabilisieren und ihr damit weiterhelfen. Ich fragte sie, was sie gut kann. Sie antwortete: »Nichts!« Ich fragte nochmals, und sie war irritiert und antwortete: »Ich kann gut kochen und backen, sagen meine Kinder. Mein Mann ist aber anderer Meinung. Er meint, ich bin auch dafür zu blöd. Also, abgesehen davon, dass meine Kinder mein Essen gut finden, habe ich nichts vorzuweisen!« Ich antwortete: »Das überrascht mich jetzt sehr. Ich denke, wenn jemand das, was Sie in den letzten Jahren erlebt haben, durchgemacht hat – der muss etwas können. Ich bin sicher, dass dies mit Fähigkeiten verbunden ist.«

Es war das erste Mal, dass ein leichter Ruck durch ihren Körper ging. Sie dachte nach, sehr lange. Ich blieb geduldig sitzen, wartete und ließ ihr all die Zeit, die sie brauchte. Nach einer längeren Nachdenkpause schoss es aus ihr heraus. »Ich glaube, ich bin … mutig?«, sagte sie mit einem Fragezeichen am Satzende. »Definitiv«, antwortete ich. »Sie sind definitiv mutig.«

»Ja«, sagte sie und lächelte leicht, »ich habe mir die Zeit gestohlen, hier geheim herzukommen. Und man muss entweder mutig oder blöd sein, einen Gewalttäter immer wieder hereinzulassen.«

Ich entgegnete nichts, sondern ermutigte sie, nachzudenken, was sie noch für Fähigkeiten hatte! Nach und nach fiel ihr ein, was ihre Stärken waren, bevor sie ihren Willen brechen ließ.

Als ihre Aufzählung vollständig war, fragte ich sie, ob sie diese Fähigkeiten verwenden könne, um ein neues Leben für sich und ihre Kinder zu planen und zu starten. Sie wurde plötzlich wacher und richtete ihren Oberkörper auf. »Denken Sie, das geht?«, fragte sie mich.

Jahre später, knapp vor Weihnachten, wartete ich auf Besuch. Besuch von dieser meiner ehemaligen Coachingklientin, die damals dieses Coaching mit mir gewonnen hatte. Wir hatten damals einen Plan erarbeitet, und sie hatte ihn mit mir und mithilfe von sozialen Stellen, einer Therapeutin und unter Schutz umgesetzt. Ich habe sie weiter begleitet, ohne Geld zu verlangen. Eine Therapeutin für sie und die Kids wurde ihr von offizieller Stelle gestellt. Eigentlich wollte sie mein kostenfreies Coaching nicht annehmen. Sie schwor sich damals, sie würde mir alles zurückzahlen, sobald sie konnte. Das war ihr wichtig. Sie hatte ja ihren Stolz wieder zurück.

Es läutete an der Tür. Wie alle Jahre um diese Zeit stand sie vor meiner Tür. Jedes Jahr zu Weihnachten tauchte sie bei mir auf und überraschte mich mit einem Blumenstrauß, weil sie wusste, wie sehr ich frische Blumen liebe. Auch diesmal wieder hatte sie Blumen dabei. Und noch etwas hatte sie dabei – ein Kuvert mit meinem Coachinghonorar. Ich war hin und weg. Auch für mich war es ein sehr schöner und emotionaler Moment. Ich hatte eine nicht geringe Anzahl von Stunden für sie aufgewendet, sie lange Zeit begleitet, was eine stattliche Summe ergab. Nun, da sie mir das Geld brachte, wusste ich, dass sie es wirklich geschafft hatte, ihr Leben in den Griff zu kriegen.

Was war geschehen? Nach einer Zeit im Frauenhaus bekam sie eine Sozialwohnung. Ihr Mann durfte sich ihr und den Kindern nicht mehr nähern und verschwand nach kurzer Zeit ohnehin wieder im Gefängnis, weil er auch seine neue Freundin verprügelt hatte. Sie absolvierte einige Schulungen im EDV-Bereich und fand eine passende Arbeitsstelle. Dort arbeitete sie sich sehr schnell ihre erste Karriereleiter empor und wurde Abteilungsleiterin.

Später gründete sie ihr eigenes, zuerst kleines EDV-Unternehmen und hatte später achtzehn Mitarbeiter.

Mit dem Top-12-Navigationsbaukasten Macht- und Manipulationsstrategien entschlüsseln

Mit den in diesem Kapitel beschriebenen Handlungsmöglichkeiten werden Sie zum erfolgreichen Topnavigator durch den Business-, Macht- und Manipulationsdschungel des Lebens!

Ich weiß, dass es viele Menschen gibt, die denken, Macht hat auch eine gute Seite. Wenn ich über die gute Seite der Macht nachdenke, komme ich zu der Conclusio, dass die Auswirkung, der Zweck, das Ergebnis einer machtvollen Handlung die guten Seiten der Macht sein können. Macht ist Macht. Da können wir rütteln, was wir wollen. Sie erhebt sich immer über etwas oder jemanden. Sie maßt sich stets etwas an.

Macht ist einfach Macht – sie wirkt – und sie hat unterschiedliche Ausprägungen und Wirkungsstärken. Deshalb möchte ich mit dem Begriff Einfluss aufräumen. Er wird in der Literatur oft als die positive Seite der Macht gezeigt oder als ihr kleiner netter Bruder. Ich dachte nach, ich drehte und wendete das Thema. Letztendlich komme ich zur Conclusio, dass wir beim Begriff Einfluss auch von einer machtvollen Handlung sprechen müssen. Einfluss – wenn auch nett und positiv gemeint – erhebt sich ebenfalls über andere. Ich weiß etwas besser als du und deshalb beeinflusse ich dich dahingehend. Im Grunde sollst du etwas tun oder dich verändern – von dem ich weiß, dass es gut für dich (für mich) ist.

Wir können uns also Macht, Einfluss ebenso wie Manipulation nicht schönreden. Macht hat ihre Berechtigung, aber nicht immer eine Legitimation. Wir können sie lediglich akzeptieren als das, was sie ist, und uns über das eine oder andere Ergebnis einer machtvollen Handlung freuen, von der wir betroffen sind oder mit der wir einen Machtangriff abwehren konnten. Und wir können uns fit machen für eine Welt, in der Macht, Einfluss und Manipulation dazugehören wie die Sterne zum Firmament. Wir können an unserer persönlichen Performance arbeiten, wir können unsere Ressourcen und Fähigkeiten auswickeln und uns entwickeln. Das Leben bietet uns ständig eine Vielzahl an unterschiedlichsten Herausforderungen, vor denen wir uns verstecken oder die wir annehmen können. Annehmen, indem wir an uns arbeiten und lernen, uns durch den Dschungel des Lebens, der gespickt ist mit Lianen aus Macht, Einfluss und Manipulation, zu navigieren. Schöpfen Sie aus dem Vollen. Vergrößern Sie die Anzahl Ihrer Möglichkeiten ständig.

Die Bausteine zum Topnavigator – für Ihren Erfolg!

Als Profiler für Sicherheit und Wirtschaft ist es meine Aufgabe, Verhaltensanalysen und Persönlichkeitsscannings bei Einzelpersonen und bei Gruppen durchzuführen.

Ich arbeite nach meiner, von mir in akribischer Arbeit entwickelten Methode *Profiling PScn* (Patricia Staniek Scan). *Profiling PScn* beinhaltet verschiedene exzellente Analysetools. Mit diesen »Möglichkeiten« kann ich die Persönlichkeit eines Menschen erfassen, Rückschlüsse auf seinen Charakter und seine Denkweise ziehen. Ich erkenne, wie die Person denkt, welche Denkmechanismen sie hat, und finde so den Schlüssel zu ihrer Persönlichkeit.

Alle folgenden Navigationsbausteine sind wichtige Faktoren für Ihre exzellente Performance und Teile meiner PScn-Analysemethode.

Die PScn-Methode, mit der ich als Profiler arbeite, umfasst weit mehr Methoden und Aspekte, als in dieser hier beschriebenen und für Sie in Ihrem persönlichen und beruflichen Umfeld leicht anwendbaren Short-Version.

Arbeiten mit den Navigationsbausteinen

Lesen Sie sich die Bausteine durch und überlegen Sie: Was davon funktioniert bei mir gut und woran darf ich noch arbeiten? Je mehr Bausteine Sie davon haben, umso besser ist Ihre Navigation durch den Macht- und Manipulationsdschungel. Werden Sie der Profiler Ihres Lebens und erstellen Sie Ihr Verhaltensprofil! Reflektieren Sie mit dem Fragebogen Ihr Verhalten, leiten Sie davon Ihre Zielsetzungen ab und arbeiten Sie daran. Lernen Sie Ihr Verhalten unbedingt noch besser kennen. Am Ende der Beschreibung der Navi-Bausteine finden Sie je eine Fragenliste zu Navi 1 bis 4. Diese einfache und leicht anwendbare Variante der Selbstanalyse habe ich hier in Kurzform als Fragenliste für Sie aufbereitet. Eine komplette professionelle Verhaltensanalyse umfasst 487 Fragen und Kriterien und wird von mir nur in Einzelprofiling-Sitzungen in mehreren Etappen und unterschiedlichen Verfahren durchgeführt. Die Navi-Bausteine sind für Sie in zwei Schritten aufgebaut. Den Handlungs- und Umsetzungsschritt 3 finden Sie nach Navi 4.

Die einzelnen Navi-Bausteine nach der »PScn«-Analysemethode

Navi 1: Die Proxemik

Die Proxemik ist das Verhalten, welches ein Mensch zeigt, wenn er sich im sozialen Raum befindet. Das bedeutet, dass er in diesem Raum, bei dieser Zusammenkunft mit einer Gruppe, ein bestimmtes Grund-, aber auch Kontextverhalten zeigt. Eine Gruppe besteht bereits aus zwei Personen. Diese Personen können miteinander verbunden oder unverbunden sein. Egal, ob sich zwei oder zwanzig Personen im Raum befinden, meine Aufgabe als Profilerin oder in meiner Rolle als Teamperformerin ist es, zu beobachten und wahrzunehmen, was sich zwischenmenschlich, gruppen- und auch rangdynamisch abspielt.

Ich beobachte das Verhalten der Menschen, wie sie sich im jeweiligen Kontext verhalten. Wer ist nahe, wer sucht Nähe, wer bleibt auf Distanz? Sind die Distanzen frei gewählt, oder wird eine Person auf Distanz gehalten? Welche Personen wenden sich anderen zu, welche Personen scheinen sich bewusst von jemandem abzuwenden? Wo sind Außenseiter?

Wer nimmt welche Rollen ein? Wo sind die Cheater, die Blender, die Kritiker, die Motivatoren, die Bremser, die Clowns, die Erbsenzähler, die Pretender, die Schaumschläger? Die Liste ließe sich noch vielfältigst ergänzen. Ein weiterer Fokus meinerseits richtet sich in diesem Baustein auf die Handlungsabsichten von Menschen, die durch Verhalten sichtbar werden. Wer plant etwas, wer führt etwas im Schilde? Welche Rituale bilden sich ab, und natürlich geht der Blick auch auf Manipulatoren, Hierarchien und Machtgefüge.

Welche Gruppenbildungen entstehen oder entwickeln sich? Wenn ich eine Gruppe kenne, beobachte ich auch die typischen Verhaltensweisen, die diese Gruppe zeigt, und was an untypischen Verhaltensphänomenen auftaucht.

Wo stehen Sie in der Rangordnung?

Eine meiner Ausbildungen habe ich vor vielen Jahren bei Raoul Schindler, österreichischer Psychoanalytiker und Psychotherapeut, gemacht. Er war derjenige, der das Interaktionsgrundmodell der gruppendynamischen Rangdynamik entwickelt hat. In Österreich ist dieses Modell, wie Schindler erzählte, als eigenständige psychotherapeutische Methode anerkannt.

Das Modell gibt eine Möglichkeit, die Interaktionen in Gruppen abzubilden. Modelle haben die Aufgaben, Komplexitäten und Unterschiedlichkeiten aufzuzeigen und so ein kleines Abbild z.B. der »Welten in Gruppen« zu schaffen und für Verständlichkeit der Vorgänge und Prozesse zu sorgen. Menschen brauchen Modelle, um Vorgänge zu verstehen. Das Rangdynamikmodell ist eine Möglichkeit, Orientierung im Gruppengeschehen zu gewinnen. Jede Gruppe bildet parallel zu ihrer äußeren Struktur (z.B. Hierarchie) eine innere, informelle Struktur aus. Unterschiedliche Personen übernehmen oder schlüpfen in die Rangpositionen, damit übernehmen sie für den Gruppenerhalt und Gruppenaufbau und für das Erreichen von Zielen eine sehr wichtige Funktion. Dieses Modell bildet sehr gut ab, welche Dynamiken dadurch entstehen. Die Auseinandersetzung mit der Thematik lohnt sich. Sehen Sie dazu auch in die Liste der Literaturempfehlungen am Ende des Buches.

Das Rangdynamikmodell beschreibt, welche Position jemand in einer Gruppe in einem Moment, in Momenten, Sequenzen oder durchgängig einnimmt. Schindler spricht von Positionen, welche auch innerhalb eines Kontextes wechseln können und keine festgeschriebenen Rollenbilder sind. Es beschreibt die Rangpositionen Alpha, Beta, Gamma, Omega und die G-Position. Welche Position nimmt jemand ein? Welche Position nehmen Sie bevorzugt und in welchem Kontext ein?

- *Die Alphas:* Alphas sind jene Personen, die gerne Führung übernehmen. Oft übernehmen Menschen die Führung gefragt und nominiert, es gibt aber auch viele, die es ungefragt versuchen. Zum Alpha wird ohnehin nur der, dem sich die

Gammas anschließen, weil er vielleicht eine gute Idee hat, die angenommen wird. Viele Führungskräfte bezeichnen sich als die Alphas oder Alphawölfe. Aber glauben Sie mir: »Nicht überall, wo Alpha draufsteht, ist auch Alpha drinnen!« Nur weil auf der Visitenkarte »Führungskraft« steht, ist man noch lange kein Alpha. Alphas sind Leitpersonen. Sie sind die Richtungsbestimmer und haben Leadership, was sie von ihren Gammas dadurch bestätigt bekommen, indem ihnen diese folgen.
Schindler definiert drei unterschiedliche Typen von Alphas: den heroischen Alpha, den narzisstischen Alpha und den Gruppenorientierten. Die Begriffe beschreiben gut, worum es geht.

- *Die Betas:* Die Betas sind die Beratertypen. Sie haben Kompetenzen in einem wichtigen Gebiet oder Teilgebiet und haben dadurch in einer Gruppe eine bestimmte Autorität. Der Beta ist und wirkt in Gruppen sehr unabhängig und ist meist nur indirekt über den Alpha mit der Gruppe verbunden. Die Betas müssen im Sinn der Gruppe und im Unterschied zum Alpha »etwas leisten«, damit sie ihre Position behalten. Stürzt der Alpha, stürzen oft die Betas mit.
- *Die Gammas:* Sie besitzen sie, die heimliche oder unheimliche Macht der Gruppe. Die Zusammenrottung der Gammas kann unheimlich viel bewegen. Die Gammas sind mit dem Alpha identifiziert, sie sind die Leistungsträger in Gruppen, die fleißigen Arbeitsbienen, bleiben aber der übermächtigen Verantwortung und Willensbildung außen vor.
- *Die Omegas:* Die Omegas vereinnahmen die spannendste aller Positionen. Sie nehmen eine Gegnerposition ein. Sie wenden sich oft gegen den Alpha, weil sie sich angegriffen fühlen. Sie repräsentieren die Dissonanzen in der Gruppe, welche die Gammas nicht ansprechen würden. Sie stehen also sehr oft für das »eigentliche« Problem der Gruppe. Sie tragen damit die Widerstände der Gruppe!
Schindler unterscheidet drei OmegaTypen: die Gegenströmung oder den Rebell, den Kritiker oder Distanzierten und den Nach-

zügler, der am schnellsten müde wird und als sehr mühsam empfunden wird.

Im direkten Umgang mit Gruppen sprechen wir auch vom in Gruppen oft prestigeträchtigen *Kasper* oder *Hofnarren*, der darf dem *Kaiser* sagen, was sonst keiner darf. Der machtlose und geduldete *Prügelknabe*, der Prügel bezieht, die man dem *Fürstensohn* nicht geben darf, und der *Sündenbock*, der alle Sünden der Gemeinde in seinem Rucksack schleppt und aus dem Dorf gejagt wird. Nach meiner Erfahrung gibt es noch mehr an unterschiedlichen Omega-Strömungen. Da ich es aber zum jetzigen Zeitpunkt noch nicht wissenschaftlich belegen kann, nenne ich hier nur jene aus dem Rangdynamikmodell von Prof. Schindler.

- *Die G-Position:* Die G-Position findet dann ihre Wirkung, wenn sich der Fokus nicht mehr auf den Menschen bezieht. Eine Person hat alle Möglichkeiten ausgeschöpft, um z.B. den Alpha anzugreifen. Die Gammas stehen geschlossen vor der Person Alpha. Somit wird sich der Gegner einen anderen Angriffspunkt suchen, und das könnte ein Thema, ein Inhalt oder ein Produkt sein!

Analysefragen zur Navi 1 – Proxemik

Wie verhalten Sie sich in einem »sozialen Raum«? Machen Sie sich bitte übersichtliche Notizen:

Schritt 1: Beobachten Sie Ihr proxemisches Verhalten in der Situation z.B. eines Meetings:

☐ Ich gehe auf andere zu, bin also proaktiv.

☐ Ich warte eher, dass andere auf mich zugehen.

☐ Ich ziehe mich in eine Ecke zurück.

- [ ] Wem wende ich mich ständig zu, wem wenig oder gar nicht?
- [ ] Vom wem wende ich mich ab?
- [ ] Wessen Nähe suche ich?
- [ ] Zu wem baue ich Distanz auf?
- [ ] Wer sucht meine Nähe?
- [ ] Wer hält mich auf Distanz oder distanziert sich?
- [ ] Stehe oder sitze ich wieder auf demselben Platz wie beim letzten Mal?
- [ ] Oder wechsle ich eher meinen Sitzplatz?
- [ ] Setze ich mich eher zu den gleichen Personen?
- [ ] Setze ich mich eher immer wieder zu anderen?
- [ ] Wie sicher und selbstbewusst fühle ich mich in welcher Situation?
- [ ] Wo bin ich unsicher oder wo verlässt mich mein Selbstbewusstsein?
- [ ] Welche Rangdynamikpositionen nehme ich in welchem Kontext ein?
- [ ] Habe ich Tendenzen zu einer bestimmten Rangdynamikposition oder wechsle ich ständig?

Schritt 2: Machen Sie nun einen Rückblick auf die Situation:
- [ ] Was habe ich besonders gut gemacht?
- [ ] Gibt es jemanden, bei dem ich Distanz zu mir bemerkt habe?
- [ ] Wenn ja, wäre es sinnvoll, sich diese Person näher heranzuholen? Wenn ja, wie könnten Sie das tun?
- [ ] Gibt es einen Außenseiter, der vielleicht ins Boot geholt werden sollte?

- [ ] Sollte ich mich in bestimmten Situationen mehr zurücknehmen oder proaktiver sein?
- [ ] Wobei will ich noch mehr Sicherheit gewinnen?
- [ ] Wo könnte ich in Bezug auf Proxemik noch besser performen?

Navi 2: Die Körpersprache

Der Baustein Körpersprache wurde von mir bereits in den Kapiteln »Manipulation über Körpersprache« und »Körpersprache verstehen und nutzen!« beschrieben. Meine Analysetätigkeit umfasst u.a. Mimik, Gestik, Stand, Gang, Signale von Absichtsdenken, Pulsfrequenzen, Atmung und Bewegungsabläufe, Spannung der Muskulatur, Kontraktionen und Hautspannung. Ihr Körper gibt unzählige Informationen über Sie ab. Arbeit an der Körpersprache ist innere Arbeit. Selbstsichere Menschen haben eine selbstsichere Körpersprache. Unsichere Menschen eine unsichere. Wenn ich also eine wirkungsvolle und »erfolgreiche« Körpersprache haben will, muss ich Innenarbeit leisten. Ich muss meine Themen angehen, Themen lösen und mich weiterentwickeln. Natürlich kann ich mir ein wenig helfen, wenn ich bestimmte Posen einnehme, dennoch, um die Innenarbeit kommt keiner herum.

Schritt 1: Beobachten Sie Ihre Körpersprache:

Sie befinden sich wieder am Businessparkett. Nehmen Sie sich heute die Beobachtung Ihrer Körpersprache vor:
- [ ] Wie ist Ihre Mimik? Was strahlen Sie aus?
- [ ] Wie gehen Sie z.B. am Gang in Richtung »Meeting«?
- [ ] Beobachten Sie sich! Wie ist Ihre Körperhaltung?
- [ ] Gehen Sie aufrecht?
- [ ] Wie ist Ihre Kopfhaltung?
- [ ] Wirkt Ihr Schritt selbstbewusst?

- ☐ Machen Sie kleine oder große Schritte?
- ☐ Wenn man nur Ihren Schritt hören und analysieren würde, was würde man vermuten?
    - ☐ schüchtern   ☐ dynamisch   ☐ selbstbewusst
    - ☐ unsicher   ☐ ängstlich
- ☐ Schwingen Ihre Arme gleichmäßig mit?
- ☐ Wie klopfen Sie an die Tür? Zaghaft oder selbstbewusst oder mit einem »Hoppla, ich bin da«?
- ☐ Wie öffnen Sie die Tür und betreten Sie den Raum? Mit aufrechter Körperhaltung und selbstbewusst oder geduckt und zaghaft?
- ☐ Nun sind Sie im Raum. Wie ist Ihr Begrüßungsritual? Wie schütteln Sie Ihrem Gegenüber die Hand? Angenehm fester Händedruck oder nasser Fetzen (nass und schlabbrig)?
    - ☐ Fingerspitzengreifer   ☐ Sandwich
- ☐ Wenden sich Ihre Füße bei der Begrüßung dem anderen direkt zu oder
- ☐ zeigt Ihr Fuß schon in die Richtung, wo die Brötchen stehen, und signalisiert, dass Sie eigentlich weniger an der Begrüßung, aber umso mehr an den Brötchen interessiert sind?
- ☐ Gestikulieren Sie offen oberhalb der Gürtellinie oder wissen Sie nicht, was Sie mit Ihren Händen anfangen sollen?
- ☐ Wie stehen Sie? Stabil und sicher oder unsicher?
- ☐ Wie sitzen Sie im Sessel? Gelassen und selbstbewusst?
- ☐ Wie reagieren Sie körperlich, wenn Sie verbal attackiert werden? Bleiben Sie in selbstbewusster Haltung oder sacken Sie zusammen?
- ☐ Wie selbstsicher haben Sie sich während der ganzen Situation gefühlt?

Skalieren Sie bitte auf einer Skala von 0 bis 10, 10 ist das Höchste.

Schritt 2: Machen Sie nun einen Rückblick auf die Situation:

- ☐ Wie selbstsicher waren Sie?
- ☐ Wie charismatisch haben Sie gewirkt?
- ☐ Wie, denken Sie, haben Sie auf andere gewirkt, wie hat man Sie wahrgenommen?
- ☐ Wobei konkret haben Sie sich besonders sicher gefühlt?
- ☐ In welchen Situationen hätten Sie mehr Sicherheit gebraucht?
- ☐ Was, denken Sie, wirkt an Ihrer Körpersprache besonders gut?
- ☐ Woran wollen Sie nun arbeiten?

Navi 3: Kommunikationsverhalten und Sprachmuster

Entdecken Sie die Wirkungskraft von exzellenter Kommunikation. Exzellente Kommunikation und Rhetorik bilden einen weiteren Baustein auf dem Weg zum erfolgreichen Navigator. Sprache gibt Aufschluss über das, was Sie denken oder im Ursprung einmal gedacht haben.

In Ihrem Navigationspackage sollte sich die Kenntnis über grundlegende Kommunikations- und Denkmodelle befinden, die Ihnen hilft, die zwischenmenschliche Kommunikation besser zu verstehen. Wie zum Beispiel die Transaktionsanalyse, das Sender-Empfänger-Modell, Johari-Fenster, Wertequadrat, Vier-Seiten-Modell von Schulz von Thun, Systemtheorie, Kybernetik, Rangdynamik, Vier-Ohren-Modell, Dramadreieck, Kommunikationsmodell nach Shannon & Weaver, Virginia Satir und Rosenbergs gewaltfreie Kommunikation und natürlich Paul Watzlawick.

Schnüren Sie auch ein Kommunikationsnotfallpackage und setzen Sie sich ebenso mit Schlagfertigkeit, mit der manipulativen und der Killer-Rhetorik auseinander. Sie wissen nie, wann Sie sie brauchen können.

Schritt 1: Beobachten Sie Ihr Kommunikationsverhalten und Ihre Rhetorik:

- [ ] Wie leicht fällt es Ihnen, mit anderen zu kommunizieren?
- [ ] Wie gut werden Sie verstanden?
- [ ] Wie weit überprüfen Sie, ob Sie verstanden wurden?
- [ ] Lassen Sie andere Meinungen zu?
- [ ] Hinterfragen Sie öfter?
- [ ] Bringen Sie sich in Gespräche proaktiv ein?
- [ ] Diskutieren Sie mit und geben Sie Meinungen ab?
- [ ] Bleiben Sie in Konfliktsituationen eher ruhig und gelassen?
- [ ] Ziehen Sie sich bei Konflikten eher zurück?
- [ ] Greifen Sie in Konfliktsituationen an?
- [ ] Verhalten Sie sich eher lösungsorientiert und handlungsaktiv?
- [ ] Sind Sie schlagfertig?
- [ ] Wie bewerten Sie Ihre rhetorischen Fähigkeiten?
- [ ] Sprechen Sie verständlich?
- [ ] Wie gut ist Ihre Grammatik?
- [ ] Verwenden Sie eine kraftvolle Sprache?
- [ ] Sprechen Sie nur faktisch oder auch in Bildern?
- [ ] Verwenden Sie bewusst Metaphern, Zitate und Vergleiche?
- [ ] Verwenden Sie viele Weichspüler wie: eigentlich, vielleicht, ich glaube …?
- [ ] Verwenden Sie Füllwörter wie ähh, sozusagen, …?
- [ ] Sprechen Sie den »Opfer-Speech«? Vermitteln Sie, wie arm Sie sind und dass man das mit Ihnen ja machen kann? Jammern Sie andere an?
- [ ] Sprechen Sie den »Retter-Speech«? Ich kann das für dich machen! Ich erledige das für dich! Ich kenne da einen Arzt!

- ☐ Sprechen Sie den »Täter-Speech«? Ich mache den »zur Schnecke«! Das sind alles Idioten! Wenn ich den sehe, der kann was erleben!
- ☐ Zeigen Sie Interesse und stellen viele offene Fragen?
- ☐ Lassen Sie die Menschen ausreden?
- ☐ Faszinieren Sie mit Ihrer Sprache?

Schritt 2: Machen Sie einen Rückblick auf die Situation:
- ☐ Wie lief die Kommunikation?
- ☐ Was haben Sie gut gemeistert?
- ☐ Wo hatten Sie Unsicherheiten?
- ☐ Wie gut konnten Sie Ihre Ideen durchsetzen?
- ☐ Kamen Ihre Appelle an?
- ☐ Wie gut wurden Sie verstanden?
- ☐ Haben Sie Ihr Gesprächsziel erreicht?
- ☐ Woran wollen Sie arbeiten?

Navi 4: Ihre Stimme ist der Stimmungsmacher

Die Stimme ist für mich als Profiler ein wichtiger Faktor. Sie gibt mir viele Hinweise. Gerade wenn ich im Bereich der öffentlichen Sicherheit Videos oder live analysiere, ist der Faktor Stimme ein sehr wichtiger Aspekt. Sie verrät mir viel über die Person. Genauso wie ich das Grundverhalten eines Menschen – die von mir so bezeichneten Bodybasics – durch Beobachtung scanne, genauso merke ich mir das Grundverhalten der Stimme, Sprache und Proxemik. Die Stimme verändert sich in Stress- oder Drucksituationen und zeigt bestimmte Phänomene auf. Auch wenn ein Mensch lügt, kann die Stimme ein Hinweis darauf sein. Und warum ist Ihre Stimme wichtig? Weil Ihre

Stimme in der Lage ist, die entsprechende Stimmung zu produzieren. Sie können mit Ihrer Stimme jemanden beruhigen und positiv einwirken, Sie können jemanden damit emotional machen und emotional abholen, Sie können jemanden damit aufwühlen oder motivieren. Die Stimme passt sich Ihren Emotionen an und trägt diese mit. Somit gibt sie auch Information über Ihren Gemütszustand ab.

Ihre Stimme ist ein wesentlicher Faktor für Ihre Topnavigation im Businessdschungel. Es lohnt sich immer, die Stimme von einem Stimmtrainer überprüfen zu lassen und in ein paar Stunden Stimmtraining zu investieren. Wenn Sie Ihrer Stimme mehr Ausdruck verleihen, dann hinterlassen Sie mehr Eindruck und erreichen mehr, allein über den Wohlklang einer Stimme. Wer hört schon gerne Mickey Mouse beim Sprechen zu. Ich erlebe es immer wieder, dass meine Stimme, die angenehm und etwas tiefer ist, gerade bei Befragungen in schwierigen Situationen den Menschen unheimlich viel Vertrauen gibt. Ich erfahre durch die Art und Weise, wie ich meine Stimme einsetze, mehr in Befragungen als mancher andere. Denn eine wohlklingende Stimme schafft Vertrauen.

Schritt 1: Legen Sie Aufmerksamkeit auf Ihre Stimme:
- [ ] Wie lebendig klingt Ihre Stimme?
- [ ] Modulieren (betonen) Sie beim Sprechen?
- [ ] Setzen Sie Ihre Stimme bewusst ein?
- [ ] Wirkt Ihre Stimme angenehm auf andere?
- [ ] Wie klingt Ihre Stimme, wenn Sie aufgeregt sind?
- [ ] Welchen Aussagen konnten Sie durch den Einsatz Ihrer Stimme noch mehr Bedeutung geben?
- [ ] Machen Sie Pausen und Punkte beim Sprechen?
- [ ] Wie deutlich sprechen Sie?

Schritt 2: Machen Sie einen Rückblick auf die Situation:
- ☐ Wie gut haben Sie Ihre Stimme eingesetzt?
- ☐ Wie wirkungsvoll waren Ihre Aussagen durch den Stimmeinsatz?
- ☐ Wo konnten Sie vielleicht eine Emotion wecken oder jemanden über den Klang der Stimme abholen?
- ☐ Was wollen Sie lernen oder in Bezug auf Ihre Stimme üben?

Navi 1–4, Schritt 3:

Sie haben nun nachgedacht und reflektiert. Was zeichnet sich für Sie ab? Was sind Ihre Stärken? Woran wollen Sie arbeiten? Machen Sie sich einen Plan. Überlegen Sie, was Ihnen am wichtigsten ist und beginnen Sie damit. Rom wurde nicht an einem Tag erbaut. Sehen Sie Ihre Weiterentwicklung als einen Prozess. Packen Sie es an und steigern Sie Ihre Performance, um zum Topnavigator zu werden. Sie selbst müssen es tun, denn niemand wird es für Sie tun. Und wenn Sie im Sumpf stecken, dann müssen Sie sich in Wirklichkeit nur auf eine Hand verlassen können, die Sie wieder herauszieht – nämlich Ihre eigene! Das bedeutet nicht, dass Sie anderen nicht vertrauen sollen. Doch Sie müssen sich auf Ihre Ressourcen, Fähigkeiten und Fertigkeiten verlassen können, wenn Sie sie brauchen.

Schritt 3: Ziele setzen und losmarschieren!
- ☐ Wenn Sie nun die Antworten der oberen Fragen von PScn 1 bis PScn 4 betrachten, wie zufrieden sind Sie auf einer Skala von 0 bis 10, wobei 10 wieder die höchste Zahl auf der Skala ist? Sollten Sie zufrieden sein, dann gratuliere ich Ihnen! Aber schauen Sie noch einmal genau, ob Sie sich nicht gerade selbst angelogen haben! Zufrieden geblieben? Okay! Dann gratuliere ich wirklich!

- ☐ Noch nicht zufrieden, Sie wollen eine noch bessere Performance hinlegen?
- ☐ Wo wollen Sie hin auf der Skala nach oben?
- ☐ Was ist der nächste Schritt, den Sie gehen müssen, damit Sie diese neue Stufe nach oben erreichen?
- ☐ Und welcher ist der nächste Schritt?
- ☐ Was brauchen Sie, um das Ziel zu erreichen?
- ☐ Was oder wer kann Sie dabei unterstützen?

Laden Sie Kontinuität und Disziplin ein, Sie auf Ihrem Entwicklungsweg zu begleiten. Genießen Sie kleine Erfolge genauso wie große. Sehen Sie Rückschläge als Übungs- und Experimentierfeld und lassen Sie sich bloß nicht unterkriegen. Wählen Sie nun eine kraftvolle zielorientierte innere Haltung und legen Sie los!

Navi 5: Wissen ist Macht

Jeder von uns Erwachsenen und im Beruf stehenden Menschen ist für seine Bildung selbst verantwortlich. Der alte Spruch »Wissen ist Macht« bestätigt sich in seiner Weisheit immer wieder. Der Zugang zum Wissen ist nie zuvor so vielfältig und offen gewesen wie jetzt. Ein einfacher Klick im Internet und ein paar Wörter in der Suchmaschine und die Information ist da. Seien Sie »wissbegierig«! Ich selbst bin ein sehr wissbegieriger und neugieriger Mensch. Ich möchte stets Neues erlernen. Und Zeit bedeutet für mich Qualität. Ich verschwende meine kostbare Zeit nicht mit dem Ansehen von sinnlosen Soaps und Realityshows, denn das macht mir keinen Spaß. Ich gehe kaum ins Kino und sehe nur wenige Filme im Fernsehen. Aber wenn, dann fröne ich meinem Wissenshobby, ich sehe mir sehr gerne spannende Dokumentationen an. Dokumentationen fördern die Allgemeinbildung und schenken einem wertvolles Wissen. Wer etwas weiß, kann etwas sagen. Wer Wissen hat, kann mitreden. Ich habe es für mich ritualisiert, jeden Abend vor dem Einschlafen noch ein wenig zu lesen. Manchmal schlafe ich nach einer Seite ein, dennoch, mein Ritual halte ich aufrecht. Wenn Sie täglich auch nur zwei bis drei Seiten in einem Buch lesen, welches Sie weiterbringen kann, dann ist das okay und Sie kommen voran.

Wissen kann man sich auch in Diskussionen aneignen, sogar über Facebook-Interessensgruppen und andere Social-Media-Kanäle. Noch nie war es so leicht wie heute. Es ist eine Frage der Prioritäten, die ich setze. Und ich rede in diesem Kapitel nicht nur von Wissensbildung, sondern auch von einem Überblick über das politische und wirtschaftliche Weltgeschehen. Sogar das ist leicht zu bekommen. Wissen wird an unseren Schulen oft sehr faktisch unterrichtet, Wissen kann aber erlebbar gemacht werden. Kinder haben in den meisten öffentlichen Schulen kaum eine Wahl oder können keinen Anspruch erheben. Ein Ausweg wären einige motivierte Privatschulen, deren Besuch aber finanzkräftige Eltern voraussetzt.

Aber auch ohne Privatschulen können wir als Eltern Wissen für unsere Kinder und uns selbst erlebbar machen. Denn dafür sind nicht ausschließlich die Kindergartenpädagogen und Lehrer zuständig, auch wir Eltern haben einen Bildungsauftrag. Nicht nur für unsere Kinder. Denn wenn wir erfolgreich sein wollen, auch für uns.

Zum Thema Information: Natürlich werden wir auch über offen zugängliche Informationsquellen manipuliert. Überprüfen Sie Informationen, die für Sie wichtig sind, auf ihren Wahrheitsgehalt. Bei für mich relevanten Informationen überprüfe ich den Urheber und die Quelle und stelle mir die Frage, mit welcher Absicht oder möglichem Eigennutz diese Information publiziert oder veröffentlicht wurde.

Nutzen Sie Weiterbildungsmöglichkeiten, gehen Sie in Seminare, buchen Sie sich einen guten Coach. Ja, Sie haben recht. Das kostet Geld. Es ist immer eine Frage der Prioritäten. Was ist Ihnen wichtig im Leben, und wo wollen Sie letztendlich hin? Wofür gebe ich Geld aus und wofür setze ich es ein? Weiterbildung gibt es von kostenlosen Webinaren über kostengünstige Seminare bis zum Topseminar. Bilden Sie sich erfolgreich!

Und halten Sie Ihre Bücher und ganz speziell Ihre Fachliteratur artgerecht. Bücher müssen immer wieder aus Regalen genommen und durchgeblättert oder gelesen werden. Bücher in Regale zu stopfen, sie dort endzulagern, ist wirklich eine Misshandlung des enthaltenen Wissens und gehört angezeigt. Also, Bücher sind gemacht, um sie zu lesen.

Navi 6: Krisensicherheit und der persönliche Hochsicherheitstrakt

Niemand ist vor Krisen gefeit, nicht vor persönlichen und nicht vor geschäftlichen. Menschen zeigen spannende Phänomene, wenn es um Krisen geht. Sie stecken oft den Kopf in den Sand, laufen davon und warten, dass sie sich von allein regeln, vergraben sich irgendwo und igeln sich ein. Anstatt ihre Pobacken zusammenzukneifen, einen Plan zu machen und darauf loszustarten. Die Hände in den Schoß legen können Sie getrost, wenn Sie Ihre Rente genießen. Im Zuge meiner Arbeit in großen Konzernen stelle ich immer wieder fest, dass eine Krise erst dann Fakt ist, wenn sie als Krise definiert ist. Vorab ist sie noch ein unsicherer schwebender Zustand. Wenn die Krise da ist, ist es natürlich mühsam und anstrengend, aus solcher wieder herauszufinden. Aus diesem Grund ist eine Prophylaxe auf mehreren Ebenen notwendig. Wobei dann auch Navi 1 bis 5 dazugehören.

In unserem menschlichen Dasein erleben wir vielerlei Arten von Krisen. Dazu gehören auch Verluste, die Menschen in Krisen stürzen. Trennungen von Partnern, Verlust durch Ableben einer Person, Verlust des Arbeitsplatzes, Verlust eines Kunden und Krankheiten. Manche dieser Krisen fühlen sich für Menschen lebensbedrohlich an und scheinen nicht zu meistern zu sein.

Es entspricht der menschlichen Natur, eine gewisse Ordnung, Berechenbarkeit und Vorhersagbarkeit im Leben zu haben. Das gibt uns Sicherheit. Wir wollen die Kontrolle über unser Leben.

Wenn diese Kontrolle verloren geht, finden wir uns in dramatischen emotionalen Zuständen wieder. Die Ohnmacht legt sich wie ein Schleier über das Dasein, viele Menschen verlieren den Lebensmut, sie fühlen sich hilflos und verfallen in Resignation. Mitleid und Orientierungslosigkeit machen sich breit. Wenn man so eine Krisenohrfeige des Lebens bekommt, ist es sicher legitim, traurig, erschüttert oder frustriert zu sein. Die Frage ist nur: Wie lange? Der Mensch muss ehestmöglich wieder raus, um sein Leben proaktiv in Selbstorganisation zu gestalten und die Krise anzupacken. Dazu ist es notwendig, seine Gefühle zu erkennen und diese zu kontrollieren und zu steuern. Krisen zeigen uns oft auch auf, dass wir nicht so gelebt haben, wie es für uns gut gewesen wäre. Krisen sind manchmal unaufhaltbar, manche Formen von Krisen sind nicht steuerbar oder abfangbar. Wenn ich Möglichkeiten zum proaktiven Handeln habe, dann sollte ich diese nutzen. Kann ich diese nicht nutzen, so entscheiden meine innere Haltung und Sichtweise wesentlich über den Verlauf.

Meine wundervolle Freundin Isabella Bogner-Bader, Künstlerin

Nach einer für sie sehr qualvollen Chemotherapie und Knochenmarktransplantation aufgrund einer hochaggressiven Form von Leukämie, verließ uns Isabella im Alter von 62 für immer. 2014 sah die begnadete Künstlerin aus wie 45, strahlte und liebte das Leben. Eine weise, intelligente und liebenswerte Frau – ein Paradiesvogel! Sie sah aus wie ein Paradiesvogel und sie lebte ihr Leben wie ein Paradiesvogel, der seine bunten Flügel in liebevoller Weise über die Menschen legte. Sie war eine liebevolle Mutter und Ehefrau, sie verband Menschen miteinander, und ich kenne niemanden, der sie nicht mochte. Wir haben in unserem gemeinsamen Freundeskreis miteinander geweint und gelacht, Isabella, unsere Freundin Su und ich.
Am 24.12.2015 bekam ich, nachdem ich vorher noch mit ihr

telefoniert hatte, eine SMS: »I love you, kleine Patty« – verziert mit drei Herzen.
Ich spürte, dass sie bald geht, dass dies ihre Art war, »Lebe wohl« zu sagen, und wollte es nicht wahrhaben. Am 11.1.2016 bekam ich eine SMS von ihrem Mann und ihrer Tochter. Die Nachricht war: »Isa ist sanft und friedlich in unseren Armen eingeschlafen.« Ich befand mich gerade mit meinem Mann auf Mallorca, als mich diese Nachricht erreichte.

Warum schreibe ich hier über sie? Weil Isabella mit Würde, Stolz und Kampfgeist durch diese schwerste Krise ihres Lebens gegangen ist. Weil sie die Zeit genutzt hat, den Menschen, die sie liebte, viele schöne Dinge zu sagen und nichts dabei offenblieb, sie aber auch vor Wahrheiten nicht haltgemacht hat. Sie hat gelitten und ihre Schmerzen im Glauben an ihren Gott getragen.

Und sie schrieb in dieser Zeit im Krankenhaus ihr Buch »Gott und der Paradiesvogel«. Mit ihren wunderschönen und bunten Gemälden hat sie einen künstlerischen Fußabdruck auf dieser Erde hinterlassen. Diesen verstärkte sie noch, indem sie im Krankenhaus dieses Buch über das Erleben ihrer Krankheit, über ihr Leben und ihren Glauben schrieb. Sie jammerte und klagte nicht. Sie beschrieb ihren Weg, ihren Schmerz, ihre Freude, ihre Emotionen, Gedanken und ihre Philosophien.

Sie war ein Beispiel dafür, wie man mit nicht veränderbaren Dingen umgeht, wie man handlungsaktiv alle Chancen ergreift, die das Leben zu bieten hat. Isabella Bogner-Bader, du fehlst mir!

1. *Augen auf, hinsehen und Krise annehmen:* Kopf in den Sand stecken schaut weder gut aus noch hilft es. Es gibt Probleme, die lösen sich von allein, aber die meisten tun es nicht. Deshalb hilft nur zupacken und handlungsaktiv werden. Krisen sind nun einmal schmerzhaft, unangenehm, zeit- und nervenraubend. Stellen Sie sich der Krise und machen Sie Ihre notwendige Krisenarbeit.

2. *Akzeptieren Sie Ihre Emotionen und steuern Sie sie:* Kämpfen Sie nicht gegen die Lage, sondern für die Lage, indem Sie die Emotionen annehmen. Nehmen Sie sich aber auch ausreichend Zeit für die Emotion, schwelgen Sie in Trauer und heulen Sie sich die Augen aus. Danach muss aber Schluss sein, und Sie müssen sich einzig vorausschauend auf den Weg aus der Krise machen. Machen Sie sich einen Plan, der Sie Stück für Stück aus der Krise führt. Sie brauchen Disziplin, Ehrgeiz und Ausdauer, und zeigen Sie sich zuversichtlich.
3. *Verurteilen Sie nicht und beschuldigen Sie nicht:* Verurteilungen und Beschuldigungen sind Zeitfresser und Energieräuber. Sie brauchen Ihre Energien für Wichtigeres. Je mehr Sie sich mit Beschuldigen und Verurteilen beschäftigen, umso länger wird Ihr Weg aus der Krise dauern.
4. *Nehmen Sie Unterstützung und Hilfe an:* Sie müssen nicht alles allein machen. Suchen Sie Beratungsstellen auf und lassen Sie Hilfe auch aus dem Freundeskreis zu. Orientieren Sie sich neu, suchen Sie Nischen und neue Wege.
5. *Mit Grandezza durch die Krise:* Machen Sie sich Ihren Krisenplan. Eruieren Sie Ihre Situation und versuchen Sie, diese in ihrer Gesamtheit zu erfassen. Am besten, Sie skizzieren die Situation und notieren sich alle wichtigen Punkte. Kontaktieren Sie Unterstützer wie Freunde und Beratungsstellen, sammeln Sie Informationen und Lösungsansätze. Entwickeln Sie daraus einen Stufenplan. Überlegen Sie, welche Ressourcen Sie freischaufeln müssen und mit welchen Fähigkeiten und Fertigkeiten Sie an die Sache herangehen werden. Kontrollieren Sie Ihre Schritte, suchen Sie nach Alternativwegen, machen Sie sich eine Plan B und nehmen Sie Kurskorrekturen vor, wenn es notwendig ist. Das Wichtigste aber – handeln Sie umgehend!

Navi 7: Selbst- und Zeitmanagement

Erfolgreiche Menschen sollten sich unter Kontrolle haben. Bei manchen Menschen obliegt diese Kontrolle deren Sekretärin. Das ist natürlich auch eine Möglichkeit, wenn man sich nicht selbst im Griff hat. Zu früh kommen, ist unpünktlich, und zu spät auch. Nur wenn man Machtspiele spielen will und sich dabei in der besseren Position befindet, kann man das Zuspätkommen bzw. Wartenlassen einsetzen. Organisieren und managen Sie sich selbst, so als wären Sie Ihre eigene Künstleragentur.

Disziplin ist ein wichtiger Faktor. Nicht nur das disziplinierte Vorgehen im Business, sondern auch in der Achtsamkeit mit sich selbst. Disziplin und Ausdauer sind Erfolgsgaranten.

Achten Sie auf sich, um Burn-out zu vermeiden. Der Mensch ist ein Leistungsmotor. Er kann mehr leisten, als wir ihm zutrauen. Dennoch muss man auf sich achten! Denn nur ein kraftvoller und fitter Mensch schlägt sich mühelos durch den Macht- und Manipulationsdschungel.

Navi 8: Soziale Kompetenzen und Machtkompetenzen

Das Komplettpackage Ihrer individuellen und persönlichen Haltung und Einstellung, das in Bezug auf Kommunikation und Kooperation wichtig und hilfreich ist, nennt man soziale Kompetenzen oder Social Skills.

Zu den sozialen Kompetenzen gibt es unzählige Theorien und Philosophien. Für mich ist es die Art und Weise, wie man Kommunikationen und Interaktionen mit Menschen gestaltet, sodass sie kooperativ und sozial kompatibel sind. Und die kann man, wenn man möchte, stets weiterentwickeln. Dazu gehört die Fähigkeit, Entscheidungen zu treffen, die bei vielen Managern und Führungskräften anscheinend zu einem »Kraftakt« gehört oder an die führungstechnische Down Line abgeschoben wird.

Die Kompetenz, mit Macht umzugehen, hat nicht jeder. Zwischen »Ich kann es nicht« oder »Ich (be-)nutze meine Macht« gibt es eine große Bandbreite. Lernen Sie, Macht mit Machtkompetenz einzusetzen, wann immer Sie sie brauchen. Darunter verstehe ich die Anwendung von Macht unter der Prämisse »Kompatibilität mit der Legitimation und der Ethik«.

Navi 9: Der Glaube versetzt den Berg oder er kann auch der Berg sein

Glaubenssätze basieren auf Prägungen, die wir durch andere erleben, oder auf Erfahrungen, die wir machen. Wenn Sie Ihre Glaubenssätze verändern möchten, um diese als Triebkraft zu nutzen, damit Sie erfolgreich sind und bleiben, dann befreien Sie sich von hinderlichen Glaubenssätzen. Dabei kann es hilfreich sein, bewusst nach guten Erfahrungen zu suchen.

Das Leben ist eine wunderbare Sammlung von Erfahrungen! Unsere Erfahrungen erneuern und schaffen unsere Glaubenssätze neu.

Vielleicht benötigen Sie eine positive neue Erfahrung! Suchen Sie diese Erfahrungen. Wenn Sie einen Blockierer haben, wie z.B. »Ich traue mich seit Langem nicht mehr, Auto zu fahren, weil ich einen Unfall hatte«, und eigentlich würden Sie Ihr Auto dringend brauchen, es würde Ihnen den Alltag erleichtern – dann suchen Sie neue Wege! Organisieren Sie sich eine positive Fahrerfahrung, die Ihnen wieder Sicherheit gibt. Melden Sie sich auf einem Fahrübungsplatz zu einem Fahrtechniktraining an und üben Sie mit einem Fahrlehrer. Erleben und erfahre Sie damit, wie Sie durch das professionelle Training sicherer und sicherer werden und wieder neuen Mut gewinnen.

Für solche Blockaden gibt es sicherlich viele Beispiele. Kleine Kinder stehen auf, wenn sie fallen, und machen weiter. Genauso können Sie es als erwachsene Person tun. Gehen Sie proaktiv durchs Leben und ersetzen Sie negative Glaubenssätze, indem Sie positive Erlebnisse verankern. Sie können die Erfahrung vollkommen neu machen, indem Sie sich auf eine Herausforderung vorbereiten, indem Sie üben und reflektieren. Gehen Sie los und holen Sie sich Ihren positiven Aha-Effekt und bringen Sie sich damit zurück oder bleiben Sie damit auf Erfahrungs-Erfolgskurs.

Navi 10: Netzwerken und Seilschaften

Worin Männer schon lange meisterlich agieren, haben Frauen oft noch Nachholbedarf. Im zielorientierten und sinnvollen Netzwerken und im Aufbau von Seilschaften. Ein italienisches Dessert beschreibt sich äußerst delikat mit: Tiramisu – Zieh mich hoch! Darum geht es. Sich gegenseitig hochzuziehen. Betreiben Sie den Aufbau eines haltbaren, tragfähigen Beziehungsnetzes.

Suchen Sie sich die Treffpunkte der wirklich Erfolgreichen. Treffen Sie Ihre Auswahl kritisch, denn es gibt zu viele Netzwerke und Treffpunkte, in denen sich Menschen tummeln, die noch keinen, gar keinen oder niemals Erfolg gehabt haben und haben werden. Natürlich haben diese Netzwerke genauso ihre Berechtigung. Allerdings werden Sie in solchen Netzwerken nichts lernen, Sie werden sich nicht weiterentwickeln, keine sinnvollen Kooperationen eingehen und bald im eigenen Saft schmoren.

Lernen Sie von den Erfolgreichen. Verbünden Sie sich mit den Mächtigen und Erfolgreichen. Erfolgreiches Netzwerken ist für viele ein Lernfeld. Wenn man sich aufs Netzwerkparkett begibt, sollte man die Spielregeln des erfolgreichen Businessplayers kennen und spielen können.

Navi 11: Business-Knigge

Macht geht mit Souveränität einher. Und souverän kann ich sein, wenn ich mich vom Businessparkett bis auf den roten Teppich perfekt bewegen kann. Topbenehmen gehört im Business genauso dazu wie die entsprechende Kompetenz in der jeweiligen Tätigkeit. Sie können fachlich noch so top sein, wenn Sie sich nicht perfekt und souverän benehmen können, verbauen Sie sich viel. Knigge-Kompetenz ist eine Form der Machtkompetenz.

Navi 12: Begeisterung und Leidenschaft!

Ich habe nie getan, was ich nicht wollte. In der Zeit, in der ich Führungskraft war, tat ich das mit Leidenschaft und Begeisterung. Als die Begeisterung dafür nachließ, verließ ich diesen Konzern und schlug einen neuen Weg ein. Das ist mehr als zwei Jahrzehnte her. Seither arbeite ich in meinem Beruf mit Begeisterung und Leidenschaft. Natürlich gibt es Dinge, die ich nicht unbedingt gerne mache.

Wie ein baltisches Sprichwort sagt: »Wer seinen Hund liebt, muss auch dessen Flöhe lieben.« Ich mag es nicht, irgendwelche Listen schreiben zu müssen, die mein Mann für den Finanzbereich oder den Buchhalter und Steuerberater braucht. Es gehört zum Beruf dazu, den ich liebe, und deshalb wird es gemacht.

Und zwar sofort, dann ist die negative Energie des »Das muss ich auch noch machen« weg. Erledigt und abgehakt.

Meine Arbeit mit Menschen als Profiler oder Team- und Persönlichkeitsperformer, Executivecoach und Keynotespeaker erfülle ich gerne. Mit aller Begeisterung und Leidenschaft. So muss ich, wenn ich Workshops halte oder auf großen Bühnen stehe, niemals zur Arbeit gehen, sondern darf mich meinen Leidenschaften mit voller Begeisterung hingeben. All das, was ich mit Begeisterung und Leidenschaft mache, beeinflusst meinen Auftritt und wie ich auf andere wirke.

Sie ist um uns – überall!
Die Manipulation

Sklavengehirn – Die Manipulation der Massen

Wen kann man am leichtesten manipulieren? Die Masse! Die Masse ist das Ziel von Politikern, von Kriegsführern, aber auch zum Beispiel von der Werbung und den Medien. Nehmen wir nur einmal die Politik. Für die Politik ist die Masse immer leichter zu steuern. Die Steuerung der Masse ist das oberste Ziel! Warum? Weil es geht! Massenmanipulation wird oft über gezielte Täuschung gesteuert.

Wie fühlen Menschen sich in Massen? Im Zuge der Entstehung dieses Buches schaute ich mir viele alte Schwarz-Weiß-Dokumentationen an. Dokumentationen, die über den Ersten und Zweiten Weltkrieg berichten. Aus einer Zeit, wo ich dankbar bin, nicht dabei gewesen zu sein. Dankbar, dass meine Eltern und der Großteil meiner Familie überlebt haben. Ich beobachtete in diesen Dokumentationen das Verhalten der Menschen in der Masse, hatte meine Hypothesen und zog meine Schlüsse daraus.

Ja, ich bin der Meinung, dass Menschen in Massen ihr Individualgewissen verlieren. Sie fühlen sich meist mit etwas identifiziert, mit einer Idee, mit einem Impuls, mit einer Strömung, mit einem Gefühl. In der Masse verlieren Menschen anscheinend ihr Individualgewissen. Sie verlieren das Verantwortungsgefühl und geben eigenständiges Denken auf. Es wird ihnen abgenommen. Jemand übernimmt beides für sie. Der Weg wird vorgegeben. Auch Schuld ist etwas, was in der Masse verloren geht! Der oder die anderen haben es ja auch gemacht, und somit ist es in Ordnung!

Die Massenmedien und die Gefahr von Schwarmintelligenzen

Wie in dem Film »Wag the dog« bestens dargestellt, ist Manipulation durch Massenmedien einfach. Wir sehen Bilder, Videos, Reportagen und Artikel. Wir können den Wahrheitsgehalt aufgrund des unübersehbaren Umfangs meist nicht überprüfen. Wir haben nicht die Möglichkeit, es zu tun. Durch ständige technische Innovationen geraten wir immer mehr und mehr in die Manipulations- bzw. Steuerungsfallen hinein, werden durchsichtiger und durchsichtiger. Technisch ist es möglich, uns rundum mit Konstrukten zu versorgen und uns in alle Richtungen zu manipulieren. Viele Menschen werden von den Medien so beeinflusst, dass sie gar nicht auf die Idee kommen, darüber nachzudenken und sich eine eigene Meinung zu bilden! Es ist gefährlich, alles zu glauben! Glauben Sie nicht alles, was Sie sehen oder hören! Bleiben Sie argwöhnisch, überprüfen Sie, wenn Sie die Möglichkeit dazu haben. Zapfen Sie immer mehrere Informationsquellen an und bleiben Sie wachsam! Denn wenn Sie Neuigkeiten weitergeben, deren Wahrheitsgehalt Sie nicht hinterfragt haben, werden Sie rasch ein Teil einer gesteuerten Schwarmintelligenz.

Dazu trägt auch die bis vor Kurzem noch als Science-Fiction bezeichnete Möglichkeit bei, dass uns Maschinen in unserem Denken beeinflussen und steuern. Dass dies heute längst Alltag ist, erklärt Simon Hegelich. Der Wissenschafter der TU-München macht im Internet Jagd auf Social Bots, die nicht besonders schwierig zu programmieren seien. Diese Social Bots, vermeintlich menschliche Accounts, hinter denen sich ein Computerprogramm verbirgt, das selbstständig in der digitalen Welt unterwegs ist, sind längst Alltag. Beispiel Twitter: Es reiche schon aus, eine Liste mit Tweets zu erstellen, die der Roboter abschicken soll. Hinzu komme künstliche Intelligenz, damit er »autonom anderen Leuten folgen kann und trendige Hashtags aufgreift«. Fertig ist der Social Bot, der munter sein Unwesen treibt.

Nach einem äußerst schmutzig geführten US-Präsidentenwahlkampf wurde infolge Analysen herausgefunden, dass bis zu einem Drittel der in sozialen Netzwerken verbreiteten negativen Meldungen über die demokratische Kandidatin Hillary Clinton von solchen Propaganda-Robotern stammten. Einen stört dies heute sicher nicht, war doch der 20. Jänner 2017 der Tag, an dem einer der umstrittensten Präsidentschaftswahlsieger in der Geschichte der USA als 45. Präsident vereidigt wurde. Donald Trump, ein bekennender Freund von Wladimir Putin.

Bilden Sie sich über das Warum selbst Ihre Meinung, behaupten doch Medien aufgrund von Geheimdienstberichten bereits, Putin sei der direkte Auftraggeber dieser Hackerangriffe gewesen.

Die Macht der Medien

Wir leben in einer Welt der permanenten Reizüberflutung, in der Massenmedien wie Internet, Fernsehen, Radio, Druckpresse und Onlineportale zu unserem Alltag dazugehören wie das Kind zu seinen Eltern. Die Medien haben aus meiner Sicht mehr denn je eine die Masse steuernde, angesichts der Flut von Meldungen kaum mehr auf deren Wahrheitsgehalt zu hinterfragende meinungsbildende, teils auch von politischer Beeinflussung geprägte Rolle eingenommen.

Die Medien scheinen die Macht und Kontrolle über alles und jeden, definitiv aber über vieles zu haben. Sie nehmen immer mehr, auch aufgrund der innerfamiliär geänderten Verhaltensweisen, die eigentliche meinungsbildende Erzieherrolle neuer Generationen ein. Sie vermitteln, teils subtil, weil nicht direkt angesprochen, was die Menschheit zu denken und zu glauben hat. Sie haben tiefen Einblick in die Staatsgewalten wie Judikative, Exekutive und Legislative und leisten ihren Geldgebern verpflichtete Meinungsarbeit. Sie tragen einen wesentlichen Teil zur Meinungsbildung bei und haben eine riesige Verantwortung zu tragen. Dennoch, wer kann in jüngster Vergangenheit auch sicher nachvollziehen, dass dies im Sinne und zum Vorteil der Allgemeinheit passiert?

Wir Menschen werden ständig mit mehr Negativem als Positivem gefüttert, wobei nicht immer klar ist, wie hoch der Wahrheitsgehalt ist. Für mich bleibt die Frage, welchen Anteil die Beeinflussung der Medien tatsächlich hat? Allein die Themenwahl und die Headline haben großen Einfluss auf die Leserinnen und Leser. Die Headline muss den Leser fangen, das Thema muss faszinieren. Und oft hat sich der Leser schon die Meinung beim Lesen der Headline gebildet. Er muss das Medium kaufen, er muss es lesen, soll gecatcht werden. Und dazu müssen unter anderem Headlines herhalten, deren Emotionsauslösespektrum sich über alle Basisemotionen bis hin zu etlichen Unteremotionen zieht.

Die Schriftsprache ist bewusst gewählt und soll bestimmte Emotionen beim Leser auslösen. Die Druck- und die Onlinepresse entscheiden selbst, welche Beiträge sie bringen, welchen Leserbrief sie ganz, gar nicht oder nur teilweise abdrucken. Sie bestimmen, ob Menschen gut dastehen oder ob ihnen die Maske vom Gesicht gerissen wird. Sie bevorzugen Menschen, bringen großartige Artikel über sie, und lassen andere links liegen. All das hat mit Macht und Manipulation zu tun. Die Frage nach legitim oder nicht stellt sich nicht, da mir kein Bereich bekannt ist, in dem Macht und Manipulation außen vor bleiben.

Und wie oft hat man schon gehört, wie prominente Persönlichkeiten sich beschweren, dass ihre Aussagen aus dem Zusammenhang gerissen wurden?

Ein Radiointerview oder Fernsehinterview wird bewusst so zusammengeschnitten, dass der Interviewte dabei nicht gut oder besonders gut aussteigt. Ein Radio- oder TV-Moderator entscheidet über An- und Abmoderation, über Fragen und Zwischenfragen, wie ein Studiogast auf die Zuseher oder Zuhörer wirkt und welchen Eindruck man über die Person bekommt.

Ist der negative Anteil tatsächlich höher als die positiven Gesichtspunkte? Wie weit kann man die Medien als Bedrohung verstehen, und wie viele Menschen würden dann noch fernsehen oder Zeitung lesen, wenn keine Situationen mehr beschrieben werden würden, welche die Sensationsgeilheit der Menschheit befriedigen?

Viele Fragen tauchen auf, wenn ich darüber nachdenke! Wie weit würde es zu einem wirtschaftlichen Debakel führen, wenn man die Meinungsfreiheit beschränken würde?

Die Wirkung der Bilder habe ich beschrieben. Bilder wirken, Bilder graben sich in unsere Köpfe ein. Nichts ist so stark wie die Bildsprache. Wir sind den Bildern ausgeliefert! Wir können ihre Wirkung auf uns nicht verhindern.

Mit Bildern werden Ideale geschaffen. Der Menschheit wird vorgezeigt, wie Frau, Mann und Kind auszusehen haben. Bilder von perfekten Menschen, deren makellose Haut wie Porzellan am Cover der Hochglanzmagazine erscheint. Perfekte Gesichtszüge, perfekte Augenbrauen. Die Bilder prägen sich in unseren Hirnen ein. Und irgendwann beginnt man, sich an diese Ideale heranzutasten.

Bilder transportieren uns Vorbilder in unsere Köpfe, Bilder belehren uns, Bilder wecken Wünsche, Bilder wecken Emotionen, Bilder schrecken uns ab oder ziehen uns an, Bilder machen uns krank und Bilder heilen.

Wir träumen in Bildern und »Filmen«, wir reden in Bildern, beschreiben bildhaft, versinken in Bildern und werden in Bilderwelten hineingezogen.

Wir nehmen unsere Umwelt visuell wahr. Bilder haben die Eigenschaft, »eine« Realität maßgenau weiterzugeben und gelangen blitzschnell in den Kopf. Der Spruch »Ein Bild sagt mehr als tausend Worte« trifft es exakt. Sie haben eine rasante Kommunikationsgeschwindigkeit. Bilder werden von uns schnell verarbeitet. In Zeitungen, bei Inseraten oder bebilderten Artikeln – wir nehmen die Bilder vor allem anderen wahr. In kurzer Zeit erfassen wir das Bild und das, was es uns vermitteln möchte. Einen Text muss man lesen und verstehen. Bilder veranschaulichen und lassen uns auch oft komplexe Inhalte auf einen Blick verstehen. Sie wirken an sich nicht manipulativ, sie wollen anscheinend harmlos nur etwas verstehen lassen. Wenn uns ein Bild emotional beeindruckt hat, erinnern wir uns immer wieder daran.

Ich habe heute noch das berühmt gewordene Bild des Napalm-Mädchens vor meinen Augen, als es 1972 im Vietnamkrieg vor der Napalm-Wolke flüchtete. Kim Phúc hieß das Mädchen. Es war damals neun Jahre alt. Es lief nackt, mit schweren Verbrennungen am Rücken, schreiend mit Hilfe suchend ausgestreckten Armen auf der Straße. Das Bild wurde zu einem der tief greifenden Symbole des Vietnamkrieges und der Journalist, der es fotografierte, wurde mit dem Pulitzerpreis ausgezeichnet. Bilder haben also einen hohen Erinnerungswert. An emotional besetzte oder wichtige Bilder erinnern wir uns immer wieder. Sie scheinen fest verankert in unseren Köpfen. Vergleichsweise zu Texten, Zahlen, Daten und Fakten bleiben sie länger oder für immer im Gedächtnis. Und somit nutzen auch die Medien die Macht der Bilder. Sie inszenieren Menschen. Sie verkaufen uns Szenarien, die auf direktem Wege in unser Gehirn einmarschieren. Sie entscheiden über Bildausschnitte. Sie stellen die Bilder in einen Zusammenhang oder entreißen sie diesem. Und natürlich haben auch die Kameraperspektive, Licht- und Schatteneinflüsse als auch die Bildhintergründe damit etwas zu tun. Viele Faktoren entscheiden darüber, ob eine Person als sympathisch oder unsympathisch wahrgenommen wird. Denn wenn eine Person zum Beispiel nahe herangezoomt wird, werden Falten, Schweißbildung, Pickel, Altersflecken usw. sichtbar und diese haben einen Einfluss auf den Sympathiewert.

Aber nicht nur das Bild wird zur Manipulation oder Beeinflussung verwendet, natürlich funktioniert Beeinflussung auch über Töne, Klänge und die Wortwahl.

Musik als Manipulationsfaktor

In einer Videodokumentation (Quelle: ZDF.de, »Leschs Kosmos«) sah ich Folgendes bzw. las es nach und beschreibe es hier mit meinen Worten.

Musik steuert ebenso unsere Emotionen, sie schenkt uns Freude, macht uns melancholisch, traurig oder aggressiv. Wir tanzen zu Musik, sie pusht uns, spornt uns an, wir entspannen zu Musik und wir singen Lieder mit. Menschen geben der Musik aber auch eine andere Macht. Die Macht der Manipulation. Musik wird z.B. im Krieg oder in Gefängnissen als Foltermethode eingesetzt. Systematisch setzt man sie als psychologische Waffe ein. Musik ist ein Manipulationsinstrument. Klänge, welche laut und dramatisch sind, produzieren in Menschen andere Gefühle als langsame und leise Klänge.

In der Dokumentation von Harald Lesch (ZDF-Mediathek) erfuhr ich, wie Musik konkret als Instrument der Demütigung oder Folter eingesetzt wird.

Im November 2004 in Falludscha (Irak) arbeitete das amerikanische Militär daran, die Rebellen mit Artilleriefeuer und Phosphorbomben in die Knie zu zwingen. Dieses Vorhaben scheiterte vorerst, was die Amerikaner dazu veranlasste, Musik als Waffe einzusetzen. Aus riesigen Lautsprechern, welche auf den Panzern befestigt waren, tönte Rockmusik, u.a. AC/DC. Damit wollte das Militär die Rebellen und deren Kultur demütigen. Über diese Demütigung soll der Kampfgeist zum Bröseln gebracht werden. Denn diese Art der Musik zu hören, ist bei islamisch-religiösen Fundamentalisten untersagt und verpönt. Es ist eine Sünde. Die Aufständischen sollen damit zermürbt werden und zur Aufgabe gebracht werden.

Wie weit Musik zur Demoralisierung und zur Zermürbung taugt, ist fraglich, und ich konnte keine für mich zufriedenstellende Antwort finden.

Ich weiß aus eigener Erfahrung, dass Musik wie Folter wirken kann. Jeder, der Jugendliche zu Hause zu seiner Familie zählt, hat solche Situationen schon erlebt. Du bist nahe an der Zermürbung, weil Klänge aus dem Jugendzimmer dringen, die für dich irgendwie nicht, na ja, wie Musik klingen. Bei uns dröhnte unter anderem auf der Bassgitarre gehämmerter »Death Metal« oder so, der mit eigenartigen sehr tiefen, gebrüllten und gepressten Kehlkopflauten unterlegt war, aus dem Zimmer. Mein Mann fragte mich: »Was ist mit unserem Kind, ist ihm schlecht? Kotzt er?« »Nein«, erwiderte ich lachend, »er grölt Thrash Metal!«

Beim Heimfahren von der Schule nahm er im Auto meine wundervoll klingenden Musik-CDs aus dem CD-Player, und es verschwand dafür eine Death/Thrash-Metal-CD im CD-Einschubfach. Ich merkte, wie ich mich emotional daran beteiligte, wie ich richtig in diesen musikalischen Schlamassel reingezogen wurde wie durch ein schwarzes Loch im Universum. Zuerst wollte ich vor meinem Sohn angeben, verdammt gut dastehen, eine coole Mutter sein, und unterstützte das Ganze, indem ich mit ihm Headbanging betrieb. Es funktionierte mit Headhanging ganz gut, weil es irgendwie half, diese Musik zu überleben. Und eines muss ich auch zugeben, es waren ein paar »Songs« dabei, die mir selbst gefielen – aber nur ein paar. Mein innerer emotionaler Bogen spannte sich beim Hören seiner Death/Thrash-Metal-CDs von sanft wütend bis hochaggressiv. Das führte dazu, dass ich meinen Bleifuß, der ohnehin zu meiner Autofahrkarriere gehört, noch fester und aggressiver auf das Gaspedal drückte. Das brachte letztendlich immer wieder ein paar wunderbare Erinnerungsfotos von Schnellfotoautomaten, die am Straßenrand wohnen, ein.

Die Reichsmusikkammer

Die Nationalsozialisten waren sich der Macht der Musik bewusst und nutzten sie für ihre Zwecke. Hitler instrumentalisierte Musik für die Beeinflussung der Gruppendynamiken. Er gründete die Reichsmusikkammer, denn der Rhythmus von Marschmusik wirkte disziplinierend. Das gemeinsame Marschieren vermittelte ein enormes Gruppengefühl, stärkte es und half dabei, den Kampfgeist zu schüren und zu fokussieren. Musik hilft auch, die Moral zu stärken. So diente zu Hitlers Zeiten die Reichsmusik der Manipulation der Massen. Auch an der Front ließ Hitler die Truppen musikalisch bespielen, um den Kampfgeist zu schüren und die Soldaten zu motivieren. Wenn ein Kampf scheiterte oder die Truppen sich zurückziehen mussten, war die Musik ein Trostspender.

Musik als Foltermethode

Laut Harald Lesch wird im Richtlinienkatalog der CIA Musik als Verhörtechnik geführt und im US-Gefangenenlager Guantanamo bei Häftlingen eingesetzt. Exinsassen erzählten, dass sie gezielt stundenlang mit neunzig Dezibel beschallt wurden. Das musikalische Folterrepertoire erstreckte sich den Erzählungen nach auf bis zu acht Stunden. Neunzig Dezibel verursachen Schmerzen. Die Insassen sollen damit verstört und zermürbt werden und so zu Geständnissen gebracht werden. Neunzig Dezibel sind der ungefähre Lärmwert einer Motorsäge.

Musik im Supermarkt

Die Kunden sollen länger im Geschäft bleiben. Viele unterschiedliche Studien, wie z.B. die von Ronald E. Milliman, haben aufgezeigt, dass die entsprechende Musik die Verkaufszahlen erhöht. Es gibt etliche Studien, die dasselbe Ergebnis haben wie die bekannte Milliman-Studie (1982). Deshalb werden wir im Einzelhandel und auch in vielen

Fast-Food-Ketten mit unterschiedlicher Musikhinterlegung bespielt. Bei einer bekannten Fast-Food-Kette kann man unterschiedliche Musikrichtungen und Lautstärken zu bestimmten Tageszeiten bzw. Auslastungszeiten beobachten. In der Frühstückszeit, wo sich weniger Menschen in den Fast-Food-Restaurants aufhalten, wird ruhige angenehme, meistens Loungemusik im Hintergrund gespielt. Die Gäste sollen sich wohlfühlen und länger bleiben. Zur Mittagszeit wird bewusst sehr laut Popmusik oder aber Rockmusik gespielt, die zu lange Unterhaltungen verhindert, weil sie unangenehm ist.

Und diese Musik ist wohlüberlegt. Es gibt dafür Spezialisten, die sich mit diesen Thematiken auseinandersetzen und das jeweilig wirksame Musikprogramm zusammenstellen. Musik, die man aus dem Radio kennt und laufend hört, wie z.B. bekannte Popsongs aus den Charts und Hitlisten, versucht man im Einzelhandel zu vermeiden. Denn diese Lieder würden zu sehr vom eigentlichen Zwecke des Einkaufens ablenken. Der Fokus würde mehr auf die Musik als auf den Zweck gerichtet sein. Musik soll nicht vordergründig sein, sondern im Hintergrund zwecks positiver Atmosphäre und Wohlfühlen eingespielt werden und auf die Menschen wirken. Viele Supermärkte und Fast-Food-Ketten haben bereits einen eigenen »Radiosender« und spielen so ihre Musikbeiträge, Sonderangebote, Kaufaufforderungen und Tipps regelmäßig ein. Die Ergebnisse der analysierten Supermärkte und Fast-Food-Ketten zeigten auf, dass unbekannte gute, der Chartmusik ähnliche Musik zu den besseren Ergebnissen führt als bekannte Musik. Bekannte Musik lenkt eben zu sehr ab und führt zu Erregungszuständen. Weitgehend wurde auch der Effekt von klassischer Musik getestet, das Einspielen von klassischer Musik führte zum Einkauf von teuren Produkten. Langsame Musik im Allgemeinen zeigte bei den wesentlichen Studien den besseren Verkaufswert an als schnelle Musik.

Anscheinend bewegen sich die Menschen bei langsamer Musik auch langsamer, was zu genauer Betrachtung der Produkte führen kann und somit leichter verleitet, Produkte, die man schon in der Hand hält, auch in den Einkaufswagen zu legen.

Sie sehen also, Beeinflussung und Manipulation machen vor nichts halt. Vielleicht haben Sie auch schon mal diese Fischabteilung im Supermarkt besucht, wo man nicht nur die entsprechende langsame klassische Musik eingespielt bekommt, sondern, wenn man aufpasst, auch das Schreien der Möwen, Delfinstimmen und Meeresrauschen wahrnehmen kann? In Diskotheken, Kneipen und Bars wählt man natürlich oft laute Musik, dann bleibt dir nichts anderes übrig, als dich blitzschnell mit Alkohol zuzuschütten, weil mit reden ist dann eh nichts mehr.

Die Kauffallen im Supermarkt

- *Äußere Optik und Seelenfänger-Angebote:* Einladende moderne Außenfassaden, großräumige Parkplätze, Frauenparkplätze und Familienparkplätze laden zum Einkaufen ein, ohne dass wir Parkplatz suchen müssen. Vor den Supermärkten oder an den Wänden und Schaufenstern springen Ihnen schon die besten und billigsten Angebote, Sonderaktionen und die Anpreisung der »Du bist mein allerbester Freund«-Einkaufskarten ins Auge, von denen manchen Menschen wirklich denken, sie haben diese aus Freundschaft bekommen.

  Einkaufskarten vermitteln Zugehörigkeit, Einkaufskarten erfüllen nicht den Zweck, Ihnen die besten Angebote zu vermitteln, sondern den, Ihr Marktverhalten zu analysieren, um damit wieder das Sortiment so zu steuern, dass Ihnen mehr als geplant in den Einkaufswagen purzelt.

  Ja, auch im Supermarkt soll man sich wohlfühlen, soll verweilen, soll die Produkte wahrnehmen, das Auge soll verführt werden. Die Ohren werden vollgesäuselt mit einkaufsförderlichen Klängen, die Nase verführt über Gerüche und Geschmäcker, ein Erlebnis »Einkauf« soll entstehen.

- *Der Frische-Marktplatz:* Die Obst- und Gemüseabteilungen befinden sich meist am Anfang, denn damit versucht man, Markt- oder Marktplatzatmosphäre zu schaffen. Ein Marktplatz steht für Frische. Große Supermarktketten sind dabei schon von der Präsentation der Waren in Plastikpaletten umgestiegen auf verschiedene gut aussehende und verlockende Korbvarianten. Das Obst und Gemüse ist mit speziellen Lampen, die es ins rechte Licht rücken, beleuchtet. Es glänzt wie mit Lipgloss bemalt und liegt wunderbar aussehend in Reih und Glied. In italienischen Supermärkten habe ich oft schon Benebelungsanlagen gesehen, die Wasser über dem Obst und Gemüse zu Nebel zerstäuben. Die Produkte wirken danach noch frischer und knackiger. Sie sind nicht mehr an Frische und Knackigkeit zu überbieten.
- *Die Duftoffensive:* Der Duft von frischen Brioche, herrlichem Brot und sonstigen Backwaren zieht durch den Gang. Seit Institutionalisierung der Backshops sind die Backwarenumsätze drastisch hochgeklettert. Eine definitiv gute Idee der Marktgiganten. Und natürlich gibt es auch Beduftungsgeräte, die den jeweiligen Duft in die richtige Abteilung stäuben. So riecht es in der Obstabteilung nach Zitrusfrüchten und Beeren, in der Weihnachtsecke nach Zimt und Vanille und in der Hygieneabteilung kann man das Parfum von Mr. Propper durch alle Poren einatmen.
- *Das kreierte Set:* Neben dem Fertigkartoffelpüree steht die Haltbarsahne, die Pastasauce im Glas verweilt neben den nettesten italienischen Nudeln und gleich bei den Konserven hängt der Konservendosenöffner. Service? Vielleicht praktisch. Dennoch ist der Hintergrund, dass Sie das, was Sie noch brauchen könnten, auch gleich an die Kasse schleppen.
- *Die Ganggestaltung:* Die Breite der Gänge ist definiert. Sie dürfen weder zu eng noch zu breit sein. Man darf sich nicht eingepresst fühlen, es soll Platz sein, damit ein entgegenkommender Einkaufswagen vorbeifahren kann. Sie dürfen aber auch wieder nicht zu breit sein, denn das würde die Kunden dazu verleiten, viel zu schnell mit dem Einkaufswagen durchzurasen. Sie sehen,

auch hier ist alles wohlüberlegt. Gleichzeit sind die Wege oft sehr weit, damit man Grundnahrungsmittel nicht gleich ganz vorne bekommt und die Runde durch den Supermarkt drehen muss und so vielleicht noch ein zusätzliches Produkt die Reise zu Ihnen nach Hause antritt. Weiters wird eine Gehrichtung durch die Art und Weise der Regalarchitektur vorgegeben. Die ist meisten links gerichtet. Die meisten Menschen orientieren sich lieber linksseitig – also entgegen dem Uhrzeigersinn. Da es mehr Rechtshänder als Linkshänder gibt, greifen diese natürlich bevorzugt auf der rechten Seite zu. Wichtige Produkte bzw. natürlich teure Produkte werden am bestens rechts platziert und in der Regalmitte. Unten sind die billigen Produkte und in Augenhöhe die teuersten. Mancher Supermarkt lässt sich die besten Regalplätze von seinen Lieferanten teuer bezahlen.

- *Beleuchtung:* Und wie Sie sich bestimmt vorstellen können, hat Beleuchtung ihren magisch-manipulativen Zweck zu erfüllen. In der Käseabteilung schafft es gelbes Licht, den Käse noch besser wirken zu lassen. Dasselbe Spektakel ereignet sich in der Fleischabteilung, wo das Fleisch rot beleuchtet und somit bestens in Szene gesetzt wird. Manche Kosmetikabteilungen werden in sanftes Rosa oder Hellblau gehüllt, um so mehr Verkaufseffekt zu erzielen.

- *Verkaufsbomber Kasse:* Und die Falle schnappt noch einmal zu. Am Ende des Supermarktes an der Kasse. Auf kleinster Verkaufsflächen werden ungefähr fünf bis sieben Prozent des Gesamtumsatzes gemacht. Nicht nur die Kinder räumen dort die Regale noch mal ab, sondern auch die Erwachsenen. Kleine Süßigkeiten, die schnell einen Anspruch auf Genuss auf der Zunge wecken.

- *Die Preispolitik:* Selbst nachrechnen lohnt sich. Die Preise unterliegen manchmal einer seltsamen Präsentation und Gestaltung. Oft wird zwar der Aktionspreis angeführt, aber der Grundpreis wird nicht mit umgerechnet. Wie mir eine Supermarktleiterin bestätigte, werden ab und zu gerne Aktionstafeln stehen gelassen von Aktionen, die bereits abgelaufen sind. Bei der Kasse geben die wenigsten Menschen die Ware zurück und zahlen den normalen Preis.

Willkommen beim gesteuerten Einkauf.

Gastkommentare

»Macht und Manipulation – Sicht eines Expolizisten«

Hofrat Mag. Maximilian Edelbacher, Spezialist für Verhörtechnik, Bundeskriminalamt Österreich a.D., Leiter des ACUNS-Büro Wien

Nach der sozialwissenschaftlichen Lehre beschreibt Macht die Fähigkeit einer Person oder einer Gruppe, auf das Verhalten oder Denken anderer Einfluss zu nehmen. Manipulieren als Begriff der Psychologie, Soziologie und Politik bezeichnet die Handhabung, Steuerung von Verhalten. Ausgehend von den Begriffen »Macht und deren Handhabung« nehme ich auf die praktische Erfahrung, die ich als ehemaliger Ordnungshüter machte, Bezug. Die Arbeitshypothese lautet: Der Polizist wirkt als direkter Ausdruck der staatlichen Macht und ist für die Aufrechterhaltung der öffentlichen Ruhe und Ordnung verantwortlich; man übt Macht im Namen des Staates aus und soll Menschen im Sinne des Staates manipulieren.

Wahrscheinlich erinnern sich viele von uns daran, Macht und Manipulation als Kind zuallererst durch die eigenen Eltern, die uns zu einem funktionierenden Mitglied der Gesellschaft formen wollen, erfahren zu haben. Diese Erfahrung setzt sich in den Institutionen Kindergarten, Schule, Universität, Berufsausbildung, Arbeitgeber fort, wo man beim Studium bzw. bei der Arbeit mit Manipulationen und

Machtausübung fortgesetzt konfrontiert wird. Es wird von uns in der Gemeinschaft, in der wir aufwachsen, arbeiten und leben, normkonformes Verhalten nach allgemein anerkannten Regeln erwartet, deren Einhaltung mittels Lob oder Tadel von den Eltern, Großeltern, Geschwistern, Lehrern, Vorgesetzten, Kolleginnen und Kollegen in der Schule oder in der Arbeit indoktriniert wird. Unsere Sozialisation erfolgt auf Basis kultureller, zivilisatorischer, geschichtlich tradierter, religiöser, ethischer, moralischer Erfahrungen und Werte, die sich in unserem sozialen Umfeld bewährt haben.

Die Polizei, als verlängerter direkter Arm der staatlichen Macht, handhabt diese durch Lenkung, Kontrolle, Repression und Prävention gegenüber den Bürgerinnen und Bürgern direkt oder indirekt. Die Machtausübung erfolgt auf der Grundlage des Legalitätsprinzips, ist an die Wahrung der Bundesverfassung und aller Gesetze gebunden. Trotzdem ergeben sich immer wieder Fälle von »Polizeigewalt« oder »Korruption«, da Macht und deren Ausübung zu überschießenden Tendenzen verleiten kann. Die Institutionen der Rechtsstaatlichkeit, also Justiz- und Gerichtswesen, sowie die parlamentarische wie außerparlamentarische Kontrolle bilden Garantien der kontrollierten Handhabung von Macht. Um ein Gefühl für die Menge an polizeilichem Handeln zu bekommen, sei angeführt, dass allein in Wien jährlich etwas mehr als eine Million Polizeiaktionen anfallen, die zu etwa tausend bis tausendzweihundert Beschwerden führen. Vorwiegend geht es bei den Beschwerden um Kritik an den Ausmaßen polizeilicher Gewalt, seltener um Vorwürfe von Korruption oder des Nichthandelns. Bisher ist nur ein kleiner Prozentsatz der Beschwerden nach Prüfung gerechtfertigt und führt danach zu Verurteilungen von Polizistinnen und Polizisten durch die Gerichte. Damit könnte man behaupten: »Wo gehobelt wird, fallen Späne.« Aber damit ist es nicht getan, da es sich um den sensiblen Bereich des Vertrauens der Menschen in die Rechtmäßigkeit staatlicher Machtausübung handelt. Solange die Bürgerinnen und Bürger eines Landes Vertrauen in die offiziellen Institutionen wie Gerichte, Staatsanwaltschaften, Polizei haben, so lange ist das Funktionieren von Demokratien gewährleistet. In Österreich wurden und werden die Einrichtungen zur Kontrolle von Polizei und deren Macht immer wieder wesentlich verstärkt. Dabei spielt die Ausbildung von Polizei eine tragende Rolle.

Da Polizei vorwiegend mit den Menschen zu tun hat, ist es wesentlich, dass Polizistinnen und Polizisten in den aktuellen Formen und Möglichkeiten der Kommunikation, dem richtigen Verstehen von verbaler und nonverbaler Kommunikation geschult werden. Das bedeutet, dass man ständig lernbereit und lernfähig bleibt und bereit ist, aktuelle Methoden wie *Profiling PScn* von Senatorin Patricia Staniek, welches fundierte wissenschaftliche Methoden wie z.B. das F.A.C.S. (Facial Action Coding System) nach Ekman beinhaltet, sich anzueignen. Schulungen und Fortbildungsveranstaltungen des Bundesministeriums für Inneres und der Landespolizeieinrichtungen in Österreich tragen dazu bei.

Manipulation in der Welt der Kriminalität

Hofrat Dr. Ernst Geiger, Bundeskriminalamt Wien

Manipulation ist alltägliches Beeinflussen und in der Werbewirtschaft durchaus positiv besetzt.

In der Welt der Kriminalität schaut das anders aus. Wer sich dafür interessiert, wie die großen Verbrecher funktionieren, stößt früher oder später auf eine besondere Fähigkeit, andere Menschen zu manipulieren. Das funktioniert am besten in der Beziehung dieser Männer zu den Frauen, aber es funktioniert auch ohne direkte Beziehungen und nur über den Computer.

In der Geschäftswelt ist die neue Betrugsmasche des CEO-Fraud auf Manipulation aufgebaut. Die Täter veranlassen Unternehmensmitarbeiter zum Transfer eines größeren Geldbetrages ins Ausland. Dazu nutzen sie Informationen aus der Homepage des Unternehmens, aus Werbebroschüren und dem Handelsregister, aber auch soziale Medien, in denen Mitarbeiter persönliche Details preisgeben. Mit diesem Wissen gelingt es ohne persönliche Kontaktaufnahme und nur durch geschickt gesetzte E-Mails, durch Manipulation, erfahrene Mitarbeiter zur Überweisung hoher Geldbeträge an die Täter zu bewegen.

Heiratsschwindler bahnen auch oft ihre Kontakte über das Internet an, treten aber auch persönlich in Erscheinung. Immer wieder gelingt es ihnen, Opfer zu finden und diese durch Vorgaukeln erfundener Geschichten zu Geldzahlungen zu bewegen. Ein bereits einschlägig Verurteilter, als Freigänger bei der Polizei arbeitender 41-Jähriger, gab sich gegenüber seinen Opfern selbst als Beamter aus und hatte dafür sogar Polizeiuniformen mitgehen lassen, um seine Geschichte glaubhaft werden zu lassen. Via Internet nahm er Kontakt zu Frauen auf und sogar als »Häftling« arbeitete er einträglich mit seiner Masche weiter.

Der Wash-Wash-Trick, bei dem Betrüger ihren Opfern vormachen, sie könnten echte Geldscheine auf wundersame Weise vermehren, wirkt immer, selbst bei ansonsten erfolgreichen Geschäftsleuten. In den drei Phasen, Angel auswerfen, also eine Geschichte den Opfern auftischen, zu Phase zwei, den Köder wirken lassen und dann den Haken anziehen, gelingt es immer wieder, vernünftige, wohlhabende Menschen dazu zu bewegen, hohe Beträge für »Voodoo-Zauber« auszulegen.

Udo Proksch, ein dicklicher, kleiner und knubbelnasiger Mann, war in den 70er Jahren ein hochbeliebter Zeitvertreiber und Unterhalter der Society. Doch seine wirklich große Gabe war eine andere: Die Fähigkeit, das dafür anfällige und nicht nur weibliche Publikum um sich zu scharen. Die Versenkung des Schiffes »Lucona«, ein versuchter Versicherungsbetrug mit sechsfachem Mord an den Besatzungsmitgliedern, führte zu einem Jahrhundertskandal und zum Rücktritt des Nationalratspräsidenten und Innenministers.

Jack Unterweger, Häfenpoet und Frauenmörder, wäre nie frei und in die Lage gekommen, weiterzumorden, hätte er nicht seine Richter, Psychiater, Künstler, Medien, Politiker und vor allem zahllose Frauen manipuliert. Sie sollten seine größten Helferinnen und seine größten Opfer werden. Schritt für Schritt und behutsam ging er dabei vor, und es gelang ihm in zwei Jahren, vorsichtig geschätzt, knapp hundert Frauen in seinen Bann zu ziehen. Er, ein knapp über 1,70 Meter, an der Grenze zum schmächtigen, kleiner Mann, am ganzen Körper tätowiert, gern im weißen Anzug, mit großem Auto, beeinflusste Frauen im Alter von 15 bis 65 Jahren und bewegte viele dazu, seinen aufwendigen Lebensunterhalt zu finanzieren.

Aber auch verurteilte Mörder haben ihre Groupies. Aus der Haft heraus und durch einfühlsame Briefe binden sie Frauen Jahre und jahrzehntelang an sich. Die Chance auf eine gemeinsame Zukunft ist gering, aber die Bindung ist oft stärker als in einer realen Beziehung.

Die Macht der Manipulation funktioniert vielfältig.

Macht und Manipulation

Hans Harrer (Vorstandsvorsitzender, Senat der Wirtschaft), Jochen Ressel (Geschäftsführer – Operations, Senat der Wirtschaft)

Macht und Manipulation sind seit jeher eng verwoben, denn die Fähigkeit, Menschen zu beeinflussen und zu lenken, bedeutet schlussendlich, Macht über sie auszuüben. Mit dem Blick auf unsere Zeit müssen wir jedoch ganz pragmatisch auf den Punkt bringen: Das seit Jahrhunderten praktizierte Konzept ist Geschichte! Es funktioniert nicht mehr! Wir sind heute Teil einer tief greifenden Veränderung von Gesellschaft, Politik und Wirtschaft! Jeder von uns hat die Gelegenheit, in einem noch nie dagewesenen Ausmaß die Gestaltung der eigenen Zukunft selbst in die Hand zu nehmen. Die Zeiten der

Fremdbestimmtheit sind vorbei! Willkommen in einer neuen Epoche unserer Menschheitsgeschichte!

Mit der Digitalisierung unserer Gesellschaft und der damit verbundenen Demokratisierung des Wissens und der Information ist es uns jederzeit möglich, zu analysieren, was Wahrheit und Wirklichkeit ist. Mussten Menschen vergangener Zeiten den Medien – früher den Herolden, dann den Zeitungen, dann dem Radio und Fernsehen und in weiterer Folge dem Internet – glauben, so versetzt uns die direkte und unkomplizierte digitale und persönliche »real time face to face«-Interaktion mit Menschen auf der ganzen Welt in die Lage, zu verifizieren und falsifizieren. Wir brauchen aber geeignete Instrumente, um uns aus der jahrhundertelang praktizierten Manipulation zu befreien. Wir müssen lernen, wie das geht – und wir brauchen den Mut, es tatsächlich zu tun!

Wir müssen lernen, unsere Informationsquellen zu bewerten, um zu erkennen, ob wir manipuliert werden oder nicht. Das ist daher die zentrale Bildungsaufgabe heute und in der Zukunft. Statt Daten und Fakten zu lernen, muss es heute darum gehen, Fähigkeiten und Einstellungen zu erlernen. Jedes nur erdenkliche Wissen findet man in digitalen Kanälen, aber es werden jene Menschen zu den Gewinnern zählen, die die Wahrheit von der Lüge unterscheiden können – egal, ob ein Mensch das persönliche Gespräch oder ein digitales Medium zum Informationstransfer nutzt. Das vorliegende Buch von Patricia Staniek ist allein schon aus diesem Grund höchst interessant und begrüßenswert. Wir alle erhalten so die Gelegenheit, der Wahrheit ein gutes Stück näher zu kommen, und wir wünschen ihm daher eine möglichst große Verbreitung!

Der zweite bereits erwähnte Aspekt ist Mut. Wir brauchen ihn, weil das Erkennen der Wahrheit und Manipulation keine angenehme Sache ist. Sobald wir die Wahrheit kennen oder den Manipulationsversuch entdeckt haben, tragen wir Verantwortung: Wir sind von diesem Moment an der Wahrheit verpflichtet und müssen gegen die Lüge auftreten. Wir haben keine Ausrede mehr, warum wir unser Handeln nicht nach der Wahrheit ausrichten. Es gibt keine Entschuldigung mehr, warum wir uns nicht verändern und neue Wege gehen! Für all das brauchen wir Mut!

Im SENAT DER WIRTSCHAFT haben sich daher viele UnternehmerInnen zusammengefunden, die bereit sind, diese neue Epoche unserer Menschheitsgeschichte aktiv zu gestalten. Als parteipolitisch vollkommen unabhängige Wirtschaftsorganisation helfen wir aktiv mit, Unternehmen bei der Veränderung zu begleiten und zu handeln! Uns geht es nicht darum, *was* alles verändert werden muss – uns geht es darum, *wie* wir als Gemeinschaft Dinge im Lichte aktueller Erkenntnisse verändern können. Wir stehlen uns nicht aus der Verantwortung, damit alles so bleibt, wie es ist, damit alle partikularinteressensgetriebenen Proporz- und Manipulationssysteme unverändert bestehen bleiben. Wir stehen für die Veränderungskraft der Wirtschaft hin zu einer zukunftsfähigen Ausrichtung nach ökosozialen Grundsätzen. Möge diese Publikation dazu beitragen!

Anhang

Buchempfehlungen

Isabella *Bogner-Bader*, Gott und der Paradiesvogel (Edition Roesner)
Dr. Erhard *Busek*, Lebensbilder (Kremayr&Scheriau)
Hofrat Mag. Max *Edelbacher*, Der korrupte Mensch (Goldegg Verlag), Polizei inside: Was läuft falsch? Analyse und die spektakulärsten Kriminalfälle (Amalthea), Die neue Gier: Warum wir immer maßloser werden (Goldegg Verlag), Sie haben das Recht zu schweigen: Wie Lügner überführt werden (Goldegg Verlag)
Paul *Ekman*, Gefühle lesen (Springer), Ich weiß, dass du lügst (rororo), Weshalb Lügen kurze Beine haben (de Gruyter)
Stéphane *Etrillard*, Unternehmersouveränität (Midas Management Verlag), Charisma – einfach besser ankommen (Junfermann Verlag), Prinzip Souveränität (Midas Management Verlag)
Alexander *Hartmann*, Mit dem Elefant durch die Wand (Ariston)
Alexander *Horn*, Die Logik der Tat (Knaur)
Jack *Nasher*, Deal! Du gibst mir, was ich will! (Goldmann Verlag)
Mag.[a] Waltraud *Martius*, Fairplay Franchising: Spielregeln für partnerschaftlichen Erfolg (Gabler)
Elisabeth *Motsch*, Profil mit Stil (Goldegg Verlag), Karriere mit Stil (Trauner Verlag)

Workshops,
Seminare &
Teamperformance
mit Patricia Staniek

Foto: © Moni Fellner

OFFENE SEMINARE UND FIRMENSEMINARE

Profiling – Ein Blick genügt und ich weiß, wer du bist
Mein Wille geschehe – Macht und Manipulation entschlüsseln
Never lie to me – Die Wahrheit und nichts als die Wahrheit
Psycho-Instinkt: Sie sind um uns! Narzissten, Psychopaten, Soziopathen, Dramaqueens …
Big Deal – Verhandeln und fair handeln – Wie Sie erreichen, was Sie wollen, anstatt über den Tisch gezogen zu werden

Workshops:
Von der Gruppen-/Teamanalyse bis zur Gruppen-/Teamperformance

Einzelcoaching:
Executive Coach für Highperformer

Info: profiler@patricia-staniek.com

www.patricia-staniek.com

PATRICIA STANIEK ON STAGE –
Eine charismatische Bühnenpersönlichkeit

Foto: © Andreas Hochgerner

KEYNOTESPEAKER & FACHVORTRAGENDE
Kompetenz, Humor, Echtheit und Lehrstärke!

Die Keynotes und Fachvorträge der brillianten Rhetorikerin bürgen für Qualität!
Sie fasziniert, verblüfft, irritiert und verführt zum Nachdenken! Sie ist Praktikerin, spricht vollkommen frei und zieht ihr Publikum in ihren Bann!
Keynotes/Fachvorträge 45-60 Min.

Profiling – Ein Blick genügt und ich weiß, wer du bist
Never lie to me – Die Wahrheit und nichts als die Wahrheit
Mein Wille geschehe – Macht und Manipulation entschlüsseln
Psycho-Instinkt – Sie sind um uns!

Info: profiler@patricia-staniek.com

www.patricia-staniek.co